# 基于收费数据的高速公路运营风险评估与识别研究

代洪娜　著

中国水利水电出版社
www.waterpub.com.cn
·北京·

## 内 容 提 要

在高速公路网络化运营背景下，受不断增加的出行需求、频繁的自然地质灾害天气、频发的交通事故，以及多元化的出行路径选择等因素影响，高速公路交通流量分布更加复杂多变，呈现出点、线、网互相影响的特征，局部节点和路段失效将对整个路网正常运营造成严重的后果，进一步增加整个路网的运营风险。为保障高速公路网的安全畅通运营，本书基于高速公路收费数据，重点围绕高速公路网络运营风险评估和风险点识别两个方面开展研究，综合应用复杂网络理论、非集计理论、交通分配理论等，在构建面向风险评估和识别的高速公路网络特性基础上，从宏观层面建立高速公路网络运营风险评估模型，进而对风险较高的时段识别风险节点和风险路段集合，这对提高高速公路管理者应急管理效率和风险管控能力具有十分重要的意义。

本书适合交通工程、交通规划与管理、交通管理、信息技术与服务等相关领域的人士，包括高速公路行业管理及运营者、科学研究者等使用。

**图书在版编目（CIP）数据**

基于收费数据的高速公路运营风险评估与识别研究 / 代洪娜著. -- 北京 : 中国水利水电出版社, 2019.6（2025.4重印）
ISBN 978-7-5170-7833-3

Ⅰ. ①基… Ⅱ. ①代… Ⅲ. ①高速公路－交通运输管理－风险评价－研究－中国 Ⅳ. ①U491

中国版本图书馆CIP数据核字(2019)第148566号

**策划编辑：杨元泓　责任编辑：杨元泓　加工编辑：白　璐　封面设计：李　佳**

| | |
|---|---|
| 书　名 | 基于收费数据的高速公路运营风险评估与识别研究<br>JIYU SHOUFEI SHUJU DE GAOSU GONGLU YUNYING FENGXIAN PINGGU YU SHIBIE YANJIU |
| 作　者 | 代洪娜　著 |
| 出版发行 | 中国水利水电出版社<br>（北京市海淀区玉渊潭南路 1 号 D 座　100038）<br>网址：www.waterpub.com.cn<br>E-mail：mchannel@263.net（万水）<br>sales@waterpub.com.cn<br>电话：（010）68367658（营销中心）、82562819（万水） |
| 经　售 | 全国各地新华书店和相关出版物销售网点 |
| 排　版 | 北京万水电子信息有限公司 |
| 印　刷 | 三河市元兴印务有限公司 |
| 规　格 | 170mm×240mm　16 开本　11.5 印张　219 千字 |
| 版　次 | 2019 年 6 月第 1 版　2025 年 4 月第 3 次印刷 |
| 定　价 | 52.00 元 |

# 前言

高速公路作为公路网的重要组成部分，以其安全、舒适、便捷、畅通等强大优势成为公路网的主体，在区域经济的发展中占有十分重要的地位，有效支撑着不同区域、不同省市客货快速运输。随着高速公路的大规模建设，路网范围不断扩大、密度不断增加、环路不断增多，使得路网结构逐渐从最初的树状结构衍化为网状结构，管理逐渐从分段管理向网络化、区域化管理转型，形成了网络化运营的新形势。由于受路线位置、辐射区域、沿线地区社会经济发展、运营管理模式等因素影响，高速公路网在实际运营过程中的不同线路、不同时间的交通流量差异很大，呈现明显的时空分布不均衡的特性。

随着高速公路交通流量的不断攀升，一旦网络中某一个节点或路段发生突发事件，就会通过节点、路段、路线等之间的耦合关系在空间及时间上向周围路网进行传播，对整个路网的交通运营造成更加严重的后果，这就对确保高速公路网络化运营安全、畅通、可靠运行，快速高效地应对各类运营突发事件和网络车流变化的应急处置能力提出了极高的要求和挑战。由于高速公路网具有分方向分车道行驶、线路的全封闭性等特性，使得它在面对突发事件时比普通城市道路的影响范围更广、应急处理要求更高。在复杂的高速公路网环境下，如何从网络化运营角度，利用现有技术和数据，科学评估整个高速公路网风险，有效识别路网中的潜在的风险节点和风险路段，进而增强对高速公路突发事件预防和应急反应能力，成为高速公路管理者面临的一个重大难题。

本书共分 8 章，结合非集计理论和交通分配理论，综合考虑高速公路网中各组成要素物理拓扑结构数据、服务供给能力数据、交通流量分布数据等，构建高速公路网络特性模型，进而全面评估高速公路网运营风险状况，及时识别路网中的风险节点和路段，实现由“被动管理”向“主动管理”的转型。其中：第 1 章论述了研究背景、研究意义、国内外研究现状等内容。第 2 章主要阐述了高速公路收费数据预处理技术。第 3 章通过考虑路网中各组成要素服务供给能力的差异性、驾驶员路径选择行为和交通需求分布等，提出面向高速公路网络运营风险评估和风险点识别的网络特性指标及其计算方法。第 4 章为计算高速公路网络特性指标，考虑客货混合交通流下路径选择行为的偏好差异，构建不同车型的广义费用函数，进而建立面向高速公路网络特性的交通流量模型。第 5 章主要从路网的不均衡性和脆弱性两个角度构建高速公路网络运营风险评估指标体系。第 6 章考虑风险节点及路段在网络中的重要程度及其失效后对网络的运营效能的影响，及其高速公路网络特性模型，构建风险节点和风险路段的识别模型，构建风险节点和路段的识别模型。第 7 章以山东省高速公路网为例，结合 2012 年某工作日 24 小时的高速公路网络特性，对全天的高速公路网络运营风险进行综合评估，并结合各时段的风险评估结果，对高风险时段路网中的风险节点和路段进行识别。第 8 章总结主要的研究结论及创新点，并进一步对该领域未来可能的研究方向进行了展望。

本书受到《大数据视角下“四好农村路”与乡村旅游融合发展路径研究》（山东省软科学计划项目，编号：2018RKB01375）、《面向多场景的高速公路运行态势感知与预测研究》（山东省交通运输科技计划，编号：2019B67）、《中国优秀传统文化视角下物流企业文化的构建研究》（山东省传统文化与社会经济发展专项课题，编号：Cz201810012）、山东交通学院“攀登计划”重点科研创新团队（编号：sdjtuc18003）、《基于多源异构数据的高速公路运行态势感知及预测研究》（山东交通学院博士科研启动基金，编号：BS2018032）、《基于收费数据的高速公路运行状态感知与预测研究》（山东交通学院校级科研基金项目，编号：Z201804）、《基于卡口数据的高速公路二次事故时空分布及预防技术研究》（山东省重点研发计划课题，编号：2017GGX50110）等团队及课题的资助。

尽管作者做了很多前期的工作，但是个人水平有限，书中难免会有疏漏和不足之处，恳请广大读者和专家批评指正。

作 者<br>2019 年 3 月

# 目 录

# 第1章 绪论

## 1.1 研究背景

### 1.1.1 高速公路发展现状

高速公路作为公路网的重要组成部分，以其安全、舒适、便捷、畅通等强大优势成为公路网的主体，在区域经济的发展中占有十分重要的地位，有效支撑着不同区域、不同省市的客货快速运输。从1988年12月沪嘉高速公路建成通车后，在国道主干线系统布局规划、国家重点公路建设规划、西部开发省际公路通道建设规划等规划指导下，我国高速公路建设速度和发展水平取得了十分瞩目的成就，实现了从无到有再到里程规模位居世界第一的快速发展。截至2015年底，我国高速公路总里程达到12.35万km，如图1-1所示[1-2]。回顾我国高速公路发展历程，大致分为四个阶段。

（1）1988－1992年：起步时期。1988年上海至嘉定高速公路建成通车，结束了我国内地没有高速公路的历史；1990年，被誉为“神州第一路”的沈大高速公路全线建成通车，标志着我国高速公路发展进入了一个新的时代。截至1992年底，全国高速公路达652km。为了集中力量、突出重点，加快我国高速公路的发展，1992年，交通部制定了“五纵七横”国道主干线规划并付诸实施，从而为我国高速公路持续、快速、健康发展奠定了基础。

（2）1993－1997年：加快发展期。1993年6月山东召开的全国公路建设工作会上确定2000年前集中力量重点完成国道主干线“两纵两横和三个重要路段”的建设目标。在此目标指引下，各地掀起了建设高速公路的热潮。1993年到1997年的5年中，全国高速公路建设规模不断扩大，建设速度不断加快，共建成高速公路4119km。到1997年底，我国高速公路通车里程达到4771km。京津塘、成渝、济青、沪宁等一批具有重要意义的高速公路先后建成通车，突破了高速公路建设的多项重大技术“瓶颈”，积累了设计、施工、监理和运营等建设和管理全过程的经验，为1998年后的快速发展奠定了基础。

（3）1998－2004年：全面提速期。1998年，为应对亚洲金融危机，国家实施了积极的财政政策，加快了基础设施建设步伐。交通行业按照国家的统一部署，加大了公路建设力度。这一时段，高速公路的建设不再主要按照国道主干线规划进行，地方的高速公路建设加快。1999 年，全国高速公路里程突破 1 万 km；2000 年，国道主干线京沈、京沪高速公路建成通车，在我国华北、东北、华东地区之间形成了快速、安全、畅通的公路运输通道；2001 年，近代史上有“西南动脉”之称的西南公路出海通道经过 10 多年的艰苦建设实现了全线贯通，西部地区从此与大海不再遥远。2002 年底，我国高速公路通车里程一举突破 2.5 万 km，位居世界第二位。除西藏外，各省、自治区和直辖市都已拥有高速公路，有 15 个省份的高速公路里程超过 1000km。

（4）2005 年至今：调整完善期。根据 2005 年出台的《国家高速公路网规划》，我国确定了“7918”的高速公路新路网发展规划，它是由 7 条首都放射线、9 条南北纵向线和 18 条东西横向线组成。同时，2008 年后，受金融危机及国家政策环境的影响，国家高速公路建设投资方向发生了很大变化，东部地区建设步伐逐渐放慢，进入高速公路网的完善期，而中西部地区的投资建设步伐逐渐加大。

经过 20 多年的持续快速发展，我国高速公路基础设施总体水平实现了历史性跨越。随着京沪、京沈、京石太、沪宁合、沪杭甬等一批长距离、跨省区的高速公路相继贯通，我国主要公路运输通道交通紧张状况得到明显缓解，长期存在的运输能力紧张状况得到明显改善。高速公路的快速发展大大缩短了省与省之间、重要城市之间的时空距离，加快了区域间人员、商品、技术、信息的交流速度，有效降低了生产运输成本，在更大的空间上实现了资源有效配置、拓展了市场，对提高企业竞争力、促进国民经济发展和社会进步都起到了重要的作用。

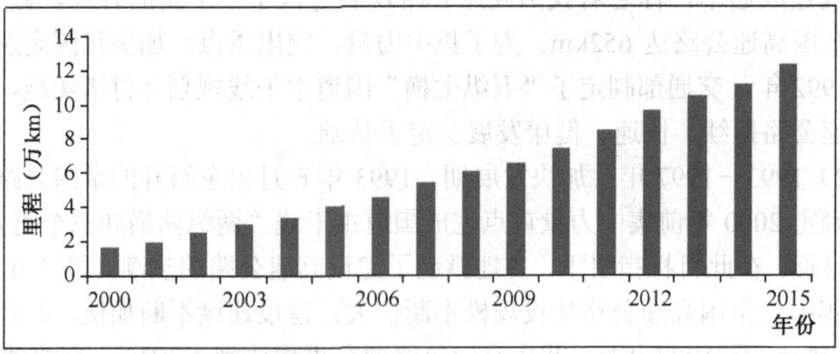


图 1-1　2000—2015 年全国高速公路总里程变化情况

Figure 1-1　Total mileage change of national freeway from 2000 to 2015

随着高速公路的大规模建设，路网范围不断扩大、密度不断增加、环路不断增多，使得路网结构逐渐从最初的树状结构衍化为网状结构，管理逐渐从分段管理向网络化、区域化管理转型，形成了网络化运营的新形势。与初期的单线运营相比，目前高速公路网络化运营呈现出以下几个特点：

（1）路网拓扑结构日趋复杂，使得安全畅通管理组织工作难度越来越大。随着路网规模的不断扩大，高速公路的覆盖范围越来越广，且存在多处可掉头的互通立交，使收费站点之间、收费站点与枢纽立交之间等的关联性不断密切。以山东省为例，截至 2015 年，基本形成了“五纵四横八连一环”的高速公路网主骨架，收费站节点 377 个，通达全省 132 个县（市、区），通达率 96.3%。预计到 2020 年，全省高速公路通车里程达 7600km，高速公路网拓扑结构更加复杂，任意两收费站间均存在两条及以上可选择的路径。随着高速公路交通量的不断攀升，一旦网络中某一个节点或路段发生突发事件，就会通过节点、路段、路线等之间的耦合关系在空间及时间上向周围路网进行传播，对整个路网的交通运行造成更加严重的后果，这就对确保高速公路网络化运营安全、畅通、可靠运行，快速高效地应对各类运营突发事件和网络车流变化的应急处置能力提出了极高的要求和挑战[3]。

（2）路网流量分布不均衡，使得安全保障要求日益提高。由于受路线位置、辐射区域、沿线地区社会经济发展、运营管理模式等因素影响，高速公路网在实际运营过程中，不同线路、不同时间的交通量差异很大，呈现明显的时空分布不均衡特性。

1）时间分布不均衡。在高速公路网中，交通流量存在着随机性波动，即使同一收费站和路段在不同时间表现出很大的差异。同时，受节假日免通行费政策的影响，节假日高速公路车流量明显高于工作日，此时路网车辆行驶速度缓慢，交通拥堵时有发生。以山东省高速公路网交通量变化为例，交通量从 2006 年的 7527 万车次增长到 2015 年的 34494 万车次，如图 1-2 所示；月交通量中受“十一”黄金周影响，10 月份交通量达到峰值为 3517 万车次，如图 1-3 所示；周交通量变化图中，周五交通量达到峰值为 72 万车次（2012 年），如图 1-4 所示；日交通量在不同时段路网呈现“马鞍形”分布特点，存在早晚两个出行高峰，如图 1-5 所示。

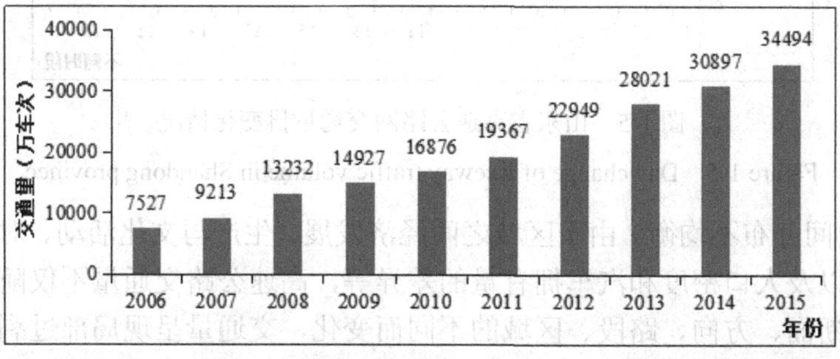


图 1-2　2006—2015 年山东省高速公路网交通量变化情况

Figure 1-2　Traffic volume change of freeway network in Shandong from 2006 to 2015

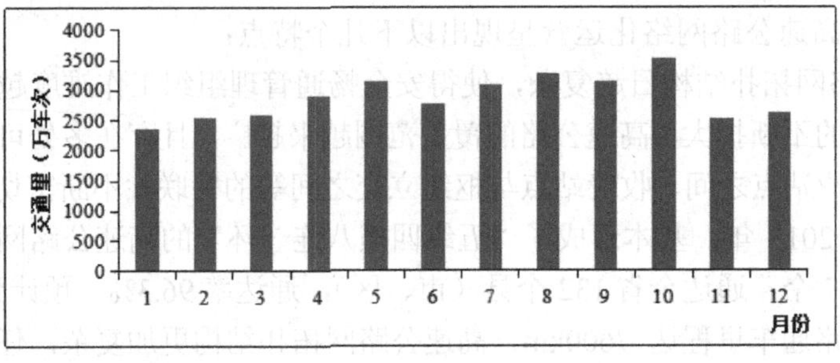


图 1-3　2015 年山东省高速公路网交通量月变化情况

Figure 1-3　Monthly change of freeway traffic volume in Shandong in 2015

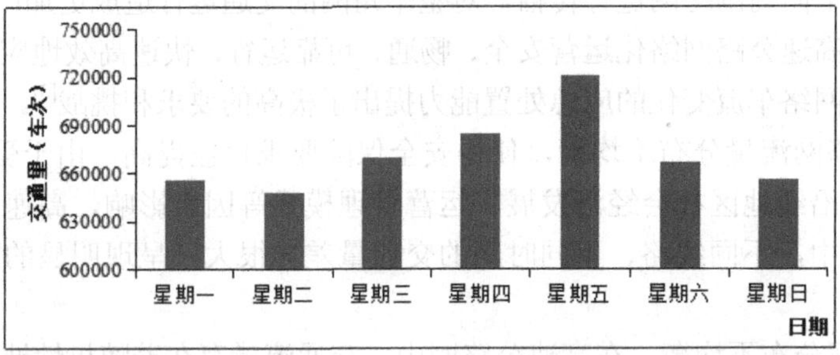


图 1-4　山东省高速公路网交通量周变化情况

Figure 1-4　Weekly change of freeway traffic volume in Shandong

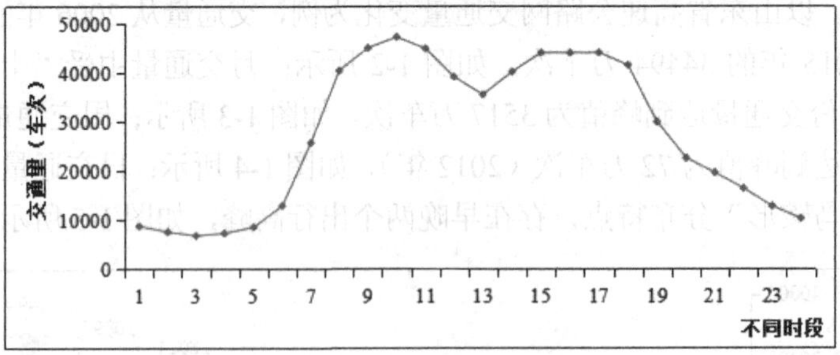


图 1-5　山东省高速公路网交通量日变化情况

Figure 1-5　Day change of freeway traffic volume in Shandong province

2）空间分布不均衡。由于区域之间经济发展、生产与文化活动、对交通的需求不同，以及人口密度和汽车拥有量的差异等，高速公路交通量不仅随时间而变化，也随断面、方向、路段、区域的不同而变化，交通量呈现局部过剩、局部适中、局部过少的现象，造成了同一路线的不同断面、不同方向、不同收费站交通量存在很大差异，如图 1-6 至图 1-8 所示。以山东省高速公路网为例，G22 青兰高速沿线交通量为13192pcu/天、G3京福路45763pcu/天、G20青银高速50528pcu/天，G20青银高速日平均交通量是G22青兰高速的近4倍。这种高速公路空间分布不均的现象造成了高速公路资源利用的不均衡。

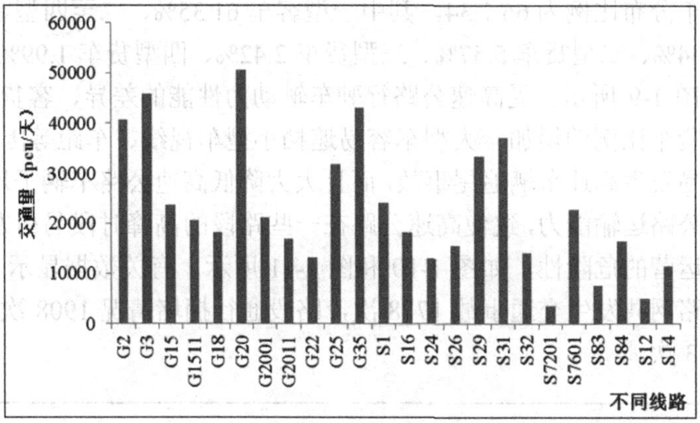


图1-6　山东省高速公路不同路线交通量分布情况

Figure 1-6　Traffic distribution of different freeway routes in Shandong

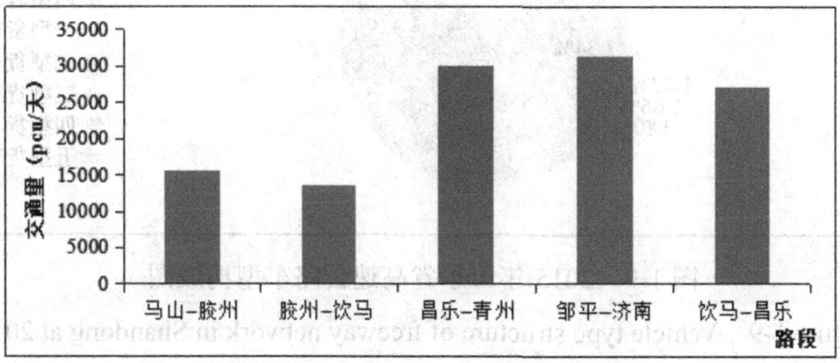


图1-7　G20青银高速山东段不同断面交通量分布情况

Figure 1-7　Different section traffic volume distribution of G20 in Shandong section

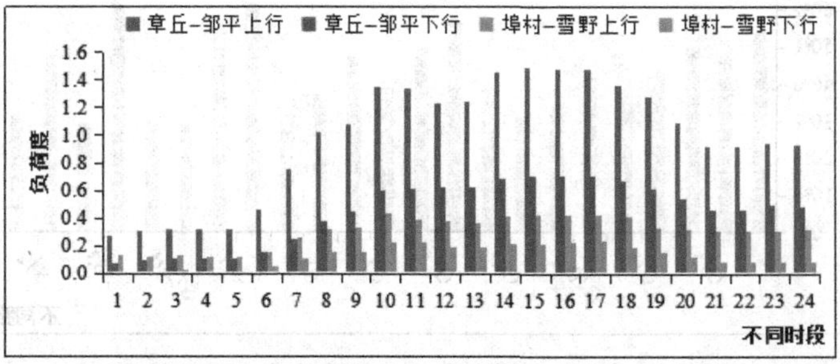


图1-8　山东省部分路段上下行负荷度随时间变化图

Figure 1-8　Saturation degree change of the uplink and downlink in partial section at different time

（3）高速公路网运行车辆组成复杂，使得运输安全形势进一步加剧。伴随城市经济社会的快速发展，产业加速集聚和扩张，促使货物运输需求日益增长，重载货运车辆比例不断升高。根据山东省高速公路网收费数据，2015 年 12 月全路网客车与货车分布比例为 66∶34，其中一型客车 61.35%、二至四型客车 3.54%、一型货车 7.34%、二型货车 5.57%、三型货车 2.42%、四型货车 1.99%、五型货车 16.29%，如图 1-9 所示。受高速公路行驶车辆动力性能的差异、客货车车速差的存在、重载货车比例的增加、大型车容易遮挡小型车视线、车距等因素影响，路网中不仅容易发生高速车辆追尾事故，而且大大降低高速公路车辆平均行驶速度，影响了高速公路运输能力，致使高速公路在一些路段的高峰时段易引发交通拥堵，增加了路网运营的危险性，如图 1-10 和图 1-11 所示。有关数据显示，2015 年山东省高速公路网共发生交通事故 1778 次，路段通行拥堵情况 1908 次，收费站出入口压车 413 次。

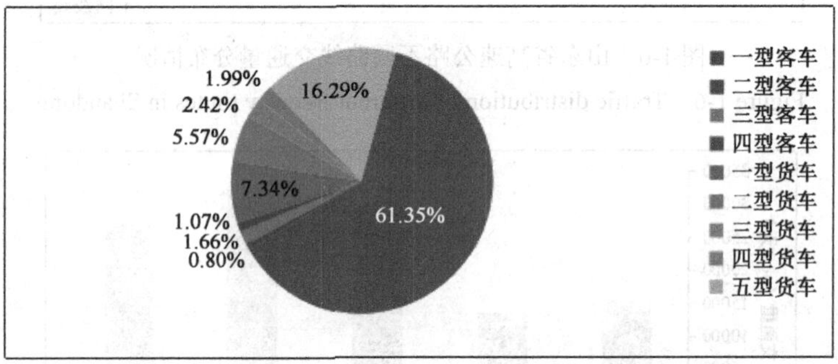


图 1-9　2015 年山东省高速公路车型构成图

Figure 1-9　Vehicle type structure of freeway network in Shandong at 2015

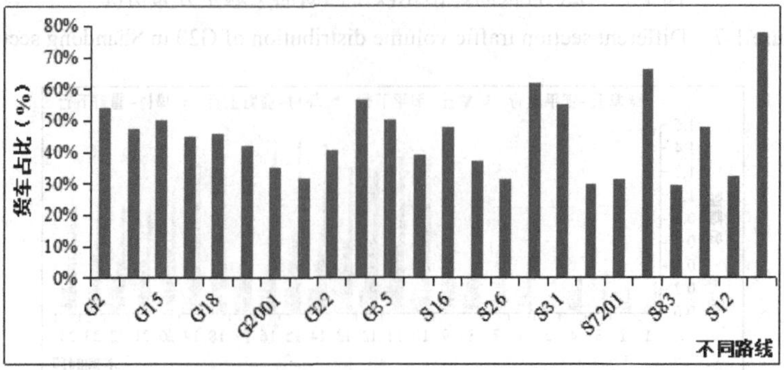


图 1-10　山东省不同高速公路路线货车占比情况

Figure 1-10　Truck proportion of different freeway routes in Shandong

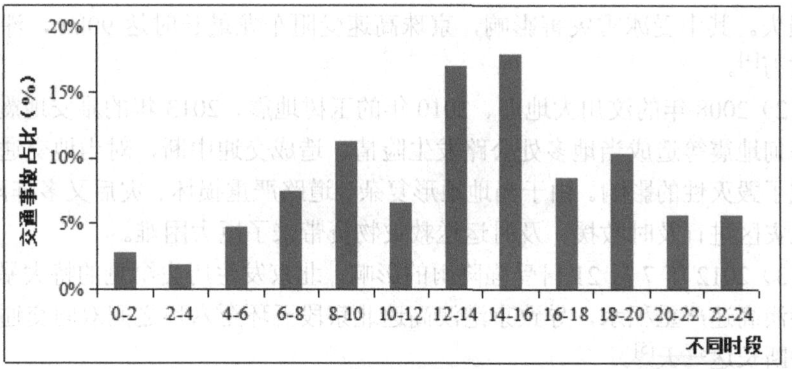


图 1-11　山东省高速公路网交通事故发生时段分布情况

Figure 1-11　Time distribution of traffic accidents on freeway network in Shandong

（4）高速公路管理主体多元，使得网络化安全运营协调不畅。当前我国的高速公路管理大多数都是实行分段式建设和分割式运行的管理体制，虽然部分实行了跨省联网，但由于管理主体多元化，缺乏相互之间的统一和协调，难以达到高速公路网“集中、高效、统一、畅通”的管理目标，给公众出行带来诸多不便。同时，公安部门负责高速公路的交通安全管理，其他行业管理由交通运输部门负责，两个部门的权利边界尚需进一步明确，因而在实际的管理工作中，公安与交通两个部门不能有效地衔接，这也在一定程度上加大了高速公路网络化运营安全管理组织工作的难度。以山东省为例，目前山东高速集团负责 2500km 经营性高速公路建设、融资、管理；山东省交通运输厅按照全面深化改革的总体部署，深化高速公路管理体制改革，将约 3000km 的政府性还贷公路划归到新成立的齐鲁交通建设集团下进行建设、融资、管理。这就使得高速公路网安全运营管理面临严峻挑战，高速公路运营安全管理体制始终难以实现真正的综合治理。

### 1.1.2　研究的必要性

受不断增加的出行需求、频繁的自然地质灾害天气、频发的交通事故，以及多元化的出行路径选择等因素影响，高速公路交通量分布更加复杂多变，逐渐呈现出点、线、网互相影响的特征，一旦路网中部分节点或路段发生重大突发事件，若不能及时救援处置，将严重影响整个路网的运营效率，给高速公路安全畅通运营带来新难题和压力。如：

（1）2008 年，我国南方的多数省份发生了 50 年不遇的罕见雨雪冰冻天气，持续时间长达一个月，高速公路车祸、堵车、车辆损坏等诸多难题使得高速公路安全畅通运营面临极大的挑战，也给当地公路交通运输与人民生命财产带来巨大损失。其中受冰雪灾害影响，京珠高速受阻车龙最长时达 90km，滞留人员人数过万[4]。

（2）2008 年的汶川大地震、2010 年的玉树地震、2013 年的雅安地震、2014 年的鲁甸地震等造成当地多处公路发生险情，造成交通中断，对当地交通运输工作造成了毁灭性的影响。由于当地地形复杂、道路严重损坏、灾后又多阵雨天气，给深入灾区进行及时救援、及时运送救灾物资带来了巨大困难。

（3）2012 年 7 月 21 日受强降雨的影响，北京发生历史罕见的特大暴雨，造成京港澳高速严重积水，导致京港澳高速北京段五环至六环之间双向交通瘫痪，交通中断长达一天[5]。

（4）2012 年“十一黄金周”，高速公路节假日小汽车免通行费政策的实施[6]，短时间内产生了大量的交通出行需求，造成许多收费站及基本路段达到全面饱和，进而导致高速公路网大面积出现拥堵，这对高速公路安全畅通运营和应急预警能力带来了巨大的冲击和挑战。

（5）2014 年 3 月 1 日，晋济高速隧道由于两辆危险品运输车辆追尾相撞而引发重特大交通危险品燃爆事故，造成 40 人死亡，12 人受伤，42 辆车辆烧毁，交通中断达 3 天多[7]。

这些频繁发生的恶劣天气、自然灾害、交通事故等引发了人们对如何保障高速公路安全畅通运营的广泛关注。大量研究表明，网络拓扑结构决定网络功能。高速公路作为一个综合、动态、随机、混合的复杂巨系统，不仅由大量的收费站点、互通式立交、服务区、桥梁、隧道以及基本路段等基础设施组成了一个有机整体，而且加载了复杂的交通量信息，使它成为一个静态拓扑结构和交通量网络相互作用、相互影响、相互耦合的复杂负载网络。同时，高速公路网络除了具有一般复杂网络的共性，还具有异于其他交通网络的显著特点，如分方向分车道行驶、线路的全封闭性等，使得它在面对突发事件时比普通城市道路的影响范围更广、应急处理要求更高等。在复杂路网环境下，如何从网络化运营角度，利用现有技术和数据，科学评估整个高速公路网风险，有效识别路网中潜在的风险节点和风险路段，进而增强对高速公路突发事件预防和应急反应能力，成为高速公路管理者面临的一个重大难题。

传统的方法难以描述这种网络内部的耦合作用和组织机理。相比之下，复杂网络作为一交叉的新兴学科，包含了大量个体以及个体之间相互作用的系统，为深入研究交通网络的各种结构特性及交通行为与拓扑结构间的相互作用问题提供了新的研究工具，而高速公路正是一个由路网拓扑网络、交通量等相互作用所形成的复杂系统，可利用复杂网络理论进行研究。

因此，本书结合非集计理论和交通分配理论，综合考虑高速公路网中各组成要素物理拓扑结构数据、服务供给能力数据、交通量分布数据等，构建高速公路网络特性模型，进而全面评估高速公路网运营风险状况，及时识别路网中的风险节点和路段，实现由“被动管理”向“主动管理”的转型。

## 1.2 研究意义

高速公路风险随着时间、空间的变化而发生动态性变化，日趋网络化对高速公路的运营管理提出更高的要求。高速公路一旦发生突发事件，其传播速度更快、处置难度更高、影响范围更广，通过科学评估和识别高速公路风险，便于充分发挥高速公路的整体效能，有效应对各种突发事件，提高整个路网服务水平。本书所作的研究具有以下的理论和实践意义：

（1）有助于丰富高速公路风险评估理论。目前，利用复杂网络分析交通网络风险的研究逐渐增多，但并未结合高速公路拓扑结构和实际的交通量出行特点进行高速公路领域的相关研究。因此，有必要结合复杂网络理论和实际的高速公路收费数据，科学评估高速公路网的运营风险程度，准确识别高速公路网的风险节点和路段，以弥补仅从交通量或拓扑结构的单一角度评估高速公路风险的缺陷，进一步扩展高速公路网安全风险理论。

（2）有利于高速公路管理者保障路网的安全畅通运行。受恶劣天气、道路施工、交通事故等因素影响，由于道路通行能力、路网结构、交通量和道路环境等差别，高速公路的正常运行状态可能会在短时间内受到严重破坏和干扰，甚至造成路网全面瘫痪，因此提高高速公路网的风险抵抗能力十分重要。通过识别路网中潜在的风险节点或路段，避免风险节点或路段的级联失效影响，显著改善现有路网的性能，指导管理者在应急疏散和救援方面更具有针对性，保障高速公路网运行的顺畅和效率。

（3）有利于为高速公路规划者提供改扩建及线路优化依据。高速公路网规划布置的合理性决定交通运输的效率，从整个路网层次的角度，通过开展对高速公路的风险特性研究，加强对路网基础设施风险环节的管理，确保路网在未来的发展规划中能够具有良好的可达性和畅通性。

（4）有利于提高高速公路出行者的出行效率。高速公路通过诱导出行者选择更快捷、安全的出行路径，在一定程度上可以降低潜在风险路段的出现，从而提高出行者的出行效率和水平，促进高速公路与社会、经济、环境的协调发展。

# 1.3 国内外研究现状

## 1.3.1 高速公路收费数据研究现状

高速公路收费系统中的收费数据包含了全面的车辆交通信息，通过构建数据分析体系，对收费数据进行挖掘计算，可以从收费数据中挖掘隐含信息，分析获得车辆出行信息、路段交通量信息、道路拥堵信息等。国内外学者利用收费数据在交通事件识别、交通状态感知与预测、货运统计等方面获得了一些成效。

2006年，付鑫、王建伟[8]等提出基于高速公路收费站通行记录数据库的OD矩阵整理算法及断面交通量的计算方法，该方法根据最短路径法确定多路径选择型交通流后将路网交通流归并，然后按照线路交通流计算的思想进行断面交通量的计算。

2009年，钟足峰、刘伟铭[9]以回归树理论建立起利用联网收费数据预测交通量的思路，实现利用联网收费数据进行交通量的预测。

2013年，盛鹏、戴元、陈犁[10]等人以相关性分析为基础，通过综合分析四川省2010－2012年收费数据，以二维跨度综合分析时间空间内车流量的分布规律，并且在考虑四川省路网实际拓扑结构及各路线定位信息的前提下，综合分析本省高速公路交通量特征，并据此有针对性地研究政策法规、路线分布情况等因素和交通运力相关性。

2013年，闫晟煜、肖润谋[11]提出了基于收费数据的高速公路事故影响区域判定方法。根据事故对不同车辆的不同作用机理，分别对每种分类车型的特点进行分析，将事故路段车流比例作为影响区域判定的评价指标，提出了高速公路事故影响区域模糊决策模型。

2013年，赵建东、王浩、刘文辉[12]等针对高速公路断面检测数据密度不足的现状，研究了收费数据实时修正处理方法，提出了采用收费数据计算收费站间车辆行程时间的预测方法，为高速公路出行者提供时间参考。

2014年，李长城、文涛、刘小明[13]等月利用收费数据分析了路段行程时间概率分布特征，建立了基于正态分布的路段行程时间可靠性模型，并给出了模型参数估计方法；根据路段行程时间的相关性，建立了路径行程时间可靠性模型；在此基础上，利用概率论的全概率原理和交通分配模型中的Logit路径选择模型，建立的OD对间的行程时间可靠性模型。

2015年，张丹红[14]通过研究交通事件下的交通流特性，开展了基于车辆行程时间的交通事件判断方法，提出了利用路网间的相互关系确定交通事件发生区间的方法，并依据车辆的入站时间、出站时间等相关交通参数，提出一种计算交通事件发生位置与发生时间的计算方法。

2016 年，石绍刚[15]建立了基于收费数据的高速公路收费站运行效率评价指标体系，并通过对收费站车辆的排队规律进行研究，设计了基于收费数据的收费站排队检测算法以及各指标的量化计算方法，并选取了平均服务时间、平均队长和平均逗留时间对算法进行了验证，结果表明平均服务时间的绝对误差不超过 3s，平均队长和平均逗留时间的计算结果也基本一致。

2016 年，胡继启[16]利用收费数据提出了基于行程延误的高速公路交通拥堵判别算法，并利用相继驶出该拥堵区域的快、慢两种类型的车辆的速度差异，提出了一种拥堵定位的计算方法，该方法可以有效地计算并得到拥堵初发点和拥堵初发时刻。

2017 年，王强[17]基于历史收费数据的高速公路货物运输量统计方法，通过对高速公路历史收费数据进行统计分析，掌握货运车辆的流量特征、出行频次规律以及货物装载特性，并建立基于行车次数和可接受核载的满载货车判断模型，基于此模型可以判定收费数据中的货车类型，依据判定结果确定每辆货车的整备质量，从而实现货物运输量统计。

### 1.3.2 高速公路风险评估研究现状

风险广泛存在于经济社会的各个领域，具有不确定性的特点，目前仍未形成统一的、公认的风险定义。在《辞海》中，“风险”是指“人们在生产建设和日常生活中遭遇能导致人身伤害、财产损失及其他经济损失的自然灾害、意外事故和其他不测事件的可能性”。目前，经济社会各领域对风险的定义可分为以下几类：第一类观点认为风险代表事件未来可能结果发生的不确定性；第二类观点认为风险代表不利事件发生的机会和概率；第三类观点认为风险代表可能发生的损害程度；第四类观点认为风险是可能发生的损失大小和发生可能概率的乘积。由此可知，虽然各自的定义不同，但对风险具有不确定性、未来性的属性均是认可的[18]。

高速公路网的安全性管理源于风险管理，只有将影响路网的风险因素控制在可控范围内，路网的安全性才能得到保证[19]。通过对现有文献的研究发现，目前国内外对高速公路风险评估的研究主要是从安全角度分析“人、车、路、环境”四大影响因素与高速公路运营安全的关系，从不同角度建立高速公路交通安全评价指标体系，并采用层次分析法、模糊综合评估法、BP 神经网络法、灰色评价法或多种方法的集成等进行安全量化评估。

在国外，大多数学者多是从交通事故致因理论，结合交通事故数据对高速公路进行安全评估[20]。如 Christoforou 等[21]根据法国法兰西岛 A4-A89 高速公路路段 4 年的交通事故数据，建立多元 probit 模型分析交通量、速度、占有率与追尾交通事故的关系并进行安全评价；Golob 等[22]、Xu 等[23]分析了高速公路平均速度、交通量、占有率及其平均误差与交通事故发生率之间的关系；Jung 等[24]选取美国威斯康星州州际高速公路为研究对象，将交通事故类型分为死亡或伤残事故、可能受伤事故以及财产损失事故三类，研究天气、道路线形等因素对交通事故严重性的影响；Pang 等[25]基于双车道 STNS 模型，考虑延迟反应时间和限速影响，利用元胞自动机模型，从微观角度分析了恶劣天气下高速公路三车道追尾事故风险性；Pande 等[26]基于神经网络分类器对高速公路实时事故风险进行预测，对追尾事故预测具有较高的准确率；Caliendo[27]等基于意大利 1999—2003 年的交通事故调查数据，建立双向四车道公路的碰撞预测模型，发现道路长度和平均坡度与交通事故的相关性最大。

在国内，刘涛等[28]选取死亡率、伤亡率、受伤率等指标，从宏观层面建立区域道路交通安全评价指标体系，综合利用层次分析法和模糊理论对区域道路交通安全进行综合评价。赵学刚[29]建立了包含车辆应检率、车辆应废率、一年内驾龄驾驶人数的百分比、道路危险性系数变化率等九个指标的交通安全风险评价体系，并应用模糊综合评价法对区域路网安全风险进行评价。马社强[30]从道路交通风险、事故危险度、社会经济发展、交通方式构成和社会风险防御能力等六方面，构建了省级区域道路交通安全评价指标体系，并采用基于差异驱动原理的评价方法、灰色关联度评价方法和 TOPSIS 法对交通安全状况评价。赵新勇[31]对事故多发点、路线和交通安全事故进行相关性分析，综合考虑驾驶人反应时间、能见度、路面摩擦系数、车速等相关因素，提出基于模糊区间理论的区域高速公路网络交通安全性能评价模型。王琰[32]构建了包括事故指标、交通流运行安全性指标和道路交通设施安全性指标的评价体系，根据状态向量和雷达图特征研究公路安全状态的分类和判别标准。阎莹等[33]、王晓飞[34]从微观交通流特性出发，分析了高速公路行车风险指标模型。孟祥海等[25]、吴彪等[36]通过施工作业区交通流率、各区段的平均速度、大型车混入率、平均车道占有率及速度变异系数等对施工作业区的风险进行了研究；李梅[37]以事故率、受伤率、死亡率作为安全服务水平的评估指标，并采用神经网络理论进行安全服务水平等级划分。陈晓东[38]将交通事故率作为高速公路运营安全的评价指标，发现交通事故发生率在 8 点到 19 点的时间段里呈现 U 型分布的特征。徐铖铖[39]采用 Fisher 判别分析方法构建交通流参数的线性关系，以判别危险交通流状态，采用条件 Logistic 回归模型，研究了高速公路交通安全实时评价指标与交通事故风险之间的定量关系。陆斯文等[40]考虑紧急情况下前后车紧急制动减速度、驾驶员反应时间的随机性及车辆制动协调时间，构建了高速公路追尾事故潜在风险指标。吴焱等[41]从人、车、路、环境、管理方面，构建了包括转向性能、交通条件等的高速公路交通安全风险评价指标体系，应用AHP-TOPSIS-RSR法对高速公路进行交通安全风险评价，并以福建永安至武平高速公路为例进行实例分析。

综合来看，虽然国内学者在高速公路安全及风险评估方面已取得了大量研究成果，但大多数仍局限于应用事故致因理论进行高速公路风险评估，缺少一套综合考虑路网的拓扑结构、出行者路径选择行为的差异性及交通量分布等，面向整个路网的风险评估体系，以全面、精确、客观地掌握高速公路网运营风险变化规律。

### 1.3.3 复杂网络在交通网络中的应用研究现状

复杂网络作为研究复杂系统的一种角度和方法，主要利用图论和统计物理学对复杂系统的拓扑结构和行为进行研究，以挖掘系统内部的行为及其演化机制等规律。作为交通风险研究的一个重要分支，目前国内外许多学者利用复杂网络理论，从微观层面进行路网中重要节点及路段的识别和从宏观层面定量化评估整个交通网络风险程度。

#### 1.3.2.1 复杂网络在交通网络风险评估中的应用

利用图论和复杂网络相关理论对交通网络风险的特性进行研究源于 20 世纪50年代在通讯网络可靠性方面的研究，随后在电力网络、基础设施、互联网、物流网络、交通网络等多个领域得到了应用和发展。目前，交通运输领域通过分析网络系统的微观属性和宏观特性之间的关系，从自适应性、脆弱性等方面对交通网络风险评估分析开展了研究。

1. 网络自适应性

（1）网络自适应性的内涵：网络自适应性或异质性是指网络中各微观组成单元节点和边属性分布不均匀程度，以表示网络系统受外部环境干扰，系统内部自发的由无序向有序转化的能力，体现网络系统适应外部变化的能力，表现为不平衡性、非均匀性及一定程度的有序性。微观属性分布越不均匀，路网异质性越高，自适应性越弱，网络的抗风险能力越差。近年来的研究发现，由于网络中各组成要素间相互作用的强度和地位不同，绝大多数复杂网络呈现出极强的异质性[42]，节点或边属性分布的严重不均匀会导致网络异常复杂。已有研究表明，网络不均匀性和网络脆弱性具有直接关系，如在无标度网络中节点度分布满足幂律分布，使得网络中存在少量的中心点，导致无标度网络节点分布具有不均匀性，进而会对网络结构属性及动力学行为产生重要影响，如面对蓄意攻击时网络会表现出非常强的脆弱性。虽然无标度网络度分布中的参数能够一定程度上反映网络的不均匀性，但它是通过进行曲线拟合获取的估计参数，会存在误差。因此，定量化评估网络中节点或边属性的分布不均匀性对研究网络特性和风险十分有意义。

（2）网络自适应性的测度方法：谭跃进等[43]提出利用网络结构熵刻画无标度网络的无序性；Ou[44]基于节点度分析了无标度网络的异质性和中心节点；Wang[45]等利用秩分布熵度量复杂网络的异质性进行研究；周漩等[46]采用熵衡量复杂有向网络的异质性，综合考虑网络中节点的度分布和相邻节点之间的差异，并对网络结构特性进行研究。在交通运输领域，Shen 等[47]发现具有异质节点度的网络能够容纳更多的交通容量，且可改善交通网络的运行性能；肖雪梅[48]、张晨琛[19]、汪国明[49]等利用熵分析了城市轨道交通网络、高速公路、城市群道路网络的不均匀性；汪玲[50]考虑交通网络边的方向性及边权重差异性对交通网络拥塞的影响，利用了基尼系数衡量边权的网络异质性；李振福等[51]利用复杂网络理论中的度、度分布、聚类系数、平均路径长度及介数等指标，发现世界海运网络的无标度网络特性，并利用基尼系数对世界海运网络的异质性进行分析。由此看来，衡量网络不均匀性的方法主要有网络结构熵、度分布熵、秩分布熵和基尼系数等四种[52]：

1）网络结构熵

$$E_d = -\sum_{n=1}^{N} I_n \ln I_n \tag{1-1}$$

其中：$I_n = \dfrac{d_n}{\sum_{j=1}^{N} d_j}$

式中：$d_n$为节点 $n$ 的度；$N$ 为网络中节点个数。

当网络为规则网络时，网络结构熵最大值为 $\ln N$；当网络为星型网络时，网络结构熵取得最小值为$\dfrac{\ln(4(N-1))}{2}$。

2）度分布熵

$$E_p = -\sum_{k=1}^{N-1} p(k) \ln p(k) \tag{1-2}$$

式中：$p(k)$为度分布；$N$ 为网络中的节点总数。当网络为规则网络时，度分布熵取的最小值 0；当网络为星型网络时，其度分布熵为 $E_p = \ln\dfrac{N}{N-1} + \dfrac{\ln(N-1)}{N}$。

3）秩分布熵

$$E_Q = -\sum_{r=1}^{N} Q(r) \ln Q(r) \tag{1-3}$$

式中：$Q(r)=\dfrac{f(r)}{N\langle k\rangle}$是网络秩分布；$f(r)$是网络秩函数；$N$是网络节点数量；$\langle k\rangle$是网络平均度。

当为规则网络，$d_1=d_2=\cdots=d_N=k$时，即$Q(r)=\dfrac{1}{N}$时，秩分布熵的最大值为$\ln N$；当网络为星型网络时，秩分布熵的最小值为$\dfrac{\ln(4(N-1))}{2}$。

4）基尼系数

$$G=1-\frac{1}{N}\sum_{i=1}^{N}\left(2\sum_{K=1}^{i}w_k-w_i\right) \tag{1-4}$$

$$w_n=\frac{d_n}{\sum_{j=1}^{N}d_j}$$

其中：$G$为基尼系数；$d_n$为节点$n$的度；$N$为网络中节点个数。$G$越大，网络节点度值差异越大，网络越不均匀。

综合来看，目前利用复杂网络主要分析网络拓扑属性的异质性特征，但是实际的高速公路网作为有向加权网络，而传统的拓扑属性不能全面反映路网的非均匀性程度，有必要结合高速公路实际的复杂网络特性研究高速公路网不均衡性。

2. 路网脆弱性

（1）脆弱性的定义。交通网络脆弱性研究兴起于1995年的日本阪神大地震和2001年的美国“9·11”事件。近些年，虽然相关研究逐渐增多，但目前仍未形成统一的定义。Berdica[53]首先定义了路网脆弱性，认为它是对引起其服务能力迅速下降的事件的敏感系数，该系数一旦受到人为、自然、可预测或不可预测事件等情况的影响便会导致路网服务能力的极大下降，在许多文献中用“效率”“容量”代替“服务水平”。Taylor[54-55]从节点角度将脆弱性定义为节点失效后路网出行成本和可达性的下降，认为路网脆弱性、可靠性和风险是紧密相连的概念。Husdal[56]认为脆弱性是指“在某些特定情况下网络的非运转性”，认为它是由事件发生的概率与发生结果的乘积计算得出道路交通运输网络脆弱性。Chen 等[57]将路网脆弱性与风险发生的概率和后果联系起来进行定义。Jenelius 等[58]等将路网脆弱性定义为在某一路段或多路段失效等事件发生后路网维持正常服务水平的能力；Cats 等[59]指出“涉及严重的交通网络中断的风险研究一般均称为脆弱性分析”，并考虑了供需关系和路段失效后的路网累积效应，定义了公共交通网络的脆弱性。由此看出，当前对路网脆弱性概念的界定大致分为两类：一类认为它只与网络组成单元失效的后果相关；一类认为它既与失效后果相关，也与组成单元节点和路段失效的概率相关。虽然目前脆弱性的概念尚未一致，但两种观点均认为脆弱性研究必然包括网络遭受攻击后的损失情况。

（2）与脆弱性相关的概念。目前，与脆弱性相关的概念还包含可靠性、抗毁性等。路网可靠性是一个和路网脆弱性紧密相关的概念，它是指在特定的时间和环境运行条件下，达到某种预期功能并在可接受运行水平的概率，是一种概率型测度指标，更关注于路网连通性及连通概率，侧重于从单一用户的角度来分析交通网络，而路网脆弱性则更侧重分析网络的薄弱环节和网络失效的影响程度，他们之间没有线性或者互反的关系[60]。路网抗毁性是指交通网络中的节点或边在遭受随机攻击与蓄意攻击时，网络维持其自身功能的能力，它与交通网络脆弱性是互补性的概念，交通网络抗毁性越强，说明其脆弱性越低，反之则越高[61]。

（3）脆弱性的评估方法。在进行路网脆弱性的概念和内涵分析之后，就需要对路网脆弱性的评估方法进行研究。目前，路网脆弱性评估方法大致可分为基于网络拓扑结构的静态评估和基于网络运行性能的评估两类。在基于网络拓扑结构的评估方法方面，多是将路网抽象为无权网络，采用网络效率、平均最短路径长度、最大连通规模、边失效比例、网络连通系数[62]等指标，采取随机和蓄意（如最大点度、最大介数等）两种攻击方式，研究路网脆弱性或鲁棒性。在国外，Latora 等[63]最先建立全局网络效率和局部网络效率模型，以进行波士顿地铁网络的脆弱性分析，发现移除了路网中最重要的路段后网络全局效率下降了 27.5%。Abdul 等[64]采用$\gamma$指数和$\alpha$指数构建道路网连通性模型，分析发生洪水时孟加拉国的道路网的连通脆弱性。Demšar 等[65]分析了包含 70000 条路段的芬兰赫尔辛基市道路网的拓扑结构脆弱性，通过对不同场景下各路段轮流失效，发现在路网中具有较高介数的路段是关键路段，但是具有相同结构介数的路段在实际路网中受出行需求、出行时间等影响，受失效顺序的不同又会对路网产生很大的影响。Berche 等[66]选取网络效率和最大连通规模作为脆弱性评估指标，分析了基于节点随机失效和蓄意攻击下的城市公共交通网络的脆弱性，并以柏林、达拉斯、伦敦等城市公共交通网络进行了实例分析，发现最大连通规模相对大小下降至 50%时蓄意攻击下和随机攻击下分别移除的节点比例为 10%～12%、37%。在国内，王志强等[67]选取路网的相对连通概率和相对连通效率的变化情况作为路网连通可靠性的评估指标，对节点进行随机失效和选择失效，仿真分析了 2020 年的上海地铁网络的连通可靠性，对 10%的节点选择性失效时，路网相对连通概率已降为原路网的 25%；下降要比随机失效迅速；张建华[68]选取网络效率、网络节点的平均介数、网络边平均介数、最大连通图等指标分析了上海地铁网络的连通脆弱性；汪涛等[69]选取最大连通子图的相对大小和网络效率的指标，分析北京、上海、南京、杭州四个城市的公交网络在不同攻击模式下的抗毁性，发现公交网络中选择攻击时表现出更强的脆弱性；叶青[70]利用 Space L 法构建拓扑网络，选取网络效率作为路网脆弱性量化指标，定量计算各个站点蓄意攻击的脆弱性，并对重庆轨道交通网络效率进行实例分析，发现当受到攻击的节点不足 20%时，整体网络效率已接近于 0；刘庆法等[71]综合原始法与对偶法进行高速公路网建模，以网络效率作为网络的抗毁性评估指标，分析面对随机和蓄意攻击时高速公路网络的拓扑结构抗毁性。

随着研究的不断深入，学者们逐渐意识到为了更准确地评价路网脆弱性，必须考虑路网出行者的出行行为、交通网络拥挤效应等。因此，在基于网络运行性能的评估方法方面，国外学者 Murray 等[72]综合考虑交通量、路段通行能力、行程时间及可达性等，构建了路网脆弱性评估模型；Jenelius 等[73]利用路段失效后路网出行时间的变化及未满足的出行需求变化等定义了道路网的脆弱性；Scott 等[74]基于用户均衡理论，将路段失效后路网出行时间的变化定义为路网脆弱性；Nagurney 等[75]将路网出行成本的倒数定义为路网脆弱性指标；Berdica 等[76]基于流量－延迟函数，以路网平均出行时间、路径长度、行驶速度和成本变化分析了不同场景下的路网脆弱性。Criado 等[77]以路网效率下降、路网最短路径的密集程度等作为路网脆弱性评估指标；Rawia 等[78]综合考虑路段长度、车道数静态属性指标和路网交通量运营特性，建立路网脆弱性评估指标，并应用模糊逻辑算法进行定量评估。在国内，高鹏等[79]采用节点间实际距离构建网络效率模型，分析变权重城市轨道交通网鲁棒性；董洁霜等[80]考虑路网级联失效现象，运用用户均衡配流模型，选取用户出行时间成本、能源和环境成本的加权平均值作为路网脆弱性评估模型；何珊珊等[81]考虑平均出行成本的网络效率的需求脆弱性指标的敏感性，并在小规模网络中验证；张晨琛[19]基于复杂网络和风险理论，构建了高速公路网风险分析的理论框架，建立基于路网构件重要度的抗毁性测度和基于路网失效方式的抗毁性测度两类指标，并基于 ANP 和模糊积分进行高速公路网风险评估；赵新勇等[82]将节点失效后受影响交通量大小作为子路网可靠性的测度标准，建立了由子系统抗毁可靠度的最小值、平均值、加权平均、方差四个路网抗毁可靠度的特征值组成的路网抗毁性模型。尹洪英[83][84]综合道路交通运输网络的结构脆弱度、风险概率重要度或后果重要度，建立道路网脆弱度模型；张涛[85]以多源数据为基础，以总出行费用作为脆弱性评估模型，建立了高速公路网络脆弱性博弈模型，以识别出高速公路网络中的关键路段。

综合来看，虽然路网脆弱性作为风险研究的一个重要分支，国内外学者关于交通网络脆弱性的研究已形成了较为成熟的定量分析方法，但有关高速公路网脆弱性的研究还比较缺乏。由于高速公路网密度稀疏，单个路段或几个路段受损容易导致大范围交通网络瘫痪的局面，且与其他交通网络在拓扑结构、交通量分布特点、数据采集等方面存在一定的差异性，因此在高速公路收费数据的基础上，考虑高速公路网的拓扑结构、出行路径选择及交通量分布特点等，通过高速公路网脆弱性分析实现宏观层面的路网运营风险评估十分必要。

#### 1.3.2.2 风险节点及风险路段的识别研究

评估网络中节点和路段重要性的方法很多，利用复杂网络识别路网中的重要节点和路段主要有两种方法。

第一种方法是通过度、介数、中心性、特征向量、聚类系数等复杂网络特性指标[86]，定量化分析节点或路段在网络中的重要性差异。在国外，Freeman[87]等首先提出将介数作为评价节点重要度的指标；Callaway 等[88]、Sen P[89]、Angeloudis 等[90]、Sienkiewicz 等[91]以节点度、介数、聚类系数等作为节点重要度的衡量标准，对道路网、铁路网、地铁网等进行了实例分析。随着研究的不断深入，国外学者开始考虑交通量特性研究节点或路段重要性，Bagler[92]将两个机场间每周航班数作为边权重，利用节点度、聚类系数作为衡量航空网络的节点重要性指标，并分析了印度航空网络的小世界特性。Soh 等[93]将两站点间乘客出行量作为边权重，利用度、特征向量、聚类系数等作为衡量新加坡公共交通网络的节点重要性指标。Jia[94]以航线里程长度为边权重，构建了有向加权的美国航空运输网，利用度、介数、吸引度等指标测算节点重要性。Ghosh[95]以站点间的路线数量为边权重，将印度铁路网抽象为加权网络，分析了节点度和边权重的指数分布。在国内，从路网拓扑结构角度，胡一竑[96]、吴俊荻等[97]将节点度、介数、紧密度作为路网关键节点重要度的指标；邓亚娟等[98]采用对偶拓扑法，以交叉口为边、路段为节点建立公路网模型，将节点度、接近中心性和连通可靠性等作为衡量节点重要性的指标；沈鸿飞[99]以度、介数为拓扑指标属性、以里程和通行能力代表功能属性，应用字典序法、综合评估法和逆向检测法建立了公路网关键节点和路段的辨识模型；王力等[100]结合拓扑结构和交通流特性，选取节点度、节点介数和高峰小时交通量为指标，建立基于模糊聚类法的关键节点辨识算法；高梦起等[101]通过点段重要度数据、路段分配率和路段 OD 量等数据识别出重要路段集，通过可靠性指标识别薄弱点段集，取二者的交集定义为瓶颈路段；李杰等[102]综合考虑拓扑结构、流量与出行费用，利用 AHP 和灰色聚类法识别关键路段；高洁[103]综合考虑交通运输网络特性，构建了基于最短路径的工作强度和最短路径介数，基于运输能力的最大流量介数和最小成本最大流量介数进行关键路段的识别；钟茹[104]综合考虑路网拓扑结构和交通流特性，将关键节点或路段定义为节点或路段的拓扑结构特性和交通特性的加权平均值；肖雪梅[48]将节点结构度、结构介数和能力度的加权平均值作为节点重要度的衡量指标，将边结构介数和运力的加权平均值作为轨道交通路段重要度的衡量指标；曹娟等[105]针对道路交通网络中的级联失效问题，将节点度、介数和节点的负载流量的加权平均值定义为网络流通效率，对交通网络节点重要性进行综合评估；董洁霜等[106]将路网中的介数和交通量的加权值作为节点和边的重要度指标。

第二种方法是通过对比节点或路段删除前后路网风险指标的变化程度，以识别路网的重要节点或路段。Nhcholson 等[107]最先提出将路网中的节点或路段失效对网络的影响定义为节点或路段的重要性；D'Este[108]将路段失效造成严重后果且概率最大的路段定义为关键路段；Sohn[109]考虑县域间的实际距离、年平均日交通量因素建立路网可达性模型，分析发生洪水后路段失效引起的可达性指标变化以识别关键路段。随着研究的不断深入，Scott 等[110]、Sullivan 等[111]提出传统的 V/C 指标并不能反映路段重要性，综合考虑道路网流量和网络拓扑结构，构建了基于路段出行成本的路网鲁棒性指数，通过删除法分析路网鲁棒性指数的变化以识别重要路段；Sofer 等[112]基于 OD 对间有效路径数量、OD 对间不同路径的重叠路段长度、OD 对间相对最短路径长度等三个变量构建了高速公路网弹性指标，找出不同失效场景下路网中的关键路段。Rodríguez 等[113]基于路段行程时间已知、OD 交通出行矩阵已知、出行者均选择最快路线出行等假设条件，认为路网中的重要路段失效将产生两种结果：一是路网被分离为两个不关联的子路网；二是出行者必须选择一个迂回路线到达目的地，并基于这两种结果对关键路段进行了定义。在国内，李先[114]综合考虑路网结构和交通流分布情况，建立了路网连通可靠性模型，基于删除法从影响的范围和影响的可能性两方面来建立路网关键节点的识别模型；王正武[115]等基于节点删除法，选取路网阻塞程度计算节点重要度；张纪升等[116]以路网所有用户行程时间为路网运行性能度量指标，考虑多路段失效的联合效应，提出了路段集的重要度评估模型及其求解算法；余孝军等[117]考虑出行行为、出行成本、出行需求及拥挤效应等因素，建立固定需求及弹性需求下的网络效率模型，通过删除法分析网络效率的变化以识别路网中的关键节点或路段。屠宁雯等[118] [119]将路段受损前后路网总阻抗的差值作为路网脆弱性指数模型，以识别道路网中的重要路段。

综合来看，虽然国内学者在复杂网络理论识别路网重要节点及路段方面已取得了一定的研究成果，但多数研究是将复杂网络中的方法直接应用到交通网络，将整个网络抽象成边权为 1 的无向网络，利用网络拓扑特性或删除法对节点或路段重要度进行判别，并未结合实际运营特点，考虑高速公路网独有的交通特性，不能保证识别的节点和路段与实际情况相符。

### 1.3.4 出行路径选择研究现状

目前，出行路径选择模型主要是基于最大效用函数的非集计模型。非集计模型的理论基础是效用最大化理论，即所有出行者面对多种出行路径时，其会选择自己认为产生效用最大的某条路径出行，而这种效用被认为是出行者在出行过程中，从某路径上获得的关于出行快捷性、安全性和舒适性等方面的体验感受[120]。

由于出行者的效用在同一条件下本质是随机的，而且尽管假定在同一条件下出行者的效用是确定的，但由于面对出行选择方案时，其不可能完全准确地感知出所有影响因素，因此随机效用理论认为，效用是随机的，其由效用的固定部分和随机部分组成。根据随机部分服从的分布不同，可以将非集计模型分为 Logit 模型和 probit 模型，前者的随机项相互独立且服从 Gumbel 分布，后者的随机项的联合概率密度函数服从多元正态分布[120]。

目前，Logit 模型是最为常用的出行路径选择模型。Luce（1959）[121]在不同选择方案之间相互独立的条件下推导出 Logit 模型之后，McFadden（1974）[122]将 Logit 模型中的精确效用表达为选择方案中可观测变量的函数，从而提出了条件 Logit 模型，即多项 Logit 模型（Multinomial Logit Model，MNL）。虽然，Logit 模型具有计算简单等特点而被广泛采用，但传统的多项 Logit 模型因存在 IIA（Independence of Irrelevant Alternatives）特性而影响路径选择的结果。IIA 特性主要体现在两个方面：①重复路段问题；②路径间差异随路径长度不同而感知不同，即长短路问题。针对该问题，许多学者提出了诸多改进模型。目前，根据模型结构的不同，可以把出行路径选择模型分为三大类：

（1）第一类模型：在 MNL 模型的基础上添加一个特殊项，诸如 Cascetta 等（1996）[123]提出的 CL（C-logit）模型、Cascetta 等（1999）[124]提出的 IAP（Implicit Availability/Perception）模型和 Ben-Akiva 等（1999）[125]提出的 PSL（Path-size logit）模型等。上述模型在保持 MNL 模型基本结构的条件下，通过在效用函数中添加特殊项来有效地避免重复路段的问题。曾明华等（2014）[126]研究了多种 Logit 路径选择模型应用于多层次交通网络时对网络性能的影响，并得出结论：CL 模型和 PSL 模型不仅能够解决路段重复的问题，而且操作较简单，模型不算复杂，而且比 MNL 模型更贴近实际地揭示出行路径选择行为。Broach 等（2012）[127]和 Hood 等（2011）[128]在通过建立基于 GPS 数据的出行路径选择 PSL 模型，研究了自行车出行者的出行路径选择行为。Mandir 等（2010）[129]在研究驾驶员出行路径选择中，通过构建基于 GPS 数据的 CL 模型，来分析交通信息的发布有利于出行时间和能耗的节约。

（2）第二类模型：基于广义极值理论（Generalized Extreme-Value，GEV）的模型，其着重考虑随机误差项，利用条件概率和边缘概率等形式构建的模型，例如 Chu（1989）[130]提出的 PCL（Paired Combinatorial Logit）模型、Vovsha（1997）[131]提出的 CNL（Cross Nested Logit）模型和 Wen 等（2001）[132]提出的 GNL（Generalized Nested Logit）模型等。该类模型通过随机误差项来表征路径间的相似程度，呈现为一个双层或多层的嵌套结构。目前，在出行方式和出行路径选择的研究中，使用最为广泛的是巢式 Logit（Nested Logit，NL）模型，该模型是 GNL 模型的特殊形式。王普（2010）[133]考虑出行者的个人属性、出行特性和出行者信息系统等因素，构建了出行者出行方式选择和出行路径选择的 NL 模型。左婷（2013）[134]综合考虑旅行时间、等待时间、燃油费用、票价和停车费用等因素，构建了出行方式和出行路径选择的 NL 模型。

（3）第三类模型：混合 Logit（Mixed Logit，ML）模型[135]，亦被称为 LK（Logit Kernel）模型。与上述两类模型相比较，ML 模型具有高度的灵活性，能够近似于任意随机效用模型，是更加一般化的离散选择模型。与 probit 模型类似，ML 模型的效用函数中的误差项能够体现所有选择方案之间的相关性，从而有效地避免 Logit 模型的 IIA 特性。张天然等（2008）[136]通过构建 ML 模型和 NL 模型，并对比模型的估计结果，分析了 RP/SP（Revealed Preference/Stated Preference）融合数据对交通行为研究的重要性。但是，由于 ML 模型在路径选择表达式上并不是一个封闭的积分结构，导致其计算难度较大，难以适用于实际道路网。

目前，已有学者对于公路机动车出行选择行为的研究主要是考虑出行时间、路桥费用等因素，建立基于 Logit 的公路路径选择模型和出发时间选择模型。任英伟（2006）[137]基于采用 SP 调查数据，建立了货车出发时间的二项选择模型与出行路径的二项选择模型，并利用模型分析了可变收费对货车出行选择的影响。杨柳（2010）[138]基于对高速公路及其平行二级公路上车辆的调查，对影响车辆路径选择的因素与路径选择结果进行了相关性分析，并利用二项 Logistic 模型建立了收费公路的路径选择模型。宋玲玲（2009）[139]考虑出行者心理与出行行为的特征，认为出行者路径选择的实质内容是确定出行者偏好的权重，于是运用层次分析法和灰色系统理论建立了高速公路出行选择模型，并求解出用户最优出行路径。

## 1.4 主要内容

针对我国现有的高速公路风险评估理论成果的不足，本书采用复杂网络、非集计理论、交通分配理论、基尼系数理论及数理统计分析等方法，以高速公路 SP 出行调查数据、拓扑结构数据及收费数据为支撑，综合考虑高速公路网拓扑结构、路径选择行为、交通量分布等，分析高速公路网络特性，构建基于网络分析的高速公路风险特性模型，以科学评估不同时段高速公路网的风险程度，进而识别高风险时段路网中的潜在风险节点和风险路段。本书具体研究内容如下：

（1）绪论。主要阐述论文的研究背景及意义，分析国内外高速公路安全运行与风险评估现状；分析复杂网络在交通运输领域风险评估的应用，并找出目前研究中存在的问题。

（2）高速公路收费预处理技术。针对高速公路收费数据中存在的缺失、错误、异常等数据质量问题进行预处理，并结合以山东省收费数据作为源数据，进行数据预处理以为后面的数据分析做准备。

（3）高速公路网络特性研究。在物理拓扑网络基础上，综合利用复杂网络理论、非集计理论、交通分配理论等，通过考虑路网中各组成要素服务供给能力的差异性、驾驶员路径选择行为和交通需求分布等，依次构建服务供给网络、运输需求网络网络，提出面向高速公路网络运营风险评估和风险点识别的网络特性指标及其计算方法。

（4）面向高速公路网络特性的交通量分析。为计算高速公路网络特性指标，考虑客货混合交通流下路径选择行为的偏好差异，构建不同车型的广义费用函数，进而建立交通流分配模型求解各断面流量和路径的选择概率，以计算高速公路网络特性模型。

（5）高速公路网络运营风险评估研究。从路网不均衡性和路网脆弱性两个角度构建高速公路网络运营风险评估指标体系。其中，结合高速公路运输需求网络特性模型，基于基尼系数构建路网不均衡性模型，以反映路网中节点和路段属性在网络中分布的不均匀程度与路网抗风险能力的关系；构建路网脆弱性评估模型，以反映路网中节点和路段失效对路网整体运营效能的影响。同时，建立基于投影寻踪动态聚类的高速公路网络运营风险评估模型以分析风险时序变化规律。

（6）风险节点及风险路段的识别方法研究。根据高速公路网络运营风险评估值和风险等级，对路网风险等级较高的时段，结合两种传统方法的各自优势（即自身属性和删除法），考虑节点和路段在网络中的重要程度及其失效后对网络的运营效能的影响，构建风险节点和风险路段的识别模型，采取组合权重法确定各指标权重，构造基于灰色综合评估模型以量化节点与路段的风险排序及风险等级。同时，结合路网脆弱性分析，获取路网容忍失效节点和路段阈值，确定最终需要发布预警信息的风险节点和风险路段的集合。

（7）实例分析。以山东省高速公路网为例，结合 2012 年某工作日 24 小时的高速公路网络特性，对全天的高速公路网络运营风险进行综合评估，并结合各时段的风险评估结果，对高风险时段路网中的风险节点和路段进行识别。

（8）结论与展望。总结本书的主要研究结论及创新点，并进一步对该领域未来可能的研究方向进行了展望。

# 第2章　高速公路收费数据预处理技术

## 2.1　高速公路联网收费系统简介

### 2.1.1　联网收费系统采集流程

发达国家对于电子收费系统（Electronic Toll Collection，ETC）的研究相对较早，大部分高速公路都采用 ETC 收费系统，技术相对比较成熟，尤其是美国、日本、欧洲等国家和地区很早就针对不停车收费系统中的研发技术、工程实施、标准规范进行了深入研究。美国基本采用开放式收费制式构成的网络，最著名的联网运行电子不停车收费系统是 E-Zpass 系统，E-Zpass 标签是电池驱动的射频识别技术（RFID）转发器，通过与收费车道上方的读/写设备通信完成收费过程，E-Zpass 系统采用了专用车道、混合车道两种模式；日本在 1999 年开始实施全国性的 ETC 网络建设，日本采取的是接触式 CPU 卡加两片式电子标签和双 ETC 天线的方案，具有很高的安全性和车道通行能力；欧洲一些国家运用了目前最先进的全球定位系统（GPS）和全球移动通讯系统（GSM）技术，安装的车载感应器（On Board Unit，OBU）与卫星导航系统自动感应，将行驶过的路段和所需付费累加通过 GSM 反馈到公司的中央计算器，然后进行结算。目前国际上针对 ETC 已形成以美国 ASTM/IEEE、日本 ARIB、欧洲 CEN/TC278 为核心的专用短程通信（DSRC）标准化体系。

目前，中国的高速公路收费系统主要是封闭式系统。近二十年来，随着我国经济的高速发展，高速公路建设进入快速增长期，由于高速公路“投资主体多元化、融资渠道多样化”，使得高速公路建设大部分采用建设和管理一体的运营模式，固化了投资建设时形成的分割局面，其表现为各自分段封闭收费，一定程度上形成了“路网分割、站点密集、机构重复、运行低效”的缺陷，严重制约了高速公路网的服务水平和通行能力，影响了路网综合规模效益的发挥。高速公路联网收费是现在绝大部分高速公路采用的收费模式，封闭式系统记录车辆行驶里程，要通过接触式 IC 卡，以半自动收费方式为主、少数路段使用全自动收费方式。交通部从 2000 年开始就已经颁布实施了《高速公路联网收费暂行技术要求》，联网收费为全国范围内实现高速公路缴费电子货币化奠定了基础，使高速公路收费方式经历了从人工到智能的变化。随后广东、浙江、江苏、福建等地开展实施了高速公路联网收费工作，京津冀、长三角两个地区电子收费（ETC）联网示范工程开始实施，与此同时，《电子收费 专用短程通信》（GB/T 20851-2007）系列国家标准、《收费公路联网收费技术要求》（原交通部 2007 年第 35 号公告）、《收费公路联网电子停车收费技术要求》（交通运输部 2011 年第 13 号公告）、《电子收费 车道系统技术要求》（GB/T 28967-2012）、《道路车辆外廓尺寸、轴荷及质量限值》（GB 1589-2004）、《超限运输车辆行驶公路管理规定》等相继颁布，对收费系统各项设备的服务交通量、收费制式、收费标准及建设规模进行了规定，对收费广场的设计标准及配套设施进行了细化，开创了我国全面实施高速公路联网收费的新局面。联网收费系统是对独立收费模式的转变，实现了对高速公路交通信息的收集和处理，从收费、监控、通行，实现点对点、点到面的控制和处理。除了完成对联网车辆通行费的清分和结算，现阶段的高速公路联网收费系统附加了更多新技术功能平台，为智能交通的进步奠定更坚实的基础[140]。

目前，高速公路联网收费数据采集系统由收费车道、收费站、路段收费分中心和管理中心构成，如图 2-1 所示。根据每辆车的车型、行驶里程进行行车收费（特殊情况如超时收取超时费用、超限超载收取额外惩罚费用），因此每个高速公路收费站短期内会产生大量的收费数据。

（1）收费车道。收费车道是联网收费系统的核心，具备很好的可靠性、强壮性、自适应性及安全性。车道接收来自上级（收费站）系统运行参数（免费车名单、费额表、黑名单、同步时钟、系统设置等），将采集的车辆通行数据（入车道原始交易、出口车道原始交易、收费视频监控数据、车道特殊事件和设备故障事件等）生成车道收费记录表，将收费数据存入本地数据库的同时，实时上传至收费站数据库，是最原始的收费数据采集单元。

（2）收费站。收费站是联网收费数据采集系统的重要组成部分，建立与上级（路段收费分中心）、下级（收费车道）系统的通信连接，接收来自路段收费分中心的系统运行参数，将收费站所有车道收费记录数据表实时打包上传给路段收费分中心，并对收费数据和重要文件进行备份。

（3）路段收费分中心。收费分中心建立与上级（管理中心）、下级（收费站）系统的通信连接，接收上级系统发送的系统运行参数信息，下发至下级系统，并接收下级系统上传的联网收费数据（原始收费数据和统计数据），负责数据核对、检验与校正，完成联网收费数据完整性、一致性、安全性和可靠性的处理与确认，并将数据存储至路段分中心收费系统数据库。

（4）管理中心。管理中心是省级交通主管部门，建立与清算银行的通信连接，制定联网收费系统运行参数，发送至下级（路段收费分中心）系统，并接收下级系统上传的联网收费数据（原始收费数据和统计收费数据），负责数据核对、检验与校正，完成联网收费数据完整性、一致性、安全性和可靠性的处理与确认，并存储至管理中心收费系统数据库。

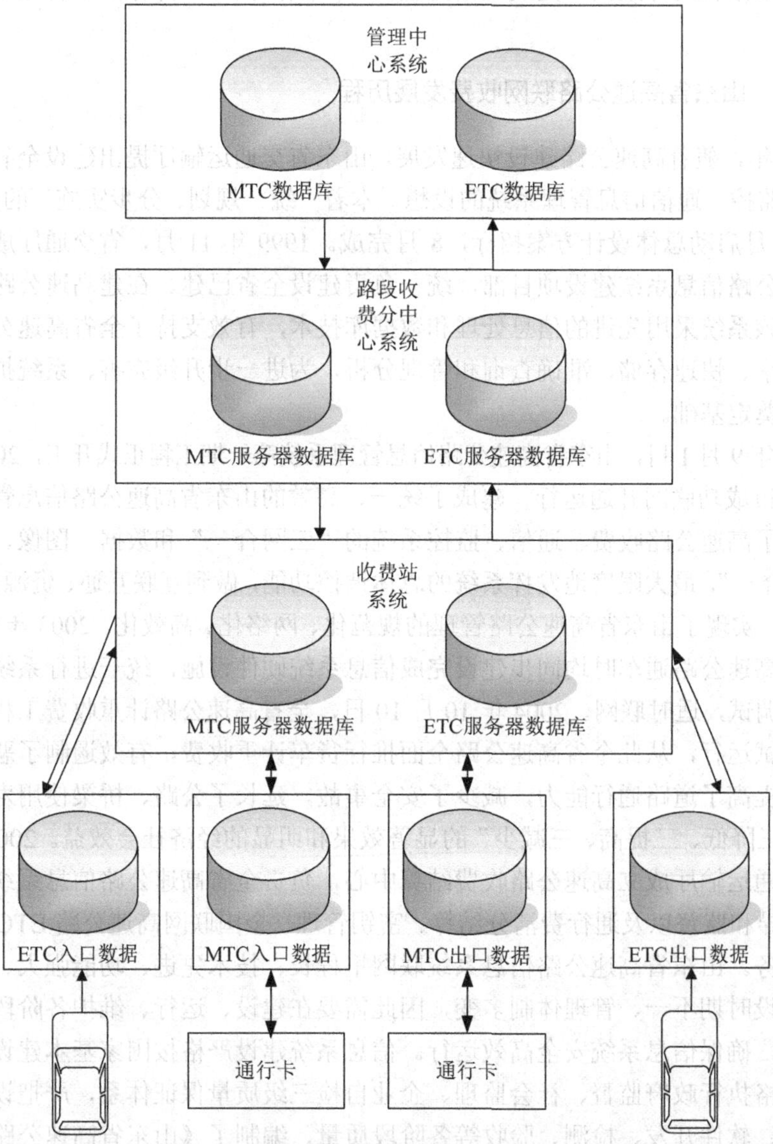


图 2-1 联网收费数据采集系统构成

Figure 2-1 Data collection system composition of freeway toll acquisition system

收费数据采集流程为：数据从收费车道开始采集，并实时上传至收费站服务器；路段收费分中心接收收费站上传的原始收费数据和统计数据，负责数据完整性、一致性核对，并存储至路段分中心服务器；管理中心接收路段分中心上传的原始收费数据和统计数据，完成数据完整性、一致性核对，并存储至管理中心服务器。

### 2.1.2 山东省高速公路联网收费发展历程

1998 年，随着高速公路建设快速发展，山东省交通运输厅提出建设全省统一的收费、监控、通信信息管理系统的设想，本着“统一规划、分步实施”的原则，1999 年 4 月启动总体设计方案招标，8 月完成。1999 年 11 月，省交通厅成立山东省高速公路信息系统建设项目部，统一负责建设全省已建、在建高速公路的信息系统。该系统采用先进的信息处理和数据库技术，有效支持了全省高速公路收费信息共享、快速存储、准确查询和管理分析，为进一步升级完善、系统扩展、系统衔接奠定基础。

2000 年 9 月 1 日，山东省高速公路信息管理系统第一期工程正式开工，2001 年 11 月 18 日成功联网开通运行，建成了统一、高效的山东省高速公路信息管理系统，达到了高速公路收费、通信、监控系统的“三网合一”和数据、图像、语音的“三网合一”，最大限度地发挥系统的总体调控功能，做到互联互通、资源共享、统一管理，实现了山东省高速公路管理的规范化、网络化、高效化。2003 年以后，所有新建高速公路通车时均同步建设完成信息系统硬件设施，统一进行系统软件的安装、调试，适时联网。2004 年 10 月 10 日，全省高速公路计重收费工程第一阶段建成试运行，从此全省高速公路全面推行货车计重收费，有效遏制了恶性超载运输，提高了道路通行能力，减少了安全事故，延长了公路、桥梁使用寿命，取得了“三降低、三提高、三减少”的显著效果和明显的经济社会效益。2005 年，山东省交通运输厅成立高速公路收费结算中心，负责全省高速公路信息系统运行管理、指导和监督以及通行费清分结算、密钥管理、全国联网高速公路 ETC 清分结算等业务。山东省高速公路信息系统联网里程长、技术先进、功能强大、结构复杂、建设时期不一、管理体制多变，因此需要在建设、运行、维护各阶段采取各种措施，确保信息系统安全高效运行。信息系统建设严格按国家基本建设程序进行，严格执行政府监督、社会监理、企业自检三级质量保证体系，严把设计、工程施工、软件开发、检测、验收等各阶段质量，编制了《山东省高速公路机电工程施工技术标准》《山东省高速公路机电工程监理规范》《山东省高速公路机电工程质量检验评定标准》，对新建路段信息系统联网进行技术方案审查，确保信息系统联网工程建设质量。在信息系统运行管理上，除交通运输部《部省道路运输信息系统联网管理规范》外，制定了《山东省高速公路信息系统管理意见》《山东省高速公路收费站操作规范》《山东省高速公路收费站监控管理办法》《山东省高速公路通行卡管理办法》《山东省高速公路联网收费联合稽查办法》《山东省高速公路异常路况信息报送及发布办法》等多项管理规章制度，确保了信息系统安全运行。为提高高速公路服务质量和水平、节能减排、提高用户满意度、降低现金风险，根据交通运输部、财政部、发改委《关于促进高速公路应用联网电子不停车收费技术的若干意见》，省交通运输厅启动高速公路不停车收费和非现金支付系统的建设，编制了《山东省高速公路不停车收费和非现金支付系统项目建议书》，按照"统一规划，分步实施"原则，严格基本建设程序和国家有关标准规定等，阳光操作，严把质量、进度、投资关，确保平稳过渡。2008 年，山东省开始推广高速公路不停车收费（ETC）和非现金支付系统，采用半自动收费与不停车收费相结合的组合式收费方式，引进 DSRC 物联网短程通信技术、双界面智能卡技术、数据异地灾难备份等新技术，建成非现金结算中心系统、中心对外服务系统、异地容灾系统、密钥和卡发行系统、客户服务系统和全省 ETC 车道系统，2010 年 7 月完成电子不停车收费系统一期工程并投入运行。2013 年 12 月实现"京津冀晋鲁"5 省市联网，2014 年 12 月完成与长三角地区等 14 个省市联网，2015 年 9 月实现除西藏、海南以外的 29 省市 ETC 联网。同时，自 2003 年起，陆续建设了山东省公众出行交通信息服务系统，基于信息服务链的概念，集成了 WebService、DB2II、WebGIS、CallCenter 等技术，涵盖了 23 类出行服务信息，形成了统一的公众出行信息服务平台，在全国率先使用基于出行网站的路网示意图，并运用图层技术实现示意图信息的动态维护及交通动态信息与示意图的关联，为公众提供了经济便捷的出行信息服务，提供了门户网站、出行服务热线电话、短信、广播、服务手册、高速公路图文系统六种服务方式，便于公众获取。到 2015 年底，山东省高速公路联网收费里程 5348km，实现了山东省高速公路收费、通信、监控系统的"三网合一"，做到了互联互通、资源共享、统一管理，系统高效稳定运行[141]。

### 2.1.3 联网收费的意义及特点

高速公路实现联网收费的意义在于：①提高车辆通行效率，使整个路网的运行效能达到更高水平；②提高高速公路收费管理水平，减轻收费站工作人员的作业负担，同时可以通过调节车辆的通行费率实现对交通流的宏观调控；③联网收费系统记录的数据可以作为后期打击偷逃费行为的重要依据；④联网收费系统采集到的海量数据可以用于大数据分析与处理，从而挖掘高速公路车辆运行规律。

高速公路联网收费数据中，所谓“流水”即为车辆的通行流水记录，每一条流水对应一辆车的通行记录；以数据表的形式记录并存储车辆通行信息。目前我国的高速公路收费系统长期以来累积了海量数据，每天实时记录进出收费站车辆的详细出行信息，这些信息记录了车辆进出高速公路收费站的 OD 信息以及时间等信息，如车型、入口收费站、入口时间、出口收费站、出口时间等，信息数据格式如表 2-1、表 2-2 所示。

表 2-1 高速公路收费数据实例

Table 2-1 Case of freeway toll data

| | | | | |
|---|---|---|---|---|
| 2012-09-30-00.00.02.000000 | 济南北 | 2012-10-02-13.06.42.000000 | 曲阜 | 客一 |
| 2012-09-30-00.00.07.000000 | 济南北 | 2012-10-02-11.12.50.000000 | 济南西 | 客一 |
| 2012-09-30-00.03.50.000000 | 京台鲁冀 | 2012-10-03-14.39.55.000000 | 济南北 | 客一 |
| 2012-09-30-00.11.30.000000 | 京台鲁冀 | 2012-10-03-18.22.07.000000 | 青岛 | 客一 |
| 2012-09-30-00.19.36.000000 | 京台鲁冀 | 2012-10-03-15.51.06.000000 | 济南西 | 客一 |
| 2012-09-30-00.22.01.000000 | 京台鲁冀 | 2012-10-03-14.39.41.000000 | 济南西 | 客一 |
| 2012-09-30-00.22.49.000000 | 京台鲁冀 | 2012-10-03-18.07.11.000000 | 济广鲁豫 | 客一 |
| 2012-09-30-00.23.36.000000 | 京台鲁冀 | 2012-10-03-13.16.12.000000 | 德州东 | 客一 |
| 2012-09-30-00.23.45.000000 | 京台鲁冀 | 2012-10-03-15.43.10.000000 | 郓城 | 客一 |
| 2012-09-30-00.23.48.000000 | 京台鲁冀 | 2012-10-03-15.39.03.000000 | 兖州 | 客一 |
| 2012-09-30-00.23.49.000000 | 京台鲁冀 | 2012-10-02-15.05.55.000000 | 曹县 | 客一 |
| 2012-09-30-00.25.22.000000 | 京台鲁冀 | 2012-10-02-12.59.33.000000 | 曲阜 | 客一 |
| 2012-09-30-00.25.30.000000 | 京台鲁冀 | 2012-10-02-12.24.29.000000 | 聊城东 | 客一 |
| 2012-09-30-00.26.16.000000 | 京台鲁冀 | 2012-10-02-15.09.20.000000 | 沂南 | 客一 |
| 2012-09-30-00.26.20.000000 | 京台鲁冀 | 2012-10-02-11.12.14.000000 | 天桥 | 客一 |
| 2012-09-30-00.26.27.000000 | 京台鲁冀 | 2012-10-03-17.32.13.000000 | 城阳南 | 客一 |
| 2012-09-30-00.26.48.000000 | 京台鲁冀 | 2012-10-02-13.00.39.000000 | 东平 | 客一 |
| 2012-09-30-00.27.12.000000 | 京台鲁冀 | 2012-10-02-15.39.19.000000 | 京沪鲁苏 | 客一 |
| 2012-09-30-00.28.41.000000 | 京台鲁冀 | 2012-10-03-15.40.47.000000 | 靳家 | 客一 |
| 2012-09-30-00.28.59.000000 | 京台鲁冀 | 2012-10-03-14.25.55.000000 | 济南北 | 客一 |
| 2012-09-30-00.29.16.000000 | 京台鲁冀 | 2012-10-02-11.50.39.000000 | 平阴 | 客一 |
| 2012-09-30-00.29.21.000000 | 京台鲁冀 | 2012-10-02-12.57.31.000000 | 泰安南 | 客一 |
| 2012-09-30-00.30.03.000000 | 京台鲁冀 | 2012-10-02-11.49.17.000000 | 泰安西 | 客一 |
| 2012-09-30-00.30.49.000000 | 京台鲁冀 | 2012-10-02-11.09.14.000000 | 曲阜北 | 客一 |

入口编号为车辆驶入高速公路的站点编号，出口编号是车辆驶离高速公路的站点编号；入口日期及时间是指车辆驶入高速公路入口站点的时刻，出口日期及时间是指驶离高速公路出口站点的时刻，其格式为：yyyy-mm-dd hh:mm:ss；车辆类型是指驶入收费站的车型，其中客 1 代表 7 座（含）以下客车、客 2 代表 8～19 座客车、客 3 代表 20～39 座客车、客 4 代表 40 座（含）以上客车、11 代表 2t（含）以下货车、13 代表 5～10（含）t 货车、14 代表 10～15（含）t 货车或小集装箱车、15 代表 15t 以上货车或大集装箱车；车型标志是指进入或驶离收费站车辆的类型，其中 0 代表客车、1 代表货车、2 代表未知。

表 2-2 收费数据中重要属性取值类型与含义
Table 2-2 Definitions of important data types and items in toll data

| 序号 | 字段名称 | 字段代表意义 |
|---|---|---|
| 1 | 入口编号 | 联网收费系统中入口收费站的编号 |
| 2 | 入口车道 | 联网收费系统中入口收费站的车道号 |
| 3 | 出口编号 | 联网收费系统中出口收费站的编号 |
| 4 | 出口车道 | 联网收费系统中出口收费站的车道号 |
| 5 | 入口时间 | 车辆通过入口收费站的时间 |
| 6 | 出口时间 | 车辆通过出口收费站的时间 |
| 7 | 车辆类型 | 车型，其中0代表未知，1～4代表客1～客4，11～15代表货1～货5 |
| 8 | 车型标志 | 客货车标志，其中0代表客车，1代表货，2代表未知 |
| 9 | 车辆种类 | 0代表收费车，1代表军警，2代表公务，3代表紧急，4代表车队，5代表其他 |
| 10 | 实际车货总重 | 由称重系统得到的车货总重 |

## 2.2 高速公路收费数据预处理技术

### 2.2.1 数据应用领域

当今社会，人们被急剧增长的数据所包围和淹没，社会进入“数据丰富而信息匮乏”的时代。然而人们关注的不是数据本身，而是隐藏在数据背后的信息和知识。数据挖掘（Data Mining）是数据库研究、开发和应用最为活跃的分支之一，同时也是一门多学科交叉的领域。高速公路作为居民跨地区出行的主要运载体之一，其收费站日常生成的数据具有数据量大、速度生成快等特点，且数据多为结构化数据，符合数据挖掘的各项要求，存在大量可挖掘数据，能通过关联与相关性挖掘、分类与回归、聚类分析、离群点分析等方式进行描述性和预测性数据挖掘。目前，高速公路收费数据挖掘方面较为成熟的几个方面：

（1）交通量预测。交通量预测作为交通管理的关键技术，具有中长期交通量变化趋势趋同、瞬时交通量具有连续性、短期交通量变化强烈等特征，因此实现精确预测一直是交通领域研究的难点。目前，基于高速公路收费数据进行交通量预测的方法及模型主要包括历史趋势法、神经网络预测方法、卡尔曼滤波预测方法、非集计理论等。

（2）超载超限货车绕行行为预测。近年来，我国各省份逐步撤销了所有普通公路的收费站，实现免费通行。为降低运输成本，大量超限货运车辆采取在高速公路和普通公路交替行驶，造成普通公路安全威胁陡增、使用寿命缩短的问题，同时也导致了大量高速公路通行费的流失。为更好地治理超限货车绕行行为，学者们尝试以高速公路收费联网数据为基础，构建货车行驶路径数学模型，以甄别绕行超限货车及其绕行路径，在一定时间段内两次进出高速公路的行为判断精确度极高。

（3）聚类及异常处理分析。高速公路由于其瞬时交通量具有连续性，因此数据相似度较好，通过聚类分析可解决交通拥堵、旅客运输等问题。由于收费流水数据中包含较大比例的异常数据，缺少字段信息或数据信息不合理的形式存在，若不处理而进行后续计算，会对结果产生较大的负面影响；而如果将偶然误差数据不加处理地当作坏值进行剔除，则可能会导致结果精确度极高、数据方差极小。因此需要综合考虑，保证数据分析的全面性及公平性。

### 2.2.2 数据特点分析

高速公路收费数据特点主要集中在数据量大、格式复杂不仅包括表格数据、文本内容等，同时存在较多缺省值和人工操作错误数据，具体包括以下 4 点：

（1）数据量大。高速公路收费数据来自路段中心、结算中心、路网中心等多个单位，通行流水数据量巨大，并随着高速公路里程和车辆的增加而迅速增大。

（2）内容复杂、格式各异。高速公路收费数据由数据库表、文本数据、图片、视频数据等构成，包含众多车辆、车道和收费信息。

（3）数据冗余较大。路段的出口收费数据通常包含对应的入口收费数据，而结算中心的收费数据又同时包含出口和入口的收费数据，且包含很多与收费数据拆分与校核无关的数据，如高速公路收费系统中的收费数据包含了全面的车辆交通信息，通过构建数据分析体系，对收费数据进行挖掘计算，可以从收费数据中挖掘隐含信息，分析获得车辆出行信息、路段交通量信息、道路拥堵信息等。

（4）存在缺失和错误数据。当人工操作错误、设备故障时，系统可能产生通行费等于零或负值的错误收费数据，并由此产生冲抵流水；一些冲关、换卡、假冒绿通车、公务车等违法逃费车辆也会导致通行费流水数据不完整、不准确。

### 2.2.3 数据预处理

数据预处理的目的是把海量的收费数据进行处理，得到适合进行数据挖掘的可靠精确的数据。高速公路收费系统数据作为联网收费系统数据库中的数据，往往会出现数据丢失、不一致、数据冗余重复以及数据字段缺失信息等情况，这些异常数据需要分情况进行处理，减少噪声干扰，以防对数据挖掘结果产生较大的负面影响，这些处理过程就称为数据预处理过程。

（1）缺失数据。缺失数据是指在应该采集到交通数据的时刻无法获得全部或部分交通数据的情况，此时数据会表现为关键交通流参数缺失。由于数据采集、传输、存储等过程中人为、系统或网络等原因导致的数据缺失。高速公路常见的缺失数据主要分为以下三类：

1）非交通参数字段：这类字段以收费金额及不可预知的数据字段等组成，包括应收总费额、未付金额、超限率、总重等。这些字段涉及交易金额，可由车型及行驶里程等信息直接重建，或由于未付金额、超限率等难以预测估计。

2）交通参数字段：高速公路交通参数数据在时空特性上都具有强烈的相关性，因此这类数据具有一定的结构特性，包括入口日期及时间、出口日期及时间等。

3）无关字段：包括程序启动时间、校验码、出口收费员编号等。这些字段信息主要作为系统属性字段或只是作为预留字段，一般作为交通管理方面使用，在出现缺失的情况下可不作处理。

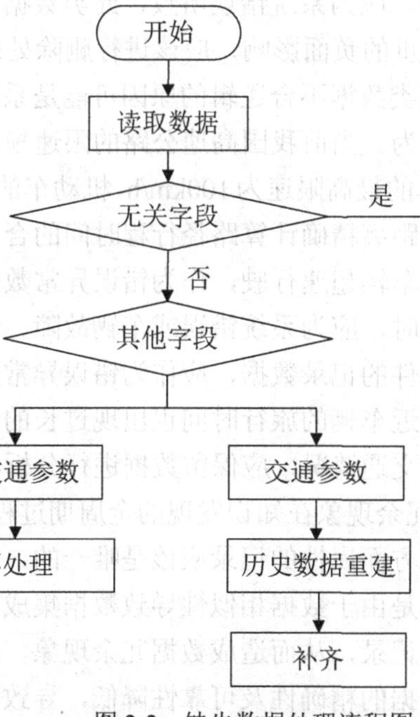


图 2-2 缺失数据处理流程图

Figure 2-2 Data processing flow chart of missing data

若数据库中某条数据字段空缺太多，对其进行数据重建则准确性会大幅度降低，虽然数据完整性得到了保障，但对于最终的分析结果可能会有不利的影响，因此主要对于入（出）口日期及时间、入（出）口站编号、入（出）口车型这几个字段进行修补。

（2）错误数据。错误数据是指某些字段值不符合规定形式，或者在某个单独采样间隔中发生了不符合常理的突变的交通数据。高速公路收费原始数据中存在较大比例的错误数据，该类数据对分析计算结果的负面影响更大。为保证数据质量，以保证研究结果的准确性，需要对海量数据中不合逻辑或格式错误的数据进行删除，并过滤部分非正态分布的数据，为后续分析计算奠定良好的数据基础，如图 2-3 所示。高速公路收费数据中存在的错误数据产生的原因及出现的形式如下：

1）出入口收费站编号相同：原因可能是系统错误或者行驶车辆为 U 转车。由于出入口收费站一致的情况下，旅行时间将变得毫无意义，且其余指标的计算也将无从下手，因此该类记录数据都应作删除处理，不予考虑。

2）出入口时间缺失或错误进站时间：当驶入收费站或驶离收费站的日期及时间如为 2000-01-01 00:00:00，应为系统错误所致，此类数据会出现负值的旅行时间，对计算分析结果产生严重的负面影响，应该进行删除处理。

3）行程时间不合理：该类数据不合逻辑的原因可能是系统错误或者行驶车辆在途中出现过停车休息等行为。当前我国高速公路的限速规定为：小型载客汽车的最高限速为120km/h，货车的最高限速为100km/h，机动车的最低限速为60km/h，因此可按照出入口站间行驶距离精确计算路径行程时间的合理范围：①当旅行时间过短时，应为系统错误或车辆超速行驶，作为错误异常数据进行删除；②当出现某单一车辆旅行时间过长时，应为系统错误或车辆故障、途径服务区停车等原因造成，该类数据为特殊事件的记录数据，应作为错误异常数据进行删除；③当某辆车旅行时间过长，而临近车辆的旅行时间也出现过长的情况下，应为交通事故或出现拥堵所致，是正常交通情况，应保留数据进行分析。

（3）冗余数据。数据冗余现象在知识发现的全周期过程中都是不可避免的。理论上，对于一个实体的各方面属性的记录应该是唯一的，但由于数据采集、传输、存储等过程的失误，或是由于数据相似性导致数据集成后生成的结果数据指向同一实体时出现多条相似记录，从而造成数据冗余现象。如果数据库中冗余数据的占比较大，则会导致数据的精确性及可靠性降低，导致后续计算结果偏差较大，同时影响数据库的功能，增加数据独立性和减少数据冗余是数据挖掘处理的首要条件。

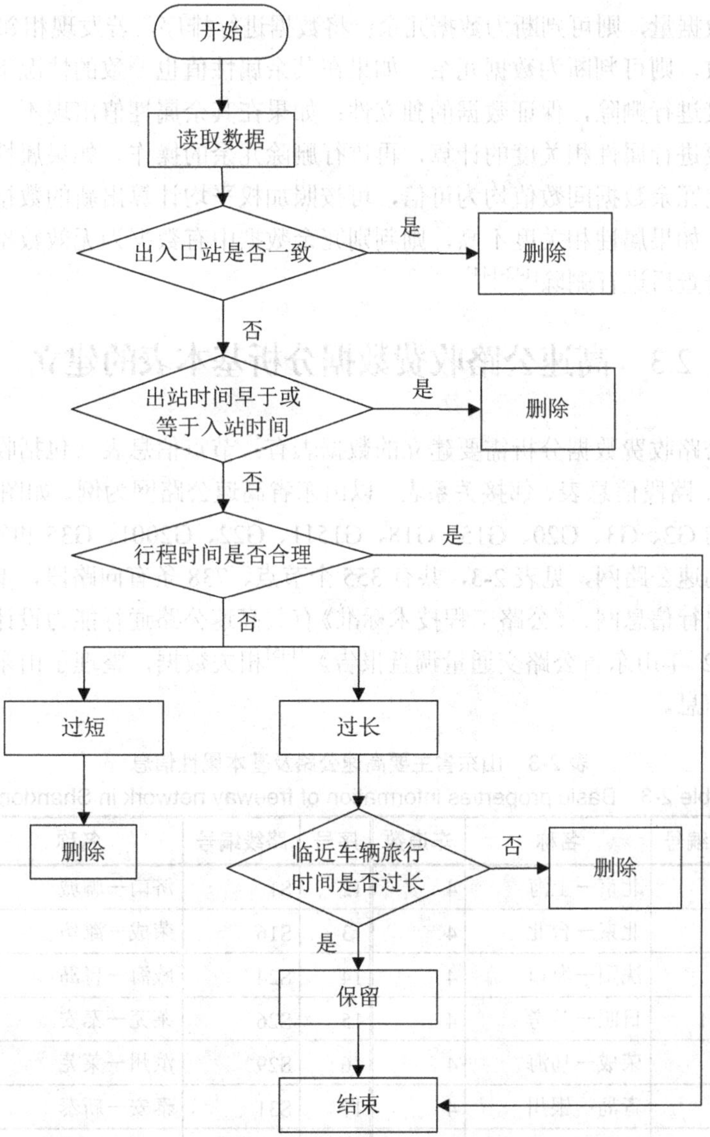


图 2-3 错误数据处理流程图

Figure 2-3 Data processing flow chart of fault data

高速公路收费数据中的冗余数据处理主要依靠唯一流水号进行辨别，当出现流水号与入口日期及时间均一致的情况，可判断为出现冗余数据。关于数据冗余的情况，采用以下的方法步骤进行识别：根据收费流水数据的特性制定数据采样周期；统计采样周期内的数据量，若发现该采样周期内的数据量远高于历史采样周期内的数据量，则可判断为数据冗余；将数据进行排序，若发现相邻的 N 条数据完全一致，则可判断为数据冗余。如果在其余属性值也一致的情况下，可将冗余数据直接进行删除，保证数据的独立性；如果在其余属性值出现不一致的情况下，则需要进行属性相关度的计算，再进行删除冗余的操作。如果属性相关度较高，则判定冗余数据间数值均为可信，可按照加权平均计算出新的数据值以替代冗余数据；如果属性相关度不高，则判别冗余数据中有数据为无效数据，进行理论和逻辑排查后进行删除[142-144]。

## 2.3 高速公路收费数据分析基本表的建立

高速公路收费数据分析需要建立的数据表有：节点信息表（包括收费站和互通式立交）、路段信息表、邻接关系表。以山东省高速公路网为例，如图 2-4 所示，由国高网的 G2、G3、G20、G15、G18、G1511、G22、G2001、G35 和省高网 S29 等构成的高速公路网，见表 2-3，共有 355 个节点、738 条有向路段，本书参考山东省公众出行信息网、《公路工程技术标准》有关高速公路通行能力设计的有关规定和《2012 年山东省公路交通量调查报告》[145]相关数据，整理了山东省高速公路网基本信息。

表 2-3 山东省主要高速公路及基本属性信息

Table 2-3 Basic properties information of freeway network in Shandong

| 序号 | 路线编号 | 名称 | 车道数 | 序号 | 路线编号 | 名称 | 车道数 |
|---|---|---|---|---|---|---|---|
| 1 | G2 | 北京一上海 | 4 | 12 | S1 | 济南一聊城 | 4 |
| 2 | G3 | 北京一台北 | 4 | 13 | S16 | 荣成一潍坊 | 4 |
| 3 | G15 | 沈阳一海口 | 4 | 14 | S24 | 威海一青岛 | 4 |
| 4 | G1511 | 日照一兰考 | 4 | 15 | S26 | 莱芜一泰安 | 4 |
| 5 | G18 | 荣成一乌海 | 4 | 16 | S29 | 滨州一莱芜 | 4 |
| 6 | G20 | 青岛一银川 | 4 | 17 | S31 | 泰安一新泰 | 4 |
| 7 | G2001 | 济南市绕城公路 | 4～8 | 18 | S32 | 菏泽一新乡 | 4 |
| 8 | G2011 | 青岛一新河 | 4 | 19 | S7201 | 东营港一集贤 | 4 |
| 9 | G22 | 青岛一兰州 | 6 | 20 | S7601 | 前港湾区 1 号疏港 | 4 |
| 10 | G25 | 长春一深圳 | 4 | 21 | S83 | 枣庄一木石 | 4 |
| 11 | G35 | 济南一广州 | 4 | 22 | S84 | 德州南环线高速 | 4 |

### 2.3.1 新建高速公路网节点表

高速公路网节点表用来存储高速公路网中各收费站、互通式立交的信息，包括互通式立交名称和编号、收费站名称及编号、所属的路线名称和编号，见表2-4。建立高速公路节点信息表的目的有三个：①存储所有路网中所有节点信息，包括收费站和互通式立交；②根据收费站名表制作邻接表，获得各相邻收费站编号及路段所属公司和路线信息；③在计算全省高速公路最短路径集合的时候，通过遍历节点表中的所有收费站，计算全省任意两点间的最短路径。

表2-4 2012年山东省高速公路网节点信息
Figure 2-4 Node information of freeway in Shan Dong

| 节点编号 | 名称 | 所属路线 | 路线名称 |
|---|---|---|---|
| 1 | 港沟 | G2 | 京沪高速 |
| 2 | 港沟立交 | G2，G2001 | 京沪高速 |
| 3 | 蟠龙 | G2 | 京沪高速 |
| 4 | 彩石 | G2 | 京沪高速 |
| 5 | 曹范 | G2 | 京沪高速 |
| 6 | 埠村 | G2 | 京沪高速 |
| 7 | 雪野 | G2 | 京沪高速 |
| 8 | 莱芜北 | G2 | 京沪高速 |
| 9 | 莱芜高新 | G2 | 京沪高速 |
| 10 | 莱芜立交 | G2，G22，S51，S29 | 京沪高速 |
| 11 | 莱芜东 | G2 | 京沪高速 |
| 12 | 莱芜东立交 | G2，S29，S16，S31 | 京沪高速 |
| 13 | 钢城 | G2 | 京沪高速 |
| 14 | 新泰东 | G2 | 京沪高速 |
| 15 | 博莱立交 | G2，S26 | 京沪高速 |
| 16 | 蒙阴 | G2 | 京沪高速 |
| 17 | 孟良崮 | G2 | 京沪高速 |
| 18 | 青驼 | G2 | 京沪高速 |
| 19 | 竹园立交 | G2 | 京沪高速 |
| 20 | 临沂北 | G2 | 京沪高速 |
| … | … | … | … |

续表

| 节点编号 | 名称 | 所属路线 | 路线名称 |
|---|---|---|---|
| … | … | … | … |
| … | … | … | … |
| 350 | 莱州港 | S7401 | 烟台港莱州港区疏港高速 |
| 351 | 烟台西港 | S7402 | 烟台港西岗区疏港高速 |
| 352 | 八角 | S7402 | 烟台港西岗区疏港高速 |
| 353 | 海湾大桥 | S00 | 青岛海湾大桥 |
| 354 | 红岛南 | S00 | 青岛海湾大桥 |
| 355 | 于家立交 | G25 | 长深高速 |

### 2.3.2 新建高速公路网基本路段信息表

根据节点信息表，结合山东省高速公路网，建立描述路网基本路段信息表，用来存储高速公路的路网拓扑结构信息，包含各相邻节点间路段的长度、道路通行能力、路段的名称和编号、设计时速等字段，见表 2-5、表 2-6。

表 2-5 高速公路基本通行能力和设计通行能力
Table 2-5 Basic capacity and design capacity of expressway

| 设计车速（km/h） | 120 | 100 | 80 |
|---|---|---|---|
| 基本通行能力（pcu/h/l） | 2200 | 2100 | 2000 |
| 设计通行能力（pcu/h/l） | 1600 | 1400 | 1200 |

表 2-6 山东省高速公路基本路段信息
Table 2-6 Topology information of freeway network in Shandong

| 路段编号 | 起点名称 | 起点编号 | 终点名称 | 终点编号 | 路段长度（km） | 设计时速 | 所属路线 | 通行能力（pcu） | 车道数量 |
|---|---|---|---|---|---|---|---|---|---|
| 1 | 港沟 | 1 | 港沟立交 | 2 | 0.993 | 100 | G2 | 4200 | 6 |
| 2 | 港沟立交 | 2 | 蟠龙 | 3 | 4.781 | 100 | G2 | 4200 | 6 |
| 3 | 蟠龙 | 3 | 彩石 | 4 | 9.45 | 100 | G2 | 4200 | 6 |
| 4 | 彩石 | 4 | 曹范 | 5 | 6.7 | 100 | G2 | 4200 | 6 |
| 5 | 曹范 | 5 | 埠村 | 6 | 6.75 | 100 | G2 | 4200 | 6 |
| 6 | 埠村 | 6 | 雪野 | 7 | 17.305 | 100 | G2 | 4200 | 6 |
| 7 | 雪野 | 7 | 莱芜北 | 8 | 20.93 | 100 | G2 | 4200 | 6 |

续表

| 路段编号 | 起点名称 | 起点编号 | 终点名称 | 终点编号 | 路段长度（km） | 设计时速 | 所属路线 | 通行能力（pcu） | 车道数量 |
|---|---|---|---|---|---|---|---|---|---|
| 8 | 莱芜北 | 8 | 莱芜高新 | 9 | 8.265 | 100 | G2 | 4200 | 6 |
| 9 | 莱芜高新 | 9 | 莱芜立交 | 10 | 3.056 | 100 | G2 | 4200 | 6 |
| 10 | 莱芜立交 | 10 | 莱芜东 | 11 | 7 | 100 | G2 | 4200 | 6 |
| … | … | … | … | … | … | … | … | … | … |
| … | … | … | … | … | … | … | … | … | … |
| … | … | … | … | … | … | … | … | … | … |
| … | … | … | … | … | … | … | … | … | … |
| … | … | … | … | … | … | … | … | … | … |
| … | … | … | … | … | … | … | … | … | … |
| … | … | … | … | … | … | … | … | … | … |
| … | … | … | … | … | … | … | … | … | … |
| … | … | … | … | … | … | … | … | … | … |
| … | … | … | … | … | … | … | … | … | … |
| … | … | … | … | … | … | … | … | … | … |
| … | … | … | … | … | … | … | … | … | … |
| 731 | 胶南北 | 348 | 灵珠山 | 347 | 14.81 | 100 | S7602 | 2800 | 4 |
| 732 | 胶南北立交 | 78 | 胶南北 | 348 | 3.826 | 100 | S7602 | 2800 | 4 |
| 733 | 黄岛立交 | 170 | 黄岛主线 | 349 | 5.977 | 100 | S7601 | 2800 | 4 |
| 734 | 梁郭立交 | 114 | 莱州港 | 350 | 15.744 | 100 | S7401 | 2800 | 4 |
| 735 | 八角 | 352 | 烟台西港 | 351 | 4.5 | 100 | S7402 | 2800 | 4 |
| 736 | 八角立交 | 122 | 八角 | 352 | 4.696 | 100 | S7402 | 2800 | 4 |
| 737 | 红岛南 | 354 | 海湾大桥 | 353 | 7.29 | 80 | S00 | 3600 | 6 |
| 738 | 黄岛立交 | 170 | 红岛南 | 354 | 19.993 | 80 | S00 | 3600 | 6 |

### 2.3.3 新建高速公路网邻接关系表

邻接表用来存储高速公路的路网拓扑结构信息，包含各节点间的邻接关系，邻接表的制作目的是在计算全省路网最短路径时，以邻接表为基础表，计算路网中的最短路径，见表 2-7。

表 2-7 山东省高速公路邻接关系表

Table 2-7 Adjacency list of freeway network in Shandong

| 节点编号 | 相邻节点编号 | 节点编号 | 相邻节点编号 |
|---|---|---|---|
| 1 | 2，244 | 16 | 15，17 |
| 2 | 1，3，243 | 17 | 16，18 |
| 3 | 2，4 | 18 | 17，19 |
| 4 | 3，5 | 19 | 1，20，223，224 |
| 5 | 4，6 | 20 | 19，21 |
| 6 | 5，7 | 21 | 20，22 |
| 7 | 6，8 | 22 | 21，23 |
| 8 | 7，9 | 23 | 22，24 |
| 9 | 8，10 | 24 | 23，25 |
| 10 | 9，11，186，325 | 25 | 24，26 |
| 11 | 10，12 | 26 | 25，27 |
| 12 | 11，13，313 | 27 | 26 |
| 13 | 12，14 | 28 | 29 |
| 14 | 13，15 | 29 | 28，30 |
| 15 | 14，16，326 | 30 | 274，275 |
| … | … | … | … |
| … | … | … | … |
| … | … | … | … |
| | | | |
| 326 | 15，327 | 341 | 340 |
| 327 | 326，328 | 342 | 343 |
| 328 | 327，329 | 343 | 342，344 |
| 329 | 328，330 | 344 | 54，343 |
| 330 | 45，329 | 345 | 346 |
| 331 | 235，332 | 346 | 345，347 |
| 332 | 331，333 | 347 | 346，348 |
| 333 | 332，334 | 348 | 78，347 |
| 334 | 333 | 349 | 170 |
| 335 | 336 | 350 | 114 |

续表

| 节点编号 | 相邻节点编号 | 节点编号 | 相邻节点编号 |
|---|---|---|---|
| 336 | 83，84，335 | 351 | 352 |
| 337 | 95 | 352 | 122，351 |
| 338 | 95，339 | 353 | 354 |
| 339 | 338，340 | 354 | 170，353 |
| 340 | 339，341 | 355 | 145，146，195 |

# 第 3 章　基于收费数据的高速公路网络复杂特性

## 3.1　复杂网络基本理论

### 3.1.1　复杂网络的定义及特点

复杂系统广泛存在于自然界和人类社会中，它们大部分可以通过各种各样的复杂网络来描述。现实世界中的许多系统都可以用网络来描述，如科研合作网、互联网、通讯网、电力网、物流网、交通网和生物网中的网络等。

复杂网络是研究复杂系统的一种角度和方法，是理解复杂系统性质和功能的基础，其主要借助于图论和统计物理学的一些方法对复杂系统的拓扑结构和行为进行描述，挖掘系统的整体行为功能和演化机制等。复杂网络研究的兴起使得人们开始广泛关注网络结构复杂性及其与网络行为之间的相互关系。随着国内外学者对复杂网络研究的迅猛发展，从而诞生了网络科学。网络科学是专门研究复杂网络的各种网络拓扑性质和动力学特性的定性与定量规律，以及网络控制与应用的一门新的交叉科学。

复杂网络的定义：具有自组织、自相似、小世界（Small-world）以及无标度（Scale-free）中的一个或者几个特性的大型网络称为复杂网络。复杂网络具有以下几个特点：

（1）构成复杂性。组成整体的节点和边数目巨大，网络构成显示出多种不同特征，并且网络往往是开放的，不断与外界相互作用和交换。

（2）节点多样性（Mixing Patters）：复杂网络中的节点几乎可以代表任何具有一定特性的个体。例如，演员合作复杂网络中的节点代表不同的演员个人，交通系统复杂网络中的节点用来表示类型不同的站点或枢纽。

（3）自组织性。在没有任何外部指令或干预的条件下，系统组成要素按照某种规则，各司其职而又协调地、自发地形成的有序结构。

（4）自相似性。系统的整体与部分，部分与部分之间的结构、特性或功能具有相似性，或者说从整体中取出的部分能够体现整体的基本特征。

（5）小世界性。网络系统具有较大的聚集系数和较小的平均最短路径，也就是著名的“六度分离”理论（Six degree of separation），即生活在这个世界上的每个人只需要较少的中间人（平均长度为个人）就可以和全世界的任何一个人建立起联系。

（6）无标度性。无标度模型是年由和首先提出来的，现实网络的无标度特性来源于众多网络所共同拥有的两种生成机制：①增长性，网络的连续扩大是通过新节点的增添而实现的；②择优连接，新增添节点择优连接到具有大量连接的节点上，也就是我们通常所说的“富者愈富，贫者愈贫”。无标度网络中部分少数节点拥有大量的连接边，存在中枢节点。已有研究证明，在随机攻击下无标度网络比随机网络具有更强的鲁棒性；但在选择性攻击时，无标度网络具有极大的脆弱性。

### 3.1.2 复杂网络的基本统计特性

网络可以用来描述人与人之间的社会关系，物种之间的捕食关系，词与词之间的语义联系，计算机之间的网络连接网页之间的超链接，科研文章之间的引用关系，以及科学家之间的合作关系，甚至产品的生产与被生产关系。网络是由一些节点以及这些节点的边构成的。复杂网络与一般网络最大的区别在于复杂网络往往具有小世界或无标度网络的特征，但这二者具有很多共性，都可以用一些统计特征量来描述，但其中一些统计特征量在复杂网络的研究中发挥了非常重要的作用，具体如下[197]。

（1）无权复杂网络的特征度量。

1）度与度分布。节点度（degree）是表示单个节点属性的重要指标，网络中任意一个节点的 $i$ 的度 $k_i$，是指与该节点相连的其他节点的数目，可用网络的邻接矩阵 $A=(a_{ij})_{N\times N}$ 来定义，$k_i=\sum_{j\in N} a_{ij}$。其中，$a_{ij}$ 为网络邻接矩阵元素，如果节点 $i$ 与节点 $j$ 相连，则 $a_{ij}=1$；反之，则 $a_{ij}=0$。因此，从某种意义上来说，度表示节点的影响力和重要程度，一般度越大的节点，在整个网络中影响力相对而言就越大；反之亦然。

度分布表示节点度的概率分布函数 $P(k)$，它指的是节点有 $k$ 条边连接的概率，即 $P(k)$ 也可看作网络中度为 $k$ 的节点数与网络节点总数的比值。

$$P(k)=\frac{n(k)}{\sum_{j=1}^{\infty} n(j)} \tag{3-1}$$

式中，$n(k)$ 表示度为节点数。

度是描述网络局部特性的基本参数；度分布函数则反映了网络系统的宏观统计特征。

2）平均路径长度（或称平均距离）。无权网络中，任意两点 $i$、$j$ 之间的距离 $d_{ij}$ 定义为连接两点的最短路径上的边数，网络中任意两个节点之间的距离的最大值称为网络的直径，记为 $D$。网络的平均路径长度 $L$ 定义为任意两点之间距离的平均值，即：

$$L=\frac{2}{N(N-1)}\sum_{i\geqslant j}d_{ij} \tag{3-2}$$

网络的平均路径长度也称为网络的特征路径长度。在实际情况中，有的网络并不存在一个包括所有节点的连通集团，为了避免这一问题，定义网络的平均路径长度为所有存在路径相连的节点对之间的平均最短距离，即计算网络平均距离的时候不考虑无任何路径相连的节点对。

3）介数。无权网络中，节点的介数定义为网络中经过该点的最短路径的数目。介数反映了节点在网络中的枢纽性，可以通过计算各节点的介数指标来分析网络的中心枢纽性。用 $g_{st,i}$ 表示节点对中最短路径经过点的路径数，$n_{st}$ 表示节点 $s$ 和节点 $t$ 之间存在所有最短路径的路径数，则节点 $i$ 的介数 $B_b(i)$ 定义为：

$$B_b(i)=\sum_{s\neq t}^{N}\frac{g_{st,i}}{n_{st}} \tag{3-3}$$

全部节点的介数平均值称为网络的介数 $B$，表示为：

$$B=\frac{1}{\mathrm{N}}\sum_{s\neq t}^{N}\frac{g_{st,i}}{n_{st}} \tag{3-4}$$

同理，边的介数 $J$ 表示经过该边的最短路径的数目，它反映了边的影响力，边介数越大，这条边在网络连通中所起的作用就越重要。边 $e_{ij}$ 的介数 $B_b(e_{ij})$ 定义为：

$$B_b(e_{ij})=\sum_{s\neq t}^{N}\frac{g_{st,e_{ij}}}{n_{st}}\quad B=\frac{1}{\mathrm{N}}\sum_{s\neq t}^{N}\frac{g_{st,i}}{n_{st}} \tag{3-5}$$

4）网络效率。网络效率作为衡量网络传输效率的指标，假设网络中每一个节点沿着便向网络其他节点传输信息，节点 $i$ 和节点 $j$ 之间的传输效率就为 $e_{ij}$，那么传输效率往往与 $i$，$j$ 之间的最短路长度成反比，即 $e_{ij}=\dfrac{1}{d_{ij}}$，当节点 $i$ 与节点 $j$ 之间没有路径时，我们定义 $e_{ij}=0$，对于无向网络而言，网络的全局效率等于网络所有节点对之间的效率平均值，表示为：

$$E=\frac{2}{N(N-1)}\sum_{i\neq j}e_{ij}=\frac{2}{N(N-1)}\sum_{i\neq j}\frac{1}{d_{ij}} \tag{3-6}$$

（2）加权复杂网络的特征度量。在无权网络一些关键统计指标基础上，结合网络便权特性提出加权复杂网络的特征度量。

1）边权与边权分布。定义 $w_{ij}$ 值为连接点 $i$ 和点 $j$ 的边权，权值越大表示两节点之间联系越紧密，若点和点不相连时，$w_{ij}=0$；相异权一般用于描述与距离有关的网络节点连接成本，权值越大表示两节点间连接成本越高，这表明该节点对间的联系就会越疏远，$w_{ij}=\infty$ 相当于两点之间无连接。边权分布 $p(w)$ 是指网络中随机均匀选取任何一条权重为 $w$ 的边的概率，最近的研究表明许多真实网络的边权分布同样服从幂率分布。

2）点强度与强度分布。加权网络中，与节点度、对应的自然推广就是节点强度定义为与节点所有关联的边的权重之和，即：

$$s_i=\sum_{j\in N_i}a_{ij}w_{ij} \tag{3-7}$$

式中，$N_i$ 是节点的近邻集合。

强度分布 $p(s)$ 描述了点强度 $s$ 的概率，与度分布 $p(k)$ 结合，可用于反映加权网络权重的宏观统计特性。近期研究表明，大多数网络的节点强度分布也具有幂律分布形式。

3）加权介数及其分布。介数是用来衡量通过网络中某节点或某条边的最短路径的数目。加权网络的最短路径与无权网络的不同，它是指在两点之间所有连通的路径中，相异权权重之和最小的一条或者几条路径。节点 $i$ 的加权介数 $WB_b(i)$ 定义为：

$$WB_b(i)=\sum_{s\neq t}^{N}\frac{wg_{st,i}}{wn_{st}} \tag{3-8}$$

边 $e_{ij}$ 的介数 $WB_b(e_{ij})$ 定义为：

$$WB_b(e_{ij})=\sum_{s\neq t}^{N}\frac{wg_{st,e_{ij}}}{wn_{st}} \tag{3-9}$$

4）加权网络效率。不同于无向网络，加权网络中任意两点 $i$、$j$ 之间的最短路径是指具有边权重总和最小值的路径，其边权重总和的最小值就是两点 $i$ 与节点 $j$ 之间的加权距离或加权路径长度。加权网络的网络效率等于网络所有节点对之间的加权最短路径距离倒数的平均值。

$$WE=\frac{2}{N(N-1)}\sum_{i\neq j}we_{ij}=\frac{2}{N(N-1)}\sum_{i\neq j}\frac{1}{wd_{ij}} \tag{3-10}$$

### 3.1.3 复杂网络的经典模型及特点

为深刻地揭示各种复杂网络的特殊性和共性，网络分类是必要的和有意义的，但当前国际上尚无统一的复杂网络分类方法。一般地，具有不同拓扑结构的网络可以分类为规则网络、随机网络、小世界网络和无标度网络[198]。

（1）规则网络。最简单的网络模型为规则网络（regular network），它是指系统各元素之间的关系可以用一些规则的结构来表示，即网络中任意两个节点之间的关系遵循既定的规则，通常每个节点的近邻数目都相同。常见的具有规则拓扑结构的网络包括完全图、星状图、近邻节点连接图和树等。完全图也称全局耦合网络，星状图也称星型耦合网络，邻近节点连接图也称最近邻耦合网络。除了星状网络和树，规则网络的普遍特征是具有平移对称性，每个节点的度和集聚系数相同。由于大多数规则网络表现出较大的平均距离长度和集聚系数，因此无法反映现实中结构的异质性及动态增长性。

1）全局耦合网络。全局耦合网络（Globally coupled network）是指任意两个节点之间都有边相连的网络。对于无向网络来说，节点数为N的全局耦合网络有$N(N-1)/2$条边，如图3-1所述；对于有向网络来说，节点数为N的全局耦合网络拥有$N(N-1)$条弧。

全局耦合网络的所有节点具有相同的连接关系，故各节点的度均为$N-1$，因此度分为单尖峰，可以表示为如下Delta函数：

$$p(k) = \partial(k - N + 1) \tag{3-11}$$

由于每个节点均和所有其他节点相连，因此每个节点$v_i$的集聚系数均为$C_i = 1$，故整个网络的集聚系数为：

$$C = 1 \tag{3-12}$$

而从任意一个节点到另外一个节点的最短路径长度都为1，故整个网络的平均距离为$L = 1$。

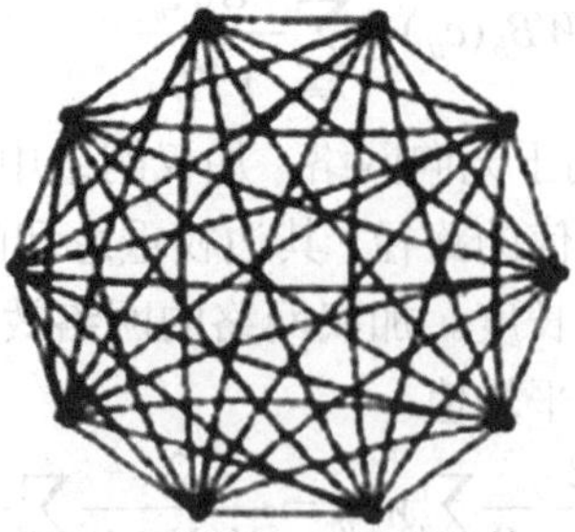

图3-1 全局耦合网络

Figure 3-1 Globally coupled network

由此可见，在具有相同节点数的所有网络中，全局耦合网络具有最小的平均距离和最大的集聚系数。虽然全局耦合网络模型反映了许多实际网络具有的高集聚系数和小世界性质，但该模型作为实际网络模型的局限性也是很明显的，它是最稠密的网络，然而大多数实际网络都是很稀疏的，它们边的数目一般至多是 $O(N)$ 而不是 $O(N^2)$。

2）最近邻耦合网络。对于拥有 $N$ 个节点的网络而言，通常将每个节点只与它最近的 $K$ 个邻居节点连接的网络成为最近邻耦合网络（Nearest-neighbor coupled network），这里的 $K$ 是小于等于 $N$–1 的整数。若每个节点只与最近的 2 个邻居节点相连，这样所有的节点相连就构成了一位链或环。一般情况下，一个具有周期边界条件的最近邻耦合网络包含 $N$ 个围成一个环的节点，其中每个节点都与它左右各 $K$/2 个邻居节点相连，这里 $K$ 是一个偶数，如图 3-2 所示。

最近邻耦合网络的每个节点都和近邻的 $K$ 个节点相连，所以每个节点 $v_i$ 的度均为 $K$，因此度分布为单尖峰，可以表示为如下 Delta 函数：

$$p(k) = \partial(k - N) \tag{3-13}$$

最近邻耦合网络的评价集聚系数就是每个节点的集聚系数：

$$C = C_i = 3(K-2)/[4(K-1)] \tag{3-14}$$

对于较大 $K$ 值，容易得到 $C = 0.75$。可见，最近邻耦合网络的集聚程度还是很高的。然而，最近邻耦合网络不是小世界网络，因为对固定 $K$ 值，该网络的直径 $D$ 和平均距离 $L$ 分布为：

$$D = N/K, L \approx N/(2K)$$

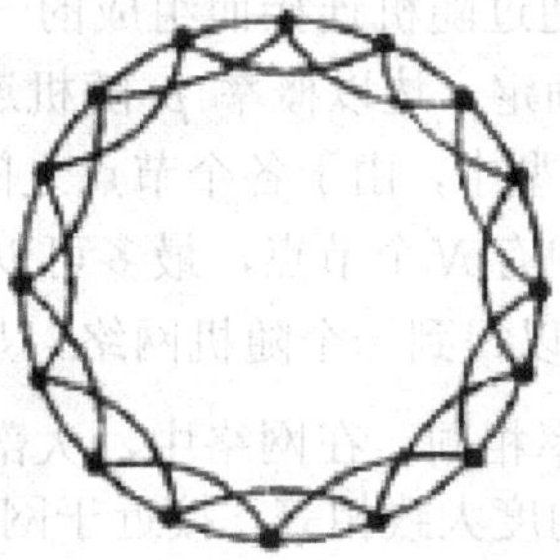

图 3-2　最近邻耦合网络

Figure 3-2　Nearest-neighbor coupled network

3）星型耦合网络。另外一种常见的规则网络上星型耦合网络（Star coupled network），它有一个中心点，其余的 $N$–1 个点都只与这个中心连接，而彼此之间不连接。它的中心节点度为 $N$–1，而其他节点的度均为 1，它具有稀疏性、集聚性和小世界特性，如图 3-3 所示。所有星型耦合网络的度分布可以用以下函数描述：

$$p(k)=[(N-1)/N]\partial(k-1)+[1/N]\partial(k-N+1) \tag{3-15}$$

从而计算星型耦合网络的平均距离为：

$$L=2-2/N \tag{3-16}$$

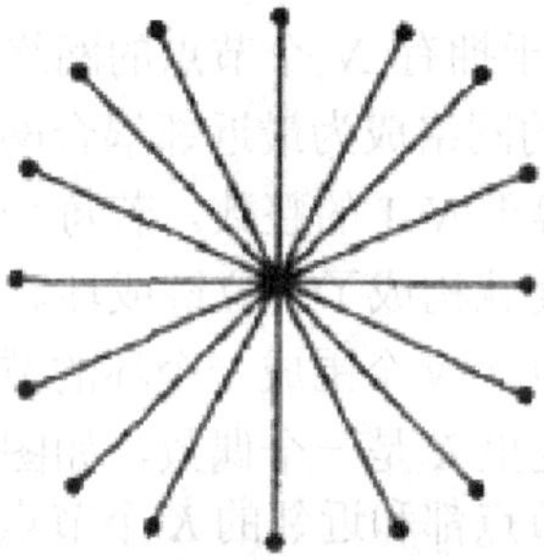

图 3-3　星型耦合网络

Figure 3-3　Star coupled network

（2）随机网络。两个节点之间连边与否不是确定的事情，而是根据一个概率决定，数学家把这样生成的网络叫作随机网络。20 世纪 50 年代末，为了描述通信和生命科学中的网络，匈牙利数学家 Erdos 和 Renyi 首次将随机性引入网络中，提出了著名的随机网络模型，简称 ER 模型。该模型描述了从多个随机分布的点通过相同概率随机相连而形成网络的过程，该方法及相关定理的简明扼要，促进了图论的复兴，数学界也因此出现了研究随机网络的新领域。

随机网络是由一些节点通过随机连接而组成的一种复杂网络，随机图的特征可以概括为两点：①节点确定，边以概率 $p$ 随机连接；②节点不确定，边与点的关系也不确定。在 ER 模型中，由于各个节点之间的连接是随机的，因此整个网络是均匀的。假定网络中有 $N$ 个节点，最多可以存在 $N(N-1)/2$ 条边，从这些边中随机选择 $M$ 条边就可以得到一个随机网络，显然一共有 $C_{N(N-1)/2}^{M}$ 种可能的随机图，且每种可能的概率相同。在网络中，大部分节点的连接数目大致相同，换句话就是大多数节点的度大致相等，接近于网络的平均度 $\langle k\rangle$。度分布服从钟形的泊松分布，这个泊松分布在 $P(\langle k\rangle)$ 在 $\langle k\rangle$ 附近达到峰值，网络中大多数节点的度都集中在其附近，说明节点有同质性见公式 3-11。连接数目比平均数高许多或低许多的节点都极少，随着连接数的增大，其概率呈指数式迅速递减，如图 3-4 所示。

$$p(k)=C_{N-1}^{k}p^{k}(1-p)^{N-1-k}=\frac{\langle k\rangle^{k}}{k!}e^{-\langle k\rangle} \tag{3-17}$$

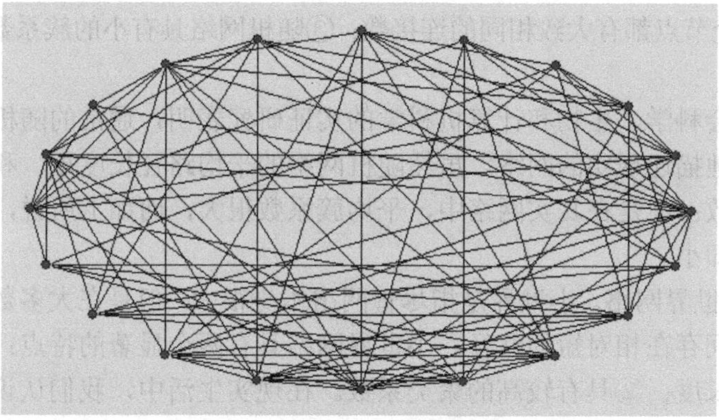

图 3-4 随机网络示意图

Figure 3-4 Example of Random Graph

图 3-5 表示不同连接概率 $p$ 的 ER 随机网络演化，图（a）为 $p$=0 网络中引入 10 个节点，Erdos 与 Renyi 做了大量试验来验证当 $N \to \infty$ 时，ER 随机图的性质与概率 $p$ 的关系。在此基础上给出定义：如果当 $N \to \infty$ 时产生一个具有性质 $Q$ 的 ER 随机图概率为 1，那么就称几乎每一个 ER 随机图都具有性质 $Q$。这说明了 ER 随机图的许多重要的性质都是突然涌现的。也就是说，对于任意给定的概率 $p$，要么几乎每一个图都具有性质 $Q$，要么几乎每一个图都不具有性质 $Q$。如上述随机网络演化过程中，如果 $p$ 大于某个临界值 $p_c = In(N)/N$，那么几乎每一个随机图都是连通的。一个有N个节点和连接概率 $p = p(N)$ 的随机图有性质 $Q$ 的概率满足：

$$\lim_{N\to\infty} P_{N,p}(Q) = \begin{cases} 0, & \dfrac{p(N)}{p_c(N)} \to 0 \\ 1, & \dfrac{p(N)}{p_c(N)} \to \infty \end{cases}$$

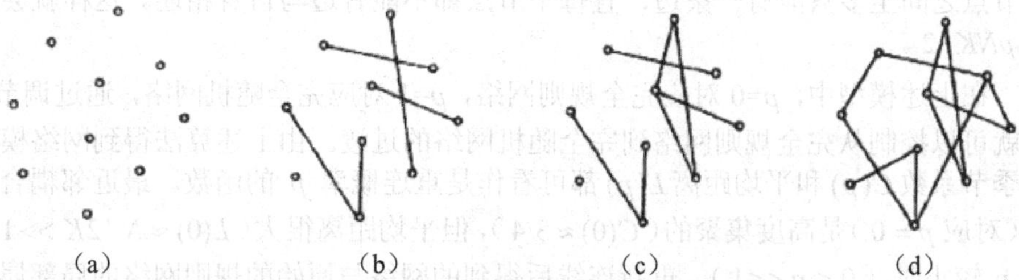


图 3-5 小型随机网络演化示意图

Figure 3-5 Evolution diagram of Small random network

随机网络的特点：①度分布：在平均度达到峰值，但是以指数形式衰减；②同质性：每一个节点都有大致相同的连接数；③随机网络具有小的簇系数和小的平均距离。

大量社会科学、生物和计算机科学的实证研究表明，通常的随机网络范式往往不能很好地描述现实的网络。虽然随机网络的平均路径长度短，和许多实证研究的结果一致；但是在真实网络中，平均簇系数很大，而如上所说，随机网络的平均簇系数却小。

（3）小世界网络。小世界是指尽管网络本身很大，但是在大多数网络中任意两个节点之间存在相对短的路径。小世界网络具有两个显著的特点：①具有较短的平均路径长度；②具有较高的聚类系数。在现实生活中，我们认识或者经常联系的人大部分都是距离较近周围的亲人、邻居、同事，但也有少数距离遥远的亲人朋友，这说明我们的人际关系网具有相对很高的聚类特性，而不是像 ER 随机图描述的那样人际关系完全是随机确立的。

1）WS 网络。小世界网络模型是由 Watts 和 Strogatz 于 1998 年提出的，又称之为 WS 模型，WS 模型是由具有个节点的最近邻耦合网络演化而来，通过对最近邻耦合网络节点之间的连边以一定概率进行随机的切断重连或增加连接逐渐演化为网络模型。在小世界网络中，构成网络的各节点之间的连接既不是绝对规则的，也不是完全随机的，而是介于这两者之间其主要规律是，任意一个节点通常是与其相邻的最近的两个节点相连接。它同时具有大的簇系数和小的平均距离。小世界网络的构造算法如下：

a）从规则图开始：考虑一个含有 $N$ 个节点的最近邻耦合参数，他们围成一个环，其中每个节点与它左右相邻的各 $K/2$ 个节点相连，$K$ 是偶数。参数满足 $N \rangle\rangle K \rangle\rangle \ln(N) \rangle\rangle 1$。

b）随机化重连：以概率 $p$ 随机的重新连接网络中的每条边，即将边的端点保持不变，而另一个端点取为网络中随机选择的一个节点。其中规定，任意两个不同节点之间至多只能有一条边，且每个节点都不能有边与自身相连。这样就会产生 $pNK/2$。

在上述模型中，$p$=0 对应完全规则网络，$p$=1 对应完全随机网络，通过调节 $p$ 值就可以控制从完全规则网络到完全随机网络的过渡。由上述算法得到网络模型的季节系数 $C(p)$ 和平均距离 $L(p)$ 都可看作是重连概率 $p$ 的函数。最近邻耦合网络（对应 $p=0$）是高度集聚的（$C(0)\approx 3/4$），但平均距离很大（$L(0)\approx N/2K>>1$）。当 $p$ 较小时（$0<p<<1$），重新连线后得到的网络与原始的规则网络的局部属性差别不大，从而网络的集聚系数变化也不大（$C(p)\propto C(0)$），但其平均距离下降很快（$L(p)\propto L(0)$）。可以看出，只要几条边的随机重连就足以减少网络的平均距离；几条随机重连的边并不足以改变网络的局部集聚特性。这类既具有较短的

平均距离又具有较高的集聚系数的网络就是典型的小世界网络，如图 3-6 所示。线性蠕虫的神经网络、美国西部的电力网、电影演员的合作网都是小世界网络，大量的实验研究表明，真实网络几乎都具有小世界效应。

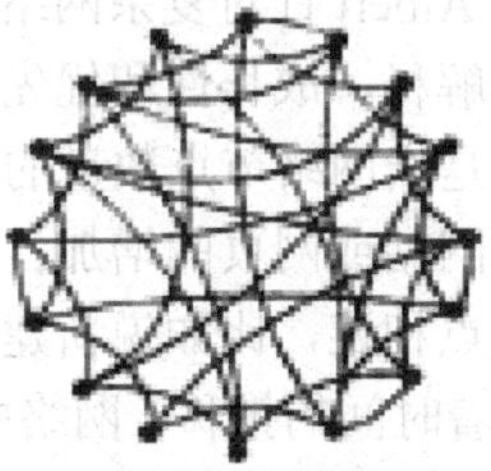

图 3-6 WS 小世界网络拓扑图

Figure 3-6 Example of WS Small world network

2）NW 小世界模型。WS 小世界模型构造方法中的“随机化重连”方式通常破坏了网络连通性。Newman 和 Watts 提出了 NW 小世界模型，用“随机化加边”取代 WS 小世界模型构造中的“随机化重连”，如图 3-7 所示。模型构造规则如下：

a）以规则图为基础：给定一个包含 $N$ 个点的最近邻耦合网络，围构成一个环状，各节点都与它左右相邻的各 $K/2$ 个节点连接，$K$ 是偶数。

b）随机化加边：随机选出一节点对，以概率 $p$ 加上一条边。其中，任意两个不同的节点之间至多只能有一条边，并且每一个节点都不能有边与自身相连。

当 $p$ 足够小而 $N$ 足够大时，NW 模型与 WS 模型本质上是相同的。NW 小世界模型中，$p$=0 对应于规则网络中的最近邻耦合网络，而 $p$=1 对应于全局耦合网络，这样通过调整连接概率 $p$ 值大小，就可以实现完全规则网络到完全随机网络的转变。

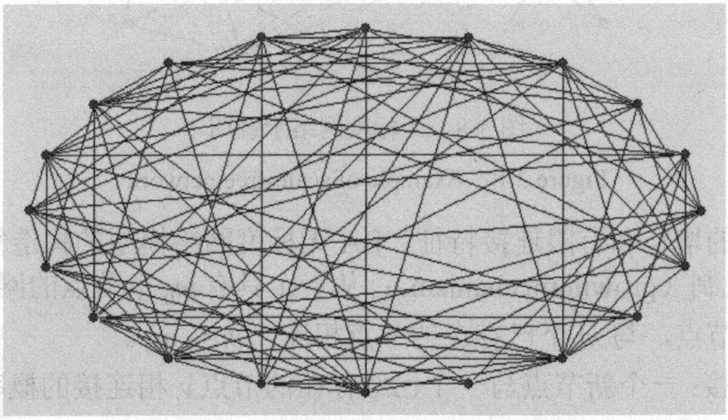

图 3-7 NW 小世界网络拓扑图

Figure 3-7 Example of NW Small world network

（4）无标度网络。尽管小世界网络能够很好地刻画现实世界的网络特性，但小世界模型的理论分析表明其节点度分布仍为指数形式分布。实证研究表明，对于大多数现实世界的大规模网络用幂律来描述它们的度分布更为精确。

1999 年 10 月，Barabasi 和 Albert 针对复杂网络中普遍存在的幂律分布现象提出了网络动态演化模型，它们解释，成长性和优先连接性是无标度网络分布呈现幂律的两个根本原因。成长性是指网络节点数量的增加，像 Internet 用户数量或服务器的添加，以及万维网中网站或网页的增加；优先连接性是指新加入的节点总是优先与度值较高的原有节点相连，比如说新建设的网站总是优先选择人们经常访问的网站作为超链接，随着时间的推移，网络中会逐渐出现一种“富者愈富，贫者愈贫”的马太效应现象。人们给具有这种性质的网络起了一个特别的名字——无标度网络。无标度网络具有严重的异质性，其节点之间的连接和分布状况极度不均匀，网络中少数节点往往拥有大量的连接，而大部分节点却只拥有少量的连接，这些少数拥有大量连接的节点对无标度网络运行起着主导的作用，如图 3-8 所示。

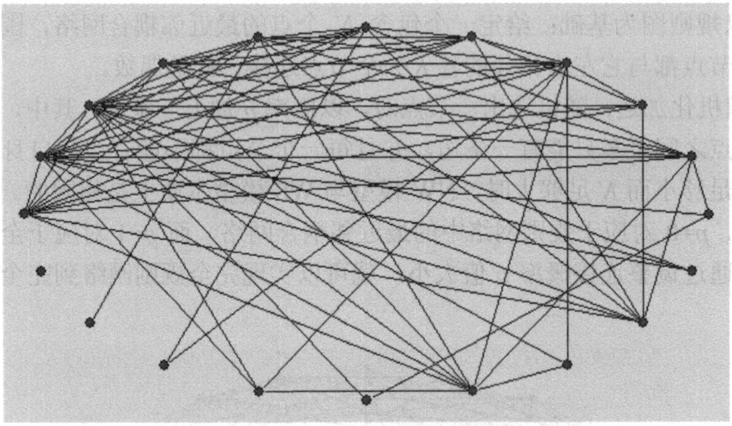

图 3-8 无标度网络示意图

Figure 3-8 Example of scale-free network

基于网络的增长和有限连接特征，BA 无标度网络模型的构造算法如下：

1）增长机制（growth mechanism）：从一个具有 $m_0$ 个节点的网络开始，每次引入一个新的节点，与 $m$ 个已存在的节点相连，$m \leqslant m_0$。

2）优先连接：一个新节点与一个已经存在的节点 $v_i$ 相连接的概率 $\Pi_i$ 与节点 $v_i$ 的度 $k_i$ 成正比，即

$$\Pi_i = \frac{k_i}{\sum_j k_j} \quad (3\text{-}18)$$

3）初始网络在经过 $t$ 步后，这种算法产生一个有 $N = t + m_0$ 个节点，$mt$ 条边的网络，如图 3-9 所示。

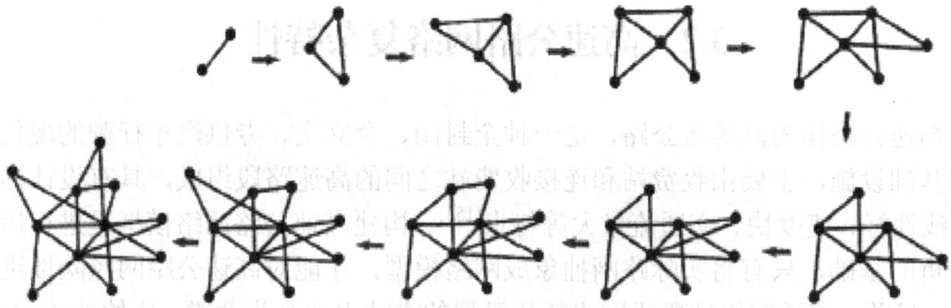

图 3-9 BA 无标度网络演化示意图

Figure 3-9 Example of scale-free network

表 3-1 不同网络主要特性对比

Table 3-1 Comparison analysis of different network properties

| 网络类型 | 度分布类型 | 聚类系数 | 特征路径长度 |
|---|---|---|---|
| 规则网络 | Delta 分布 | 大 | 大 |
| 随机网络 | 泊松分布或二项分布 | 很小 | 小 |
| 小世界网络 | 指数分布 | 大 | 小 |
| 无标度网络 | 幂律分布 | - | - |
| 实际网络 | 近似幂律分布 | - | - |

目前，国内外许多学者利用复杂网络理论对航空、铁路、公路、城市公交、轨道交通网络等多种交通网络特性中进行了实例分析，如 Bagler[146]等以两个机场间每周的航班数作为边权重，分析了印度航空的加权网络小世界特性；Jia[147]等分析美国国内航空运输网络的无标度和小世界特性；党亚茹[148]等选取节点度分布、聚集系数、平均路径长度和介数等指标，分析了国际航空客运网络结构特征及中国航空客运其中发挥的作用；Sen P[149]从物理拓扑结构角度研究了印度铁路网络的小世界特性；Kalapala 等[150]发现美国、英国和丹麦的国道拓扑结构网络也具有小世界性质和无标度网络的特性；Soh[151]利用度分布、聚类系数等分析了新加坡公共交通网络的无标度特性；Derrible[152]等以线路数量作为权重，对世界上 33 个

地铁网络的拓扑特性进行实例分析，发现大多数地铁网络都是无标度网（无标度系数在 2.10～5.52）；刘锐等[153]利用节点的度、群集系数、节点介数以及平均路径长度 4 个指标进行分析，发现合肥市公共交通网络具有明显的小世界网络特性。通过以上分析可以看出，现实中交通网络并非是随机生成，其复杂特性主要体现为小世界特性与无标度特性。

## 3.2 高速公路网络复杂特性

高速公路作为高等级公路，是一种全封闭、全立交、专供汽车行驶的现代化交通基础设施，主要由收费站和连接收费站之间的高速路段组成，具有设计标准高、线性好、速度快、交通流量大等特点[154]。构建高速公路网络模型是进行运算和分析的基础，只有将实际路网抽象成网络模型，才能对高速公路网风险性进行分析。目前，交通网络抽象成网络拓扑模型的方法主要分为两类：原始法（primal approach）和对偶法（dual approach）[155]。由于对偶法建立的网络拓扑结构，不能直观体现各节点和路段的实际分布情况，本书考虑高速公路的拓扑结构和交通流量等属性，采用原始法对高速公路网进行建模，更细致地研究高速公路网的相关特性。基于以下假设开展研究：

（1）本书基于高速公路收费数据进行分析，暂不考虑隧道、桥梁、匝道连接区域、服务区、中央分隔带开口等对疏导和转移交通流的影响，将节点定义为高速公路收费站或互通式立交。

（2）本书不考虑节点之间的细微差异，将节点对间两个方向上的地理距离设为相等。

（3）本书暂不考虑高速公路各路段的改扩建情形引起的路段通行能力的变化。

（4）本书中的高速公路均由《公路工程技术标准》[156]中的高速公路构成，不包含其他等级的高速公路。

（5）本书假设高速公路驾驶员一旦进入高速公路网，就按照既定的出行路径进行行驶。

（6）由于高速公路上禁止行人、非机动车和拖拉机等最大设计时速低于 70km/h 的机动车行驶，且各车型的出行成本构成差异（包括出行时间成本、能耗成本、载重等），造成不同车型对交通流的影响不同。为简化运算，本书根据高速公路收费标准将 9 种车型简化为小客车、大客车、小货车和大货车 4 种车型[157]。

本节在路网物理拓扑结构的基础上，以服务供给和运输需求为主线，采取依次展开、层层递进、逐步构建的思路，考虑路网中各组成要素服务供给能力的差异性、驾驶员路径选择行为和交通需求分布等，依次构建物理拓扑网络、服务供给网络、运输需求网络网络，进而提出面向高速公路网络运营风险评估和风险点识别的网络特性指标及其计算方法，如图3-10所示。

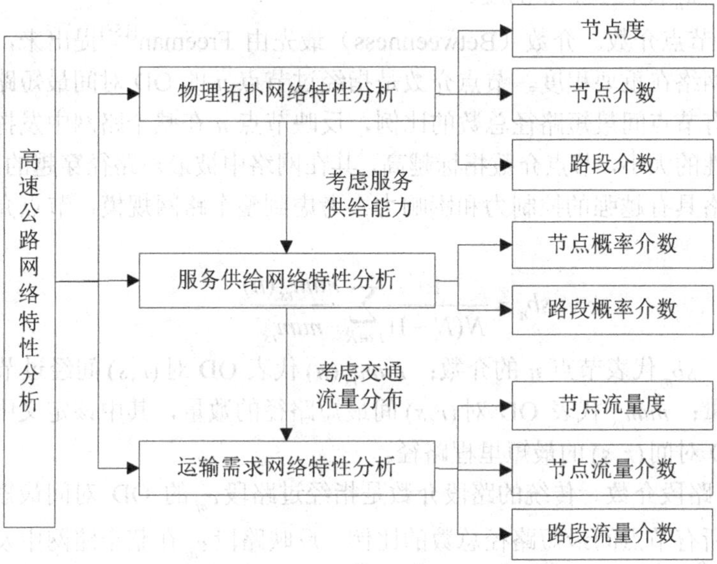


图3-10　高速公路网络特性分析框架

Figure 3-10　Analysis framework of freeway network properties

### 3.2.1　高速公路物理拓扑网络特性分析

结合复杂网络理论，首先分析高速公路物理拓扑网络，以进一步研究高速公路网络深层次的本质。首先对高速公路物理拓扑网络特性进行分析，将网络抽象为有向加权图，由集合$G=(V,E,A,L)$表示，其中：$G$代表高速公路物理拓扑网络；$V$代表节点集合，$V=\{v_n, n=1,2,\cdots,N\}$，$v_n$代表路网中节点集合，本书中是指路网的第$n$个收费站或互通立交，$N$为路网中节点个数；$E$代表路段的集合，$E=\{e_{nj}|n,j=1,2,\cdots N, n\neq j\}$，其中$e_{nj}$代表路网中的基本路段，它是由两个相邻节点构成的有序对组合$e_{nj}=<v_n,v_j>$；$A$代表节点间的邻接矩阵，$A=\{a_{nj}|n,j=1,2,\cdots N,n\neq j\}$，若节点$n$与$j$间有边相连，则$a_{nj}=1$，否则$a_{nj}=0$；$L=\{l_{e_{nj}}|n,j=1,2,\cdots N,n\neq j\}$，$l_{e_{nj}}$代表路网基本路段$e_{nj}$的里程长度。

（1）节点度。节点度是指节点$n$与其直接连接的有向边的数量。节点度越大，表明该节点直接连接的边数越多，在物理拓扑路网中的地位越重要。具体计算公式：

$$k_n = \sum_{j \in V} a_{nj} \tag{3-19}$$

式中：$k_n$ 代表节点 $n$ 的度。

（2）节点介数。介数（Betweenness）最先由 Freeman[158]提出来，以衡量节点对整个网络在重要程度。节点介数是指经过节点 $n$ 的 OD 对间最短路径的数量占路网所有节点间最短路径总数的比例，反映节点 $n$ 在整个路网中发挥的连通作用和重要性的大小，节点介数指标越高，其在网络中被最短路径穿越的次数越多，在整个网络具有越强的控制力和影响力。考虑到整个路网规模，节点介数的具体计算公式：

$$sb_n = \frac{1}{N(N-1)} \sum_{rs \in R} \frac{num_{rs}(n)}{num_{rs}} \tag{3-20}$$

式中：$sb_n$ 代表节点 $n$ 的介数；$num_{rs}(n)$ 代表 OD 对 $(r,s)$ 间经过节点 $n$ 的最短路径数量；$num_{rs}$ 代表 OD 对 $(r,s)$ 间最短路径的数量，其中该定义中的最短路径是指 OD 对间 $(r,s)$ 的最短里程路径。

（3）路段介数。传统的路段介数是指经过路段 $e_{nj}$ 的 OD 对间最短路径的数量占路网所有节点间最短路径总数的比例，反映路段 $e_{nj}$ 在整个路网中发挥的连通作用和重要性的大小。考虑到整个路网规模，路段介数的具体计算公式：

$$sb_{e_{nj}} = \frac{1}{N(N-1)} \sum_{rs \in R} \frac{num_{rs}(e_{nj})}{num_{rs}} \tag{3-21}$$

式中：$sb_{e_{nj}}$ 代表路段 $e_{nj}$ 的介数；$num_{rs}(e_{nj})$ 代表 OD 对 $(r,s)$ 间经过路段 $e_{nj}$ 的最短路径数量；$num_{rs}$ 代表 OD 对 $(r,s)$ 间的最短路径数量。

### 3.2.2 高速公路服务供给网络特性分析

高速公路物理拓扑网络仅反映路网中节点之间的连接关系，受交通条件、车速限制等因素共同作用，导致路网中各组成要素间服务供给能力存在不同。本节在传统的高速公路物理拓扑网络模型的基础上，考虑路网各组成单元服务供给能力的差异性和驾驶员路径选择行为的多样性，分析路网服务供给网络特性，并用集合 $PG = (V, E, \Omega, P)$ 表示。在该集合中：$PG$ 代表高速公路服务供给网络；$\Omega = \{\Omega_{rs}, r, s = 1, 2, \ldots N, r \neq s\}$，$\Omega_{rs}$ 代表路网中任意 OD 对 $(r,s)$ 间的路径集合 $\Omega_{rs} = \{\Omega_{rs,1}, \Omega_{rs,2}, \ldots, \Omega_{rs,M}\}$，$M$ 为 OD 对 $(r,s)$ 间有效路径的数量；$P$ 代表路径选择概率集合 $P = \{p_{rs,m}, r, s = 1, 2, \ldots N, r \neq s\}$，$p_{rs,m}$ 代表 OD 对 $(r,s)$ 间的路径集合中第 $m$ 条路径被选择经过的概率。

在节点介数和路段介数的基础上，考虑路网中各组成要素服务供给能力的差异性及有效路径的存在，构建高速公路服务供给网络特性指标。

（1）节点概率介数。由于传统的基于复杂网络介数指标计算中仅考虑最短路径，不能反映交通网络中的实际连通情况。不同于传统基于最短路径的物理拓扑网络介数计算方法，本书在考虑路网各路段服务供给能力差异性及驾驶员路径选择多样性的基础上，构建节点概率介数，将是否通过最短路径的 0、1 取值扩展为各 OD 对间有效路径的[0,1]区间的概率值，以反映路网不只是受最短路径影响而是受多条有效路径共同影响的实际情况，进而反映节点和路段在路网中的重要度差异。本书参考节点介数定义，将节点概率介数定义为：高速公路服务供给网络中任意两点间节点 $n$ 被选择经过的概率占比，以反映该节点在路网中的重要性。节点概率介数越大，则该节点在路网中就越重要。

$$pb_n = \frac{1}{N(N-1)}\sum_{r=1}^{N}\sum_{s=1}^{N}\sum_{m\in M_{rs}} p_{rs,m}\xi_{rs,m}^{n} \tag{3-22}$$

式中：$pb_n$ 代表节点 $n$ 的概率介数；$p_{rs,m}$ 代表 OD 对 $(r,s)$ 间第 $m$ 条路径被选择经过的概率；$\xi_{rs,m}^{n}$ 代表 0－1 变量，若路网 OD 对 $(r,s)$ 第 $m$ 条路径经过节点 $n$，$\xi_{rs,m}^{n}=1$，否则 $\xi_{rs,m}^{n}=0$；$N$ 代表路网中节点数量。

（2）路段概率介数。根据路段介数的定义，将路段概率介数定义为高速公路服务供给网络中任意两点间路段 $e_{nj}$ 被选择经过的概率占比，反映该路段在路网中发挥的连通作用和重要性。路段概率介数越大，则该路段在路网中发挥的连通作用和重要性越大。具体计算公式：

$$pb_{e_{nj}} = \frac{1}{N(N-1)}\sum_{r=1}^{N}\sum_{s=1}^{N}\sum_{m=1}^{M} p_{rs,m}\xi_{rs,m}^{e_{nj}} \tag{3-23}$$

式中：$pb_{e_{nj}}$ 代表路网中路段 $e_{nj}$ 的概率介数；$p_{rs,m}$ 代表 OD 对 $(r,s)$ 间第 $m$ 条路径被选择经过的概率；$\xi_{rs,m}^{e_{nj}}$ 代表若 OD 对 $(r,s)$ 间第 $m$ 条路径经过路段 $e_{nj}$，$\xi_{rs,m}^{e_{nj}}=1$，否则 $\xi_{rs,m}^{e_{ij}}=0$。

### 3.2.3 高速公路运输需求网络特性分析

根据前面的研究结果，本节在高速公路网物理拓扑网络和服务供给网络的基础上，考虑交通量在路网中的分布特点，构建高速公路运输需求网络模型，用集合 $DG=\left(V,E,\Omega',P',Q,T\right)$ 表示，$DG$ 代表高速公路运输需求网络；$\Omega'=\{\Omega_{rs}(T_b),r,s=1,2,\dots N,r\neq s\}$，$\Omega_{rs}(T_b)$ 代表第 $T_b$ 个统计周期路网中任意 OD 对

$(r,s)$间的有效路径集合，任意 OD 对$(r,s)$间存在多条路径$\Omega_{rs}(T_b)=\{\Omega_{rs,1}(T_b),\Omega_{rs,2}(T_b),\ldots,\Omega_{rs,M}(T_b)\}$，$M$ 为OD对$(r,s)$间有效路径的数量；$P'$代表路径选择概率集合，$P'=\{p_{rs,m}^{k,i}(T_b),r,s=1,2,\ldots N,r\neq s\}$，$p_{rs,m}^{k,i}(T_b)$代表第$T_b$个统计周期第 $i$ 类车第 $k$ 种车型的出行者选择 OD 对$(r,s)$间的路径集合第 $m$ 条路径出行的概率，本书将车型分为小客车、大客车、小货车和大货车，$I$ 代表车辆类型集合，$I=\{i\,|\,i=1,2\}$，$i=1$ 为客车，$i=2$ 为货车；$K$ 代表车型集合，$K=\{k|k=1,2\}$，$k=1$ 为小车，$k=2$ 为大车。$Q$ 代表不同时间段内路网中 OD 对间交通量集合，$Q=\{q_{rs}^{k,i}(T_b)\,|\,r\neq s;r,s\in A;rs\in R;k\in K;i\in I\}$，$q_{rs}^{k,i}(T_b)$代表第$T_b$个统计周期路网中 OD 对$(r,s)$间第 $i$ 类车第 $k$ 种车型的交通量；$T$ 代表统计周期集合，$T=\{T_b\,|\,b=1,2,\ldots 24\}$。

基于前面的研究结果，增加高速公路交通流量分布的考虑，构建高速公路运输需求网络特性指标：

（1）节点流量度。在传统节点度的定义基础上，本章将节点流量度定义为：与节点 $n$ 直接相连的所有路段交通量之和，可反映节点在运输需求网络中运输的交通量大小，节点流量度越大，该节点越重要。具体计算方法为：

$$fd_n(T_b)=\sum_{j\in aa_n} q_{e_{nj}}(T_b) \tag{3-24}$$

式中：$fd_n(T_b)$代表第$T_b$个统计周期节点 $n$ 的流量度；$q_{e_{nj}}(T_b)$代表第$T_b$个统计周期路段$e_{nj}$各车型标准交通量之和，$aa_n$代表节点 $n$ 的邻接点集合。

（2）节点流量介数。根据节点介数的定义，考虑出行需求的动态变化，本书将节点流量介数定义为：第$T_b$个统计周期内高速公路运输需求网络中任意两点间不同车型选择经过节点 $n$ 的交通量之和占路网中第$T_b$个统计周期节点间交通量之和的比值，既考虑出行需求分布又考虑了不同车型出行选择行为的差异性。节点流量介数越大，反映该节点连接的运输路网规模越大。具体计算方法：

$$fb_n(T_b)=\frac{\sum_{r=1}^{N}\sum_{s=1}^{N}\sum_{k,i=1}^{2}\sum_{m=1}^{M}\tau_k^i q_{rs}^{k,i}(T_b)p_{rs,m}^{k,i}(T_b)\xi_{rs,m}^n}{\sum_{r=1}^{N}\sum_{s=1}^{N}\sum_{k,i=1}^{2}\tau_k^i q_{rs}^{k,i}(T_b)} \tag{3-25}$$

式中：$fb_n(T_b)$代表第$T_b$个统计周期节点 $n$ 的流量介数；$\tau_k^i$代表第 $i$ 类车第 $k$ 车型的折算成标准车型的系数，本书参考文献[159]，将小客车、大客车、小货车、大货车四种车型的值分别取为 1、1.5、1、2；$q_{rs}^{k,i}(T_b)$代表第$T_b$个统计周期 OD 对$(r,s)$间第 $i$ 类车第 $k$ 种车型的出行需求。

（3）路段流量介数。根据路段介数的定义，考虑出行需求的动态变化性，本书将路段流量介数定义为：第$T_b$个统计周期高速公路运输需求网络中任意两点间不同车型选择经过路段$e_{nj}$的交通量之和占第$T_b$个统计周期路网中节点间交通量之和的比值。路段流量介数越大，反映该路段连接的路网运输规模越大。具体计算方法：

$$fb_{e_{nj}}(T_b)=\frac{\sum_{r=1}^{N}\sum_{s=1}^{N}\sum_{k,i=1}^{2}\sum_{m=1}^{M}\tau_k^i q_{rs}^{k,i}(T_b)p_{rs,m}^{k,i}(T_b)\xi_{rs,m}^{e_{nj}}}{\sum_{r=1}^{N}\sum_{s=1}^{N}\sum_{k,i=1}^{2}\tau_k^i q_{rs}^{k,i}(T_b)} \tag{3-26}$$

式中：$fb_{e_{nj}}(T_o)$代表第$T_b$个统计周期路段$e_{nj}$的流量介数。

# 第 4 章　面向高速公路网络特性的交通量分析

为了计算上述高速公路网络特性，基于高速公路收费系统数据，进行高速公路网流量分析，以获取网络特性中交通量及概率等参数。基于随机交通流分配理论，本书考虑客货混合交通流下路径选择行为的偏好差异，构建不同车型的广义费用函数，进而进行随机交通流分配。首先，采用 SP 调查法采集不同车型驾驶员的高速公路路径选择行为数据，通过对调查数据的分析，初步确定影响客车和货车驾驶员高速公路路径选择的因素；其次，分析不同车型驾驶员的出行偏好，构建客车和货车的高速公路路径选择模型；最后，对高速公路网交通量进行分配。

## 4.1　高速公路车辆路径选择 SP 调查

### 4.1.1　调查方法

通常，非集计模型的数据采集方法主要分为两类：RP（Revealed Preference）调查和 SP（Stated Preference）调查[160]。

RP 调查的目的是了解被调查者在某次实际行为中的选择结果，该结果由实际的选择行为和选择条件决定，而且无论被调查者是否意识到影响因素，该选择结果都被视为在所有因素的影响下做出的。RP 调查存在一些不足：一是调查设计范围小，只能针对经历了某选择条件下的行为进行调查；二是选择方案的信息模糊，这是由于有时选择的状况要追溯过去，被调查者记忆模糊所致；三是替代方案的信息模糊，这是由于被调查者对替代方案的信息不了解或信息量因人而异所致。

SP 调查的目的是了解被调查者在某种假设选择条件下的选择意向，该结果由被调查者的自身情况和假设的选择条件所决定。SP 调查也存在一些不足：一是当考虑的影响因素较多时，会增加调查表的内容，从而导致被调查者拒绝合作的现象；二是由于该调查是非现实条件下的选择行为，被调查者可能会放宽选择的标准，从而导致调查结果与实际选择行为偏离。

尽管 SP 调查存在以上不足，但其对分析机动车公路路径选择的一般意愿有十分积极的意义，而且与 RP 调查相比又具有以下优点：一是可操作性高，不仅可以扩大设计和调查范围，而且可以人为降低选择方案的特性值之间的相关性；二是调查中的选择方案及其信息明确。因此，本书采用 SP 调查法来采集机动车驾驶员的公路路径选择行为数据。

### 4.1.2 调查问卷设计

由于高速公路禁止行人、非机动车和拖拉机等最大设计时速低于 70km/h 的机动车行驶，故高速公路上的车辆类型可以简单分为小客车、大客车、小货车和大货车，而大客车一般为中长途客运车，其行驶路线一般由客运公司规划且固定不变，并不涉及驾驶员的路径选择行为。因此，为了采集机动车驾驶员的高速公路路径选择行为数据，本书针对小客车和货车驾驶员分别设计了调查问卷，见表 4-1 至表 4-3。

表 4-1 小客车公路路径选择问卷场景设计
Table 4-1 Scenaris of Passenger Cars' highway route choice

| 场景序号 | 短途/长途出行 | 天气状况 | 是否节假日 | 出行目的 |
|---|---|---|---|---|
| 1 | 短途出行 | 天气正常 | 非节假日 | 出差/旅游 |
| 2 | 短途出行 | 天气正常 | 节假日 | — |
| 3 | 短途出行 | 天气恶劣 | 非节假日 | 出差/旅游 |
| 4 | 长途出行 | 天气正常 | 非节假日 | 出差/旅游 |

表 4-2 货车公路路径选择问卷场景设计
Table 4-2 Scenaris of Trucks' Highway Route Choice

| 场景序号 | 短途/长途运输 | 天气状况 | 载重类型 | 货物类型 |
|---|---|---|---|---|
| 1 | 短途运输 | 天气正常 | 轻载/重载 | 紧急/一般 |
| 2 | 短途运输 | 天气恶劣 | 轻载/重载 | 紧急/一般 |
| 3 | 长途运输 | 天气正常 | 轻载/重载 | 紧急/一般 |

表 4-3 不同车型车在不同出行场景下的各路径信息
Table 4-3 Information of travel routes in different distance scenarios with different vehicles

| 出行场景 | 路径 | 出行距离（km） | 出行时间（h） | 燃油费用（RMB） |
|---|---|---|---|---|
| 客车，短途 | 高速路径 1 | 344 | 3.3 | 254(312) |
| | 高速路径 2 | 337 | 3.7 | 231(419) |
| 货车，短途 | 高速路径 1 | 344 | 3.9 | 312(419) |
| | 高速路径 2 | 337 | 4.4 | 267(347) |
| 客车，长途 | 高速路径 1 | 628 | 7.2 | 400(434) |
| | 高速路径 2 | 619 | 7.4 | 410(450) |
| 货车，长途 | 高速路径 1 | 628 | 8.5 | 434(546) |
| | 高速路径 2 | 619 | 8.7 | 450(568) |

注：燃油费用括号内为不同出行场景下大客车和大货车的燃油费用。

为标定路径选择模型，对高速公路不同车型驾驶员的出行特征进行了问卷调查，在调查之前，对不同出行场景进行相应设计。其中短途、长途出行场景分别选取 OD 为无棣东－沂水北收费站（a）、郓城南－福山收费站（b）构建其路径集合。然后根据山东省公路交调数据和山东省公众出行信息网整理的路段长度、平均行驶速度和收费标准获得各路径的出行距离、出行时间，并参考文献[161]中关于燃油车的油耗计算方法，获得各路径的燃油费用，其中高速路径 1 代表时间最短路，高速路径 2 代表非时间最短路集合；短途指出行距离不大于 400km 的出行；轻载指载重量小于 5t，重载指载重量为 5t 以上，见表 4-2；交通法规定在高速公路上客货车行驶速度分别应不大于 120km/h、100km/h，因此本书取客车自由流时间与 0.85 的比值作为货车行驶时间。另外，由于在我国现有收费体制下，高速公路收费是按照最短路径长度进行收费，即在 OD 对间已知情况下，不同路径的高速公路通行费是固定不变的，因此本书暂不考虑 OD 对间各路径通行费用的差异。

为了减少调查表的内容，降低调查难度，本书仅针对费用为私人承担的情况，设计了以下几种客车路径选择场景。其中，短途出行指出行距离不大于 400km 的出行；天气恶劣指浓雾或雨雪天气（不封路）；节假日指法定节假日且不收取高速公路路桥费的情况。

在针对货车驾驶员的 SP 调查问卷中，设计了正常天气、非节假日且短途运输等几种场景，短途运输指出行距离不大于 400km 的出行；天气恶劣指浓雾或雨雪天气（不封路）；轻载指载重量小于 5t；重载指载重量为 5t 以上；紧急货物指鲜活农产品、冷冻食品、危险物品、应急物资及其他合同规定的必须在有限时间内紧急送达的物品。

### 4.1.3 问卷调查实施方案

由于本书研究内容为驾驶员公路路径选择行为分析，其主要涉及两大类人群：选择高速公路的出行者和选择普通国省道的出行者，为了获得更加准确的数据，需对调查对象、调查地点及样本量给予设定。

（1）调查对象和地点。与城市道路路径出行不同，不是所有人对于公路出行需要考虑的因素有清晰的概念，尤其是货车驾驶员进行货物运输时需要考虑的成本与收益的关系，因此本次调查对象应该选为公路出行的小客车驾驶员和不同载重货车的驾驶员。

为了保证被调查者最大程度地符合调查对象的设定，获得选择高速公路的出行者的调查数据，选取了山东省 G20 青银高速淄博服务区和章丘服务区两个地点，选取了 G309 国道沿线的收费站、加油站和餐馆等地点。

（2）问卷调查样本量。针对调查样本量的确定，现有研究一般分为两种：理论研究和实验研究[138]。前者以所有参数估计值的估计误差小于某定值的概率达到一定要求为目标来确定样本量；后者通过从大规模调查样本中再抽样进行研究，从而确定满足一定要求的样本量。但是，由于理论研究提出的方法需要的样本量的协方差矩阵为未知，在实际应用中很难采用，因此，一般采用实验研究确定样本量。

目前，美国应用事例推荐样本量为 2000～3000；有研究表明：样本量在 800～1000 时，相对误差在 20%以内的概率为 95%；另有研究表明：样本量可以大约在 300～500。

因此，考虑到此次调查对象和调查地点的特殊性，论文研究所需数据样本量初设为 1000，并预想有效调查问卷的回收率为 80%，因此，此次调查预计针对小客车驾驶员发放问卷 200 份，针对货车驾驶员发放问卷 110 份。

最终，本次调查针对小客车驾驶员发放问卷 240 份，针对货车驾驶员发放问卷 130 份，收回有效问卷 216 份和 110 份，有效问卷回收率分别为 90%和 85%。最终获取小客车驾驶员公路路径选择有效数据样本量 1512，货车驾驶员公路路径选择有效数据样本量 1320。

## 4.2 多车型的高速公路路径选择行为分析

### 4.2.1 个人属性统计

驾驶员的性别、年龄、驾龄、个人收入、等是衡量驾驶员个人属性的重要特征，而驾驶员是交通出行行为的主体和承担者，因此高速公路路径选择行为会因个体属性不同而有所差异。基于调查结果，对驾驶员的性别、年龄、驾龄、收入水平等属性分别对调查样本进行统计。

（1）性别情况。针对小客车驾驶员和货车驾驶员的有效调查问卷分别为 216 份和 110 份，样本的性别分布如图 4-1 所示。由图可知，货车驾驶员的样本中女性的比例非常小，仅占 6.3%；小客车驾驶员的样本中也以男性居多，约为 63.0%。

（2）年龄分布情况。通过对调查问卷数据的统计分析看出，小客车驾驶员调查样本年龄在 23～35 岁的人群比例最高，达到了 73.1%，其次为 36～45 岁人群，约为 20.8%；货车驾驶员调查样本年龄在 36～45 岁的人群比例最高，达到 52.7%，其次为 23～35 岁，约为 36.6%；两类调查样本中 22 岁以下的比例均非常小，如图 4-2 所示。

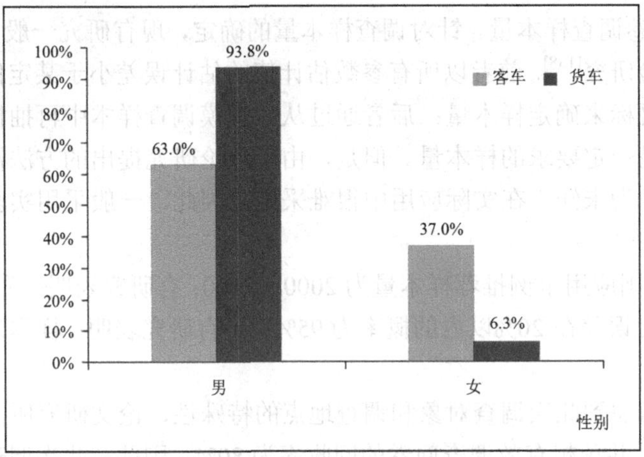


图 4-1 驾驶员的性别统计图

Figure 4-1 the Statistical Graph of Drivers' Gender

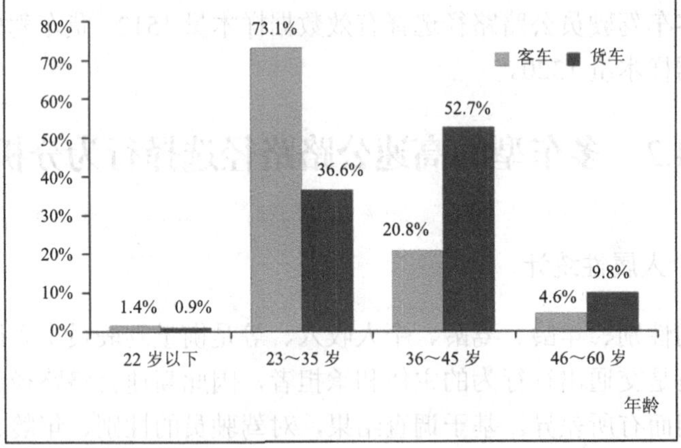


图 4-2 驾驶员的年龄统计图

Figure 4-2 the Statistical Graph of Drivers' Age

（3）驾龄分布。通过对调查问卷数据的统计，样本的驾龄分布如图 4-3 所示。从图中可以看出，小客车驾驶员样本中驾龄分布较为均匀，比例最大的是 6 年以上的驾龄，约占 29.6%，比例最小的是 1 年以下的驾龄，约占 18.1%；货车驾驶员样本中驾龄主要为 6 年以上和 3-6 年，分别约占 46.4%和 35.7%。

（4）个人收入。通过对调查问卷数据的统计，样本的收入水平分布如图 4-4 所示。从图中可以看出，小客车驾驶员样本中个人月收入为 3001～5000 元的人群最多，达 51.4%；货车驾驶员样本中个人月收入主要为 3001～5000 元和 5001～7000

元，分别为 43.8%和 36.6%。

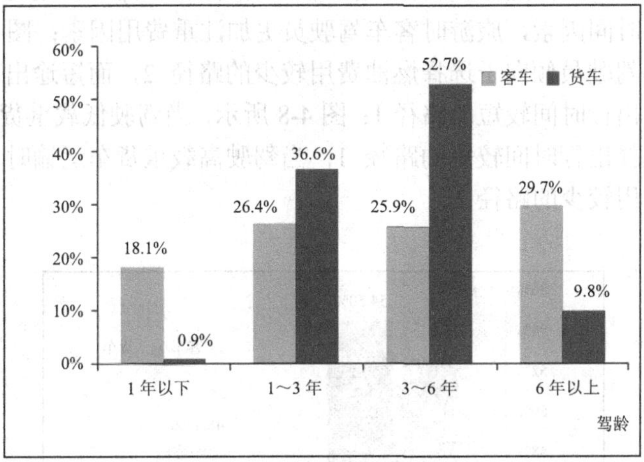


图 4-3 驾驶员的驾龄统计图

Figure 4-3 the Statistical Graph of Drivers' Driving Age

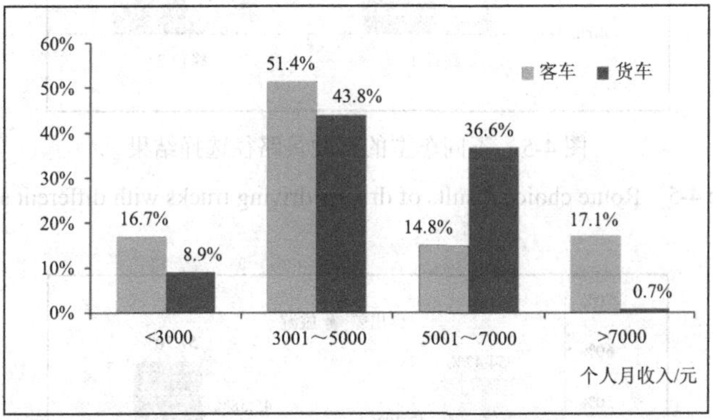


图 4-4 驾驶员的个人月收入统计图

Figure 4-4 the Statistical Graph of Drivers' Monthly Income

### 4.2.2 路径选择影响因素分析

通过对 SP 调查问卷进行处理和分析，共获取客、货车驾驶员高速公路路径选择的有效数据样本量分别为 1512 条、1320 条，现对不同车型的可能影响因素进行统计分析。图 4-5 所示，由于不同路径具有不同的出行时间和燃油费用，客车和货车驾驶员对于不同路径的选择比例有一定的相似之处，都倾向于选择出行时间较短的路径 1，不同的是，货车驾驶员对于路径选择的差别大于客车驾驶员；

图 4-6 所示，当客车驾驶员以出差为出行目的时会倾向选择出行时间最短的路径 1，以旅游为出行目的时会更倾向于选择燃油费用低的路径 2，这说明客车驾驶员出差时更注重时间因素，旅游时客车驾驶员更加注重费用因素；图 4-7 所示，长途出行时货车驾驶员倾向于选择燃油费用较少的路径 2，而短途出行时货车驾驶员倾向于选择出行时间较短的路径 1；图 4-8 所示，当驾驶低载重货车运输时，驾驶员倾向于选择出行时间较短的路径 1；当驾驶高载重货车运输时，驾驶员倾向于选择燃油费用较少的路径 2。

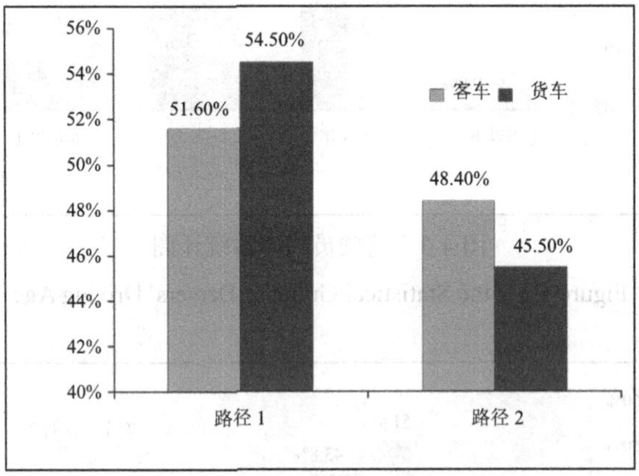


图 4-5　不同车型的驾驶员路径选择结果

Figure 4-5　Route choice results of drivers driving trucks with different s types

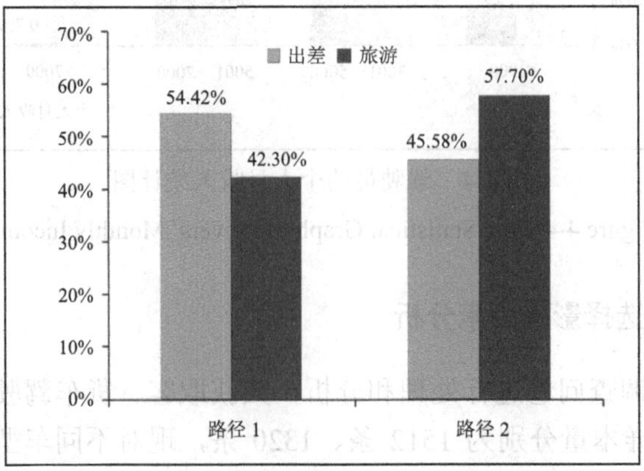


图 4-6　不同出行目的场景下路径选择结果

Figure 4-6　Route choice results of drivers driving trucks with different travel purpose

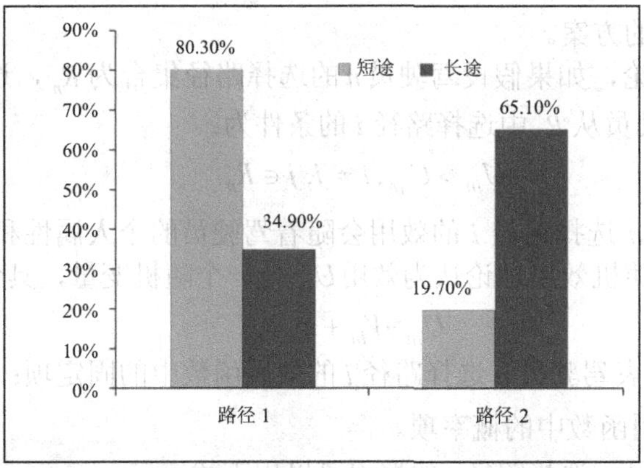


图 4-7 不同出行距离下的驾驶员路径选择结果

Figure 4-7 Route Choice Results indifferent travel distance

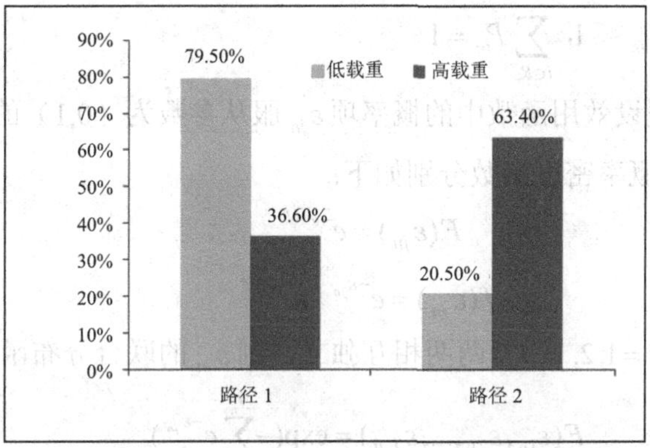


图 4-8 不同载重下货车驾驶员路径选择结果

Figure 4-8 Route Choice Results of Drivers Driving Trucks with Different Load

根据以上分析可知，出行时间、燃油费用、短途/长途出行、出行目的等是影响客车驾驶员高速公路路径选择行为的重要因素；出行时间、燃油费用、是否长途出行、货车载重是影响货车驾驶员公路路径选择行为的重要因素。

## 4.3 MNL 模型构建方法

### 4.3.1 模型原理

MNL 模型是基于 Logit 模型的非集计模型，其理论基础是消费者在选择时追求“效用”最大化的假说，即出行者在特定的选择条件下，选择其所认知的选择方案中效用最大的方案。

根据上述理论，如果假设驾驶员$n$的选择路径集合为$R_n$，选择路径$i$的效用为$U_{in}$，则该驾驶员从$R_n$中选择路径$i$的条件为：

$$U_{in} > U_{jn}, i \neq j, j \in R_n \tag{4-1}$$

由于驾驶员$n$选择路径$i$的效用会随着驾驶员的个人属性和出行特性等的变化而变化，因此随机效用理论认为效用$U_{in}$是一个随机变量，具体可以表示为：

$$U_{in} = V_{in} + \varepsilon_{in} \tag{4-2}$$

其中，$V_{in}$代表驾驶员$n$选择路径$i$的效用函数中的固定项；$\varepsilon_{in}$代表驾驶员$n$选择路径$i$的效用函数中的概率项。

于是，驾驶员$n$选择路径$i$的概率可以用下式表示：

$$\begin{aligned} P_{in} &= Prob(U_{in} > U_{jn}, i \neq j, j \in R_n) \\ &= Prob(V_{in} + \varepsilon_{in} > V_{jn} + \varepsilon_{jn}, i \neq j, j \in R_n) \end{aligned} \tag{4-3}$$

其中，$0 \leqslant P_{in} \leqslant 1, \sum_{i \in R_n} P_{in} = 1$

Logit模型假设效用函数中的概率项$\varepsilon_{jn}$服从参数为（0,1）的二重指数分布，则其分布函数和概率密度函数分别如下：

$$F(\varepsilon_{jn}) = e^{-e^{-\varepsilon_{jn}}} \tag{4-4}$$

$$f(\varepsilon_{jn}) = e^{-\varepsilon_{jn}} \cdot e^{-e^{-\varepsilon_{jn}}} \tag{4-5}$$

又由于$\varepsilon_{jn}\ (j = 1,2,\ldots,J_n)$两两相互独立，则$\varepsilon_{jn}$的联合分布函数为：

$$F(\varepsilon_{1n}, \varepsilon_{2n}, \ldots, \varepsilon_{J_n n}) = \exp(-\sum_{j=1}^{J_n} e^{-\varepsilon_{jn}}) \tag{4-6}$$

因此，驾驶员$n$选择路径$i$的概率表示为：

$$\begin{aligned} P_{in} &= Prob(V_{in} + \varepsilon_{in} > V_{jn} + \varepsilon_{jn}, i \neq j, j \in R_n) \\ &= Prob(\varepsilon_{in} > V_{jn} - V_{in} + \varepsilon_{jn}, i \neq j, j \in R_n) \\ &= \int_{-\infty}^{+\infty} F_i(\varepsilon_{in}, V_{1n} - V_{in} + \varepsilon_{1n}, \ldots, V_{jn} - V_{in} + \varepsilon_{jn}, \ldots, V_{J_n n} - V_{in} + \varepsilon_{J_n n}) \mathrm{d}\varepsilon_{in} \\ &= \frac{e^{V_{in}}}{\sum_{j \in R_n} e^{V_{jn}}} \end{aligned} \tag{4-7}$$

### 4.3.2 构建过程及求解方法

MNL模型的构建过程及求解方法主要包括效用函数确定、模型参数估计和模型检验三部分，具体的步骤如图 4-9 所示。

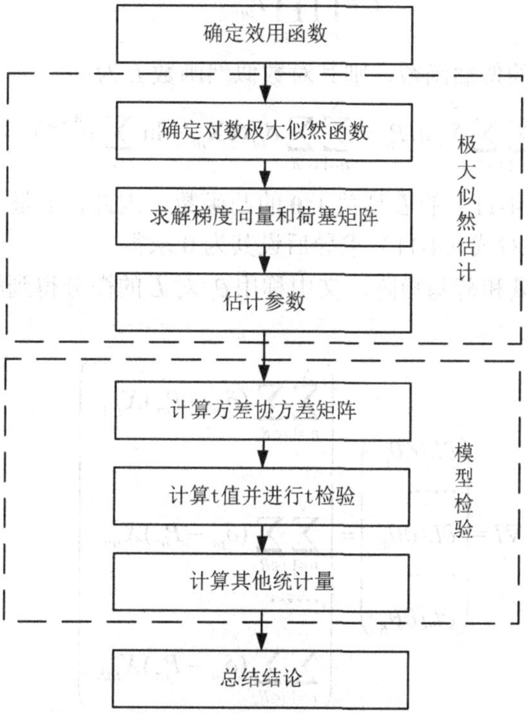


图 4-9　MNL 模型构建过程

Figure 4-9　MNL Modeling Process

（1）确定效用函数。MNL 模型中的效用函数确定，即要确定驾驶员的选择方案的集合、影响因素向量和效用函数的形式。前两者在特定研究中确定即可，而效用函数最常用的形式为线性函数，即：

$$V_{in} = \mathbf{\theta X}_{in} = \sum_{k=1}^{K} \theta_k X_{ink}, (i \in R_n) \tag{4-8}$$

其中，$\mathbf{\theta}=(\theta_1,...,\theta_K)'$ 是未知参数向量；$\mathbf{X}_{in}=(\mathbf{X}_{in1},...,\mathbf{X}_{ink},...,\mathbf{X}_{inK})$ 是驾驶员 $n$ 的选择方案 $i$ 的影响因素向量。

于是，选择概率 $P_{in}$ 可以表示为：

$$P_{in} = \frac{\exp(\mathbf{\theta X}_{in})}{\sum_{j \in R_n} \exp(\mathbf{\theta X}_{jn})} = \frac{1}{\sum_{j \in R_n} \exp(\sum_{k=1}^{K} \theta_k (X_{jnk} - X_{ink}))} \tag{4-9}$$

（2）确定对数极大似然函数。设数据样本量为 $N$，路径选择结果变量为 $\delta_{in}$，则驾驶员1，…，$n$，…，$N$ 选择路径同时发生的概率为：

$$L^{*}=\prod_{n=1}^{N}\prod_{i\in R_n}P_{in}^{\delta_{in}} \tag{4-10}$$

上式为 MNL 的似然函数，则其对数似然函数 $L$ 为：

$$L=\sum_{n=1}^{N}\sum_{i\in R_n}\delta_{in}\ln P_{in}=\sum_{n=1}^{N}\sum_{i\in R_n}\delta_{in}(\boldsymbol{\theta}\mathbf{X}_{in}-\ln\sum_{j\in R_n}e^{\boldsymbol{\theta}\mathbf{X}_{jn}}) \tag{4-11}$$

可以证明式（4-11）的 $L$ 是关于 $\boldsymbol{\theta}$ 的凸函数。因此，$L$ 最大的极大似然估计值 $\hat{\boldsymbol{\theta}}$ 可以通过用 $\hat{\boldsymbol{\theta}}_k$ 对式（4-11）求导后设其为 0 求得。

（3）梯度向量和荷塞矩阵。文中称用 $\theta_k$ 对 $L$ 的微分得到的向量为梯度向量 $\nabla L$，即：

$$\nabla L=\begin{pmatrix}\partial L/\partial\theta_1\\ \cdots\cdots\\ \partial L/\partial\theta_k\\ \cdots\cdots\\ \partial L/\partial\theta_K\end{pmatrix}=\begin{pmatrix}\sum_{n=1}^{N}\sum_{i\in R_n}(\delta_{in}-P_{in})X_{in1}\\ \cdots\cdots\\ \sum_{n=1}^{N}\sum_{i\in R_n}(\delta_{in}-P_{in})X_{ink}\\ \cdots\cdots\\ \sum_{n=1}^{N}\sum_{i\in R_n}(\delta_{in}-P_{in})X_{inK}\end{pmatrix} \tag{4-12}$$

令上式 $\nabla L=0$ 即可求得 $L$ 最大的极大似然估计值 $\hat{\boldsymbol{\theta}}$，但该式几乎无法通过解析的方法求得结果，一般采用数值计算方法求解，常用的是牛顿-拉普松法（Newton-Raphson，NR），因此需要计算荷塞矩阵，表示如下：

$$\nabla^2 L=\begin{pmatrix}\partial^2 L/\partial\theta_1^2 & \cdots\cdots & \partial^2 L/\partial\theta_K\partial\theta_1\\ \cdots\cdots & \partial^2 L/\partial\theta_k\partial\theta_l & \cdots\cdots\\ \partial^2 L/\partial\theta_1\partial\theta_K & \cdots\cdots & \partial^2 L/\partial\theta_K^2\end{pmatrix}=\begin{pmatrix}\Lambda_{11} & \cdots\cdots & \Lambda_{1K}\\ \cdots\cdots & \Lambda_{kl} & \cdots\cdots\\ \Lambda_{K1} & \cdots\cdots & \Lambda_{KK}\end{pmatrix} \tag{4-13}$$

其中，$\Lambda_{11}=-\sum_{n=1}^{N}\sum_{i\in R_n}P_{in}(X_{in1}-\sum_{j\in R_n}X_{jn1}P_{jn})^2$；

$$\Lambda_{KK}=-\sum_{n=1}^{N}\sum_{i\in R_n}P_{in}(X_{inK}-\sum_{j\in R_n}X_{jnK}P_{jn})^2$$

$$\Lambda_{1K}=\Lambda_{K1}=-\sum_{n=1}^{N}\sum_{i\in R_n}P_{in}(X_{ink}-\sum_{j\in R_n}X_{jn1}P_{jn})(X_{inK}-\sum_{j\in R_n}X_{jnK}P_{jn})$$

$$\Lambda_{kl}=-\sum_{n=1}^{N}\sum_{i\in R_n}P_{in}(X_{ink}-\sum_{j\in R_n}X_{jn1}P_{jn})(X_{inl}-\sum_{j\in R_n}X_{jnl}P_{jn})$$

（4）估计参数。NR 方法是一个逐渐逼近$\boldsymbol{\theta}$的方法，其一般步骤如下：

步骤 1：设初始值$\boldsymbol{\theta}^{(0)}=[0,0,...,0]'$；计算次数$m=0$；并设$\mu_1=10^{-4}$，$\mu_2=10^{-2}$用于检验参数估计精度；

步骤 2：求出$\boldsymbol{\theta}^{(0)}=0$时$\nabla L$的值$\nabla L(\boldsymbol{\theta}^{(0)})$，并将点$(\boldsymbol{\theta}^{(0)},\nabla L(\boldsymbol{\theta}^{(0)}))$作为$A^{(0)}$；

步骤 3：根据公式（4-14）求出$\nabla L$在点$A^{(0)}$处的切线方程式，其中$(\nabla^2 L(\boldsymbol{\theta}^{(m)}))^{-1}$即为将$\boldsymbol{\theta}^{(m)}$代入公式（4-13）后的逆行列式；

$$\boldsymbol{\theta}^{(m+1)}=\boldsymbol{\theta}^{(m)}-(\nabla^2 L(\boldsymbol{\theta}^{(m)}))^{-1}\nabla L(\boldsymbol{\theta}^{(m)}) \tag{4-14}$$

步骤 4：求出上式与$\theta$轴的交点值$\boldsymbol{\theta}^{(m+1)}$；

步骤 5：检验式（4-15）与（4-16）是否成立。若两式同时成立，则认为$\boldsymbol{\theta}^{(m)}$即是$\boldsymbol{\theta}$的近似解，计算停止；否则，令$m=m+1$，返回步骤 3。

$$\frac{1}{K}\left\{\sum_{k=1}^{K}(\theta_k^{(m+1)}-\theta_k^{(m)})^2\right\}^{1/2}<\mu_1 \tag{4-15}$$

$$\frac{\theta_k^{(m+1)}-\theta_k^{(m)}}{\theta_k^{(m)}}<\mu_2 \tag{4-16}$$

通过上述方法，即可求得满足精度要求的$\boldsymbol{\theta}$的估计值$\hat{\boldsymbol{\theta}}$。

（5）计算方差协方差矩阵。由极大似然估计法获得参数的估计值后，需要分析这些估计值的精度，而方差协方差矩阵的计算则是为计算用于检验估计值精度的统计量做铺垫。

已有研究[140,141]证明：当样本数$N$足够大时，统计量$\hat{\boldsymbol{\theta}}$趋向于服从正态分布$N\sim(\boldsymbol{\theta},E\left[-\nabla^2 L(\hat{\boldsymbol{\theta}})\right]^{-1})$，其方差协方差矩阵$V(\hat{\boldsymbol{\theta}})$的形式为$E\left[-\nabla^2 L(\hat{\boldsymbol{\theta}})\right]^{-1}$，定义为：

$$V(\hat{\boldsymbol{\theta}})=\begin{pmatrix} E(\hat{\theta}_1-\theta_1)^2 & \cdots & E(\hat{\theta}_1-\theta_1)(\hat{\theta}_K-\theta_K) \\ \cdots & E(\hat{\theta}_k-\theta_k)(\hat{\theta}_l-\theta_l) & \cdots \\ E(\hat{\theta}_1-\theta_1)(\hat{\theta}_K-\theta_K) & \cdots & E(\hat{\theta}_K-\theta_K)^2 \end{pmatrix} \tag{4-17}$$

（6）计算$t$值并进行$t$检验。判断模型中的影响因素是否对选择概率产生显著影响，可以通过$t$值检验来确定。$t$值由式（4-18）计算：

$$t_k=\hat{\theta}_k\Big/\sqrt{v_k} \tag{4-18}$$

其中，$\hat{\theta}_k$是第$k$个变量所对应的参数$\theta_k$的估计值；$v_k$是公式（4-17）中的第$k$个对角元素。

当$|t|>1.65(1.96或2.576)$时，在 90%（95%或 99%）的可靠性水平上认为对应

的变量 $X_{ink}$ 对选择概率产生影响；否则，认为变量 $X_{ink}$ 对选择概率不产生影响，应从影响因素中剔除，并重新进行参数估计。

（7）计算优度比。优度比 $\rho^2$（McFadden 决定系数）是用来判断模型是否满足精度要求的统计量，可以通过式（4-19）来计算，而且 $\rho^2$ 的值介于 0 和 1 之间，其值越接近于 1，表示模型的精度越高。在实践中，$\rho^2$ 的值达到 0.2～0.4 时，即可认为模型的精度相当高。

$$\rho^2 = 1 - \frac{L(\hat{\boldsymbol{\theta}})}{L(0)} \tag{4-19}$$

## 4.4 多车型的高速公路路径选择行为分析

本书采用 MNL[160]模型描述高速公路不同车型驾驶员的出行路径选择行为。具体计算公式如下：

$$p_{rs,m}^{k,i} = \frac{exp(V_{rs,m}^{k,i})}{\sum_{m' \in M_{rs}} exp(V_{rs,m'}^{k,i})} = \frac{exp(-\theta C_{rs,m}^{k,i})}{\sum_{m' \in M_{rs}} exp(-\theta C_{rs,m'}^{k,i})} \tag{4-20}$$

式中：$p_{rs,m}^{k,i}$ 代表第 $i$ 类车第 $k$ 种车型选择 OD 对 $(r,s)$ 间路径 $m$ 的概率；$M_{rs}$ 代表 OD 对 $(r,s)$ 间路径集合；$V_{rs,m}^{k,i}$ 代表第 $i$ 类车第 $k$ 种车型选择 OD 对 $(r,s)$ 间路径 $m$ 的效用函数；$m$ 代表 OD 对 $(r,s)$ 间路径第 $m$ 条路径；$C_{rs,m}^{k,i}$ 代表第 $i$ 类车第 $k$ 种车型 OD 对 $(r,s)$ 间选择路径 $m$ 的广义费用函数；$\theta$ 为尺度系数，取值为 1。

考虑模型的复杂性、可操作性及解决问题的实际性，本书仅考虑出行时间、燃油费用、出行距离（短/长途）等相关影响因素，构建客车驾驶员出行方案选择模型，其中出行距离为非连续变量，故考虑以 0－1 变量的形式置于 MNL 模型中；考虑出行时间、燃油费用、出行距离（短/长途）、货车载重（低/高载重）构建货车高速公路路径选择模型，其中货车载重、出行距离为非连续变量，故考虑以 0－1 变量的形式置于 MNL 模型中。

客车驾驶员选择出行路径时通常考虑出行时间、燃油费用、是否长途等影响因素。因此，将客车驾驶员广义费用函数表示为：

$$C_{rs,m}^{k,1} = (\beta_1 \sum_{e_{nj} \in E} t_{e_{nj},1}(x_{e_{nj}}) + \beta_2 \sum_{e_{nj} \in E} fuel_{e_{nj}}^{k,1})\delta_{rs,m}^{e_{nj}} + \beta_3 cc_{rs,m} \tag{4-21}$$

式中：$C_{rs,m}^{k,1}$ 代表客车第 $k$ 种车型 OD 对 $(r,s)$ 间选择路径 $m$ 的广义费用函数；$t_{e_{nj},1}(x_{e_{nj}})$ 代表路段 $e_{nj}$ 上客车出行时间(h)，采用美国联邦公路局的 BPR 函数进行计算；$x_{e_{nj}}$ 代表路段 $e_{nj}$ 统计期内初始流量；$fuel_{e_{nj}}^{k,1}$ 代表客车第 $k$ 种车型在路段 $e_{nj}$ 上的燃油费用（百元）；$cc_{rs,m}$ 代表客车第 $k$ 种车型出行场景，本书设出行距离大于 400km 则取 1，否则取 0，这是由于道路交通安全法规定日间连续驾驶不得超过 4 小时，按行驶时速 100km/h 计算，因此将长途距离设为 400km；$\beta_1, \beta_2, \beta_3$ 代表各变量的标定系数，最终取值分别为 6.1061、5.7206、–1.9806，单位分别为 $h^{-1}$、百元$^{-1}$，详见表 4-4。

表 4-4　客车驾驶员路径选择行为模型参数标定结果

Table 4-4　Parameters estimation results of cars route chioce model

| 变量类型 | 变量（单位） | 标定结果 | $t$ 值 |
|---|---|---|---|
| 选择方案特性 | 出行时间（h） | –6.1061 | –1.927 |
| | 燃油费用（百元） | –5.7206 | –3.746 |
| 其他特性 | 是否长途 | 1.9806 | 13.665 |
| | $L(\theta)$ | –823.332 | |
| | $L(0)$ | –1048.04 | |
| | $\rho^2$ | 0.214 | |
| | 样本量 | 1514 | |

货车驾驶员选择出行路径时通常考虑出行时间、燃油费用、载重、是否长途等四个因素，其广义费用函数为：

$$C_{rs,m}^{k,2} = (\partial_1 \sum_{e_{nj} \in E} t_{e_{nj},2}(x_{e_{nj}}) + \partial_2 \sum_{e_{nj} \in E} fuel_{e_{nj}}^{k,2})\delta_{rs,m}^{e_{nj}} + \partial_3 zz^{k,2} + \partial_4 cc_{rs,m} \tag{4-22}$$

式中：$C_{rs,m}^{k,2}$ 代表货车第 $k$ 种车型选择 OD 对间 $(r,s)$ 路径 $m$ 的广义费用函数；$t_{e_{nj},2}(x_{e_{nj}})$ 代表货车在路段 $e_{nj}$ 上的出行时间$(h)$，相关交通法规定在高速公路上客、货车行驶速度应不大于 120km/h 和 100km/h，因此本书取客车自由流时间与 0.85 的比值作为货车行驶时间；$fuel_{e_{nj}}^{k,2}$ 代表货车第 $k$ 种车型在路段 $e_{nj}$ 上的燃油费用（百元）；$zz^{k,2}$ 代表货车第 $k$ 种车型的载重，若>5 吨取 1，否则取 0；$\partial_1, \partial_2, \partial_3, \partial_4$ 代表各变量的标定系数，最终取值分别为 6.804、3.232、–0.7012、–0.7361，详见表 4-5。

为计算公式（4-21）、（4-22）中的燃油费用，本书参考文献[163]所提出的中观能耗模型进行计算，具体计算方法如下：

$$fuel_{e_{nj}}^{k,i} = \frac{\rho \cdot h_{e_{nj}}^{k,i} \cdot l_{e_{nj}}}{10000} \tag{4-23}$$

其中：

$$h_{e_{nj}}^{k,i}=\begin{cases}\dfrac{125.015}{v_{e_{nj},k}^{i}}-0.097v_{e_{nj},k}^{i}+9.220(v_{e_{nj},k}^{i})^{2}+7.056, & k=1,i=1\\ \dfrac{103.633}{v_{e_{nj},k}^{i}}-0.104v_{e_{nj},k}^{i}+8.560(v_{e_{nj},k}^{i})^{2}+6.168, & k=2,i=1;k=1,i=2\\ 0.659v_{e_{nj},k}^{i}+0.005(v_{e_{nj},k}^{i})^{2}+31.201, & k=2,i=2\end{cases} \tag{4-24}$$

$$v_{e_n,k}^{i}=\frac{l_{e_{nj}}}{t_{e_{nj},i}(x_{e_{nj}})} \tag{4-25}$$

式中：$\rho$ 代表单位能耗费用，本书取 7.2 元$\cdot kg^{-1}$；$h_{e_{nj}}^{k,i}$ 代表第 $i$ 类车第 $k$ 种车型在路段 $e_{nj}$ 上的能耗（kg/100km）；$v_{e_{nj},k}^{i}$ 代表第 $i$ 类车第 $k$ 种车型在路段 $e_{nj}$ 上的车速（km/h）。

表 4-5 货车驾驶员路径选择行为模型参数标定结果

Table 4-5 Parameters estimation results of trucks route choice model

| 变量类型 | 变量（单位） | 标定结果 | $t$ 值 |
|---|---|---|---|
| 选择方案特性 | 出行时间（h） | –6.8041 | –2.746 |
| | 燃油费用（百元） | –3.2317 | –5.680 |
| 其他特性变量 | 车辆载重 | 0.7012 | 3.238 |
| | 是否长途 | 0.7361 | 4.272 |
| | $L(\theta)$ | –713.0788 | |
| | $L(0)$ | –914.954 | |
| | $\rho^2$ | 0.221 | |
| | 样本量 | 1320 | |

结合 SP 问卷调查数据，利用最大似然法在 GAUSS 软件中对不同车型的高速公路路径选择 MNL 模型进行参数标定，并基于 $t$ 值检验和拟合优度比检验的方法逐步去除部分变量，确定模型的最终结果，如表 4-2、表 4-3 所示。所有变量的系数符号均与其物理意义相符，模型中各变量的 $t$ 值的绝对值均大于 1.96，即有 95% 的把握认为各参数估计值可信，调整的拟合优度比均大于 0.2，满足检验要求。

根据表 4-2 模型的标定结果可知，出行时间、燃油费用是影响客车驾驶员高速公路路径选择行为的重要因素。该模型中，燃油费用和出行时间的系数均为负值，说明驾驶员更倾向于选择耗时短且花费少的高速公路路径出行；是否长途出行哑元的系数大于 0，则说明当客车驾驶员在长途出行时，其往往会倾向选择燃油费用较少的路径。

根据表 4-3 模型的标定结果可知，燃油费用和出行时间是影响货车高速公路路径选择行为的重要因素。该模型中，燃油费用和出行时间的系数均为负值，说明驾驶员更偏向选择耗时短且花费少的路径出行。车辆载重与是否长途出行同样也是影响货车路径选择行为的重要因素。该模型中，车辆载重哑元和是否长途出行哑元的系数均大于 0，说明当驾驶员进行高载重货物运输或者驾驶员是长途运输货物时，其往往会选择燃油费用较少的路径，这可能因其考虑运输成本和效益所致。

# 4.5 交通量分配算法

## 4.5.1 交通量分配算法

为获得高速公路运输需求网络特性模型中的相关参数，利用 4.4 节高速公路不同车型的驾驶员出行路径选择模型进行交通分配，如图 4-10 所示。具体的高速公路网交通量加载步骤如下：

步骤 1：初始化。初始化路网拓扑结构数据（包括路段的端点及其连接关系、路段长度、自由流时间和通行能力），令时间段 $b=0$ ，且该时段内路段 $e_{nj}$ 上第 $i$ 类车第 $k$ 种车型的初始交通量 $q_{e_{nj}}^{k,i}(T_b)=0$ 。

步骤 2：利用 BPR 函数计算用于第 $T_{b+1}$ 统计周期交通分配的第 $i$ 类车型的路段出行时间 $t_{e_{nj}}^{i}(T_{b+1})$ 构造 OD 对间的有效路径集合，其中有效路径满足 $t_{rs,m}^{i}(T_{b+1}) \le \mu t_{rs,m}^{i^*}(T_{b+1})$， $t_{rs,m}^{i^*}(T_{b+1})$ 为节点对间最短时间路径， $\mu$ 为放大系数，本书参考文献[164]将有效路径长度不能大于最短路径的 $\mu$ 倍，本书该值取 1.3，本书采用 DOUBLE-sweep 算法。

步骤 3：根据公式（4-21）-公式（4-22）计算第 $T_{b+1}$ 个统计周期第 $i$ 类车第 $k$ 车型的 OD 对 $(r,s)$ 间效用 $C_{rs,m}^{k,i}(T_{b+1})$，进而求出路径选择概率 $p_{rs,m}^{k,i}(T_{b+1})$。

步骤 4: 根据下式将第 $T_{o+1}$ 个统计周期内 OD 对 $(r,s)$ 间第 $i$ 类车第 $k$ 种车型的交通量 $q_{rs,m}^{k,i}(T_{b+1})$ 执行一次 MNL 加载，获得各路径的交通量：

$$q_{rs,m}^{k,i}(T_{b+1}) = q_{rs}^{k,i}(T_{b+1}) \cdot p_{rs,m}^{k,i}(T_{b+1}) \tag{4-26}$$

式中：$q_{rs,m}^{k,i}(T_{b+1})$ 代表第 $T_{b+1}$ 个统计周期内第 $i$ 类车第 $k$ 种车型在 OD 对 $(r,s)$ 间

第 $m$ 条路径交通量；$q_{rs}^{k,i}(T_{b+1})$ 代表第 $T_{b+1}$ 个统计周期内第 $i$ 类车第 $k$ 车型 OD 对 $(r,s)$ 间交通量；$p_{rs,m}^{k,i}(T_{b+1})$ 代表第 $T_{b+1}$ 个统计周期内第 $i$ 类车第 $k$ 种车型在 OD 对 $(r,s)$ 间第 $m$ 条路径的路径选择概率。

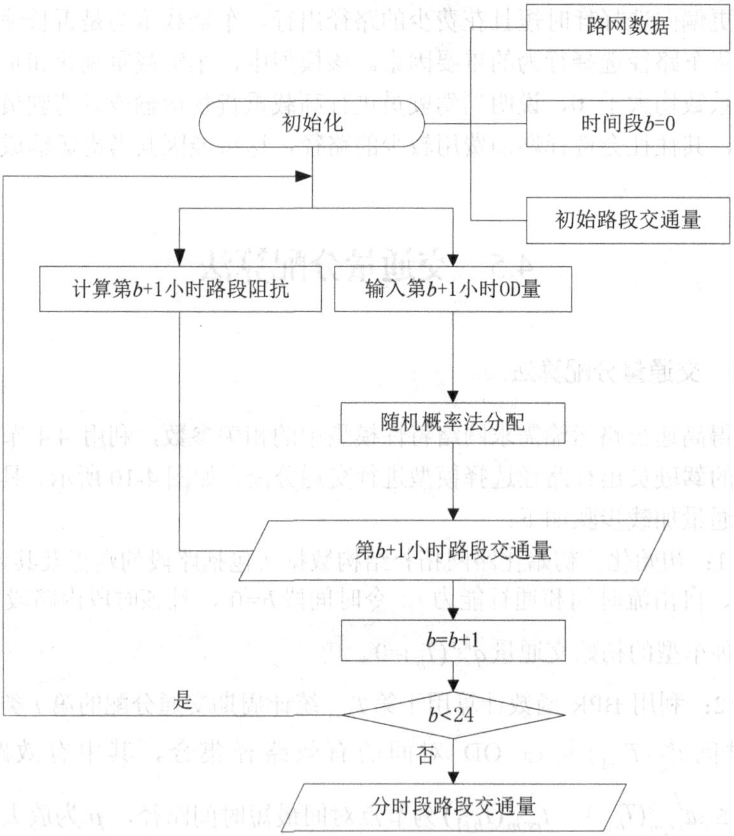


图 4-10 路网交通分配路线图

Figure 4-10 Flowchart of Traffic Assignment

步骤 5：根据路径流量 $q_{rs,m}^{k}(T_{b+1})$，计算第 $T_{b+1}$ 个统计周期内通过各路段的交通流量 $q_{e_{nj}}(T_{b+1})$：

$$q_{e_{nj}}(T_{b+1})=\sum_{r,s=1}^{N}\sum_{k,i=1}^{2}\sum_{b'=1}^{b+1}\tau_k^i q_{rs,m}^{k,i}(T_{b'})\xi_{rs,m}^{e_{nj}}\varsigma'(T_b) \quad (4\text{-}27)$$

式中：$q_{e_{nj}}(T_{b+1})$ 代表第 $T_{b+1}$ 个统计周期内经过路段 $e_{nj}$ 的流量。同时使时间段增加 1，即令 $b=b+1$。

步骤 6：判断一天 24 小时内的交通量是否全部加载完毕，即时间段 $b$ 是否小于 24，若 $b \geqslant 24$，则输出 24 小时内各路段交通量；否则转步骤 3。

步骤 7：输出 24 小时内各路段交通量，流量加载完毕。

### 4.5.2 有效路径集合

有效路径集合是驾驶员出行时可能会选择的所有路径的集合，其是高速公路交通分配的基础，本书利用 K 短路搜索算法中时间复杂度和空间复杂度相对较低、执行效率相对较高的 Double-sweep 算法[165]，分别求解每一 OD 对间高速公路中的前 $k$ 条时间最短路径。

在 Double-sweep 算法中，将起始节点 $r$ 到任意节点 $s$ 的 $k$ 条不同最短路的长度用一个 $k$ 维实数向量 $t_{rs} \in \mathrm{R}^k$ 表示，$R^k$ 中各元素均不相同且按升序排列：$t_{rs} = [t_{rs,1}, t_{rs,2}, t_{r3}, \cdots, t_{rs,N}]$，其中 $t_{rs,j}$ 表示从起始节点 $r$，$s$ 的第 $j$ 条最短路的时间。

首先，针对 $\forall a = [a_1, a_2, \cdots, a_k] \in R^k$，$\forall b = [b_1, b_2, \cdots, b_k] \in R^k$，定义如下基于 $R^k$ 的广义加法和乘法运算：

$$a + b = \min_k \{a_i, b_i \mid i = 1, 2, \cdots, k\} \tag{4-28}$$

$$a \times b = \min_k \{a_i + b_i \mid i = 1, 2, \cdots, k\} \tag{4-29}$$

为了使 $a+b$，$a \times b$ 中的元素按升序排列，基于以上定义，令 $t_{rs}{}^0 = [t^0_{rs,1}, t^0_{rs,2}, t^0_{rs,3}, \cdots, t^0_{rs,k}]$ 表示节点 $r$ 和节点 $s$ 之间最短的 $k$ 条联弧时间，如两节点间没有联弧相连，则令其中元素全部为 $\infty$，此外，任意节点与其自身之间以一条权重为 0 的联弧相连，则有矩阵：

$$T^0 = \{t^0_{rs}\} = \begin{bmatrix} t^0_{11} & t^0_{12} & \cdots & t^0_{1n} \\ t^0_{21} & t^0_{22} & \vdots & t^0_{2n} \\ \vdots & \vdots & \vdots & \vdots \\ \vdots & \vdots & \ddots & \vdots \\ t^0_{n1} & t^0_{n2} & \cdots & t^0_{nn} \end{bmatrix} \tag{4-30}$$

令 $L$ 表示 $T^0$ 的下三角部分，对于 $r < s$ 的部分，所有 $t^0_{ij}$ 的元素均以 $\infty$ 代替；令 $U$ 表示 $T^0$ 的上三角部分，对于 $i > j$ 的部分，所有 $t^0_{ij}$ 的元素均以 $\infty$ 代替。又令 $t_{rs}{}^* = [t^*_{rs,1}, t^*_{rs,2}, t^*_{rs,3}, \cdots, t^*_{rs,k}] \in \mathrm{R}^k$ 表示节点 $r$ 和节点 $s$ 之间最短的 $k$ 条路径时间。令 $T^*$ 表示矩阵 $\{t^*_{rs}\}$，其第 $r$ 行表示节点 $r$ 到各节点的 $k$ 条最短路径时间。

Double-sweep 算法以 $T^0$ 为初始矩阵，反复执行加法和求极小值的运算，经过

若干次迭代求得 $k$ 短路，具体步骤如下：

步骤 1：设置初始变量。除起始节点至其本身的最短路用 0 表示外，其余都可以用 $\infty$ 来表示，即 $t_1^{(0)}=\left(t_{11}^{(0)},t_{12}^{(0)},\ldots,t_{1N}^{(0)}\right)=((0,\infty,\ldots),(\infty,\infty,\ldots),\ldots,(\infty,\infty,\ldots))$

步骤 2：进行后向扫视过程。将奇数次迭代作为后向扫视，迭代次数用 $m$ 表示。后向扫视过程可表示为 $t_s^{(2m+1)}=t_s^{(2m+1)}\times L+t_s^{(2m)}$，令 $\overline{V}=(\infty,\infty,\ldots,\infty)$，则后向扫除公式可分解为：

$$\left(t_{11}^{(2r+1)},t_{12}^{(2r+1)},\ldots,t_{1N}^{(2r+1)}\right)=\left(t_{11}^{(2r)},t_{12}^{(2r)},\ldots,t_{1N}^{(2r)}\right)+\left(t_{11}^{(2r+1)},t_{12}^{(2r+1)},\ldots,t_{1N}^{(2r+1)}\right)\begin{pmatrix}\overline{V} & \overline{V} & \ldots & \overline{V}\\ t_{21}^{0} & \overline{V} & \ldots & \overline{V}\\ \ldots & \ldots & \ldots & \ldots\\ t_{N1}^{0} & t_{N2}^{0} & \ldots & \overline{V}\end{pmatrix} \tag{4-31}$$

因 $L$ 的第 n 列全部为 $\infty$，故有 $t_{s,n}^{2m+1}=t_{s,n}^{2m}$，然后一次计算 $t_{s,1}^{2m+1},t_{s,2}^{2m+1},\ldots,t_{s,n-1}^{2m+1}$。而 $L$ 的第 n-1 列的元素中除第 n 行外均为 $\infty$，因此 $t_{s,n-1}^{2m+1}=t_{s,n}^{2m+1}\times L_{n-1,n}+t_{s,n-1}^{2m}$。

步骤 3：进行前向扫视过程。将偶数次迭代作为前向扫视，扫视过程可表示为 $t_s^{(2m+2)}=t_s^{(2m+2)}\times U+t_s^{(2m+1)}$，其公式可分解为：

$$\left(t_{11}^{(2r+2)},t_{12}^{(2r+2)},\ldots,t_{1N}^{(2r+2)}\right)=\left(t_{11}^{(2r+1)},t_{12}^{(2r+1)},\ldots,t_{1N}^{(2r+1)}\right)+\left(t_{11}^{(2r+2)},t_{12}^{(2r+2)},\ldots,t_{1N}^{(2r+2)}\right)\begin{pmatrix}\overline{V} & t_{12}^{0} & \ldots & t_{1N}^{0}\\ \overline{V} & \overline{V} & \ldots & t_{2N}^{0}\\ \ldots & \ldots & \ldots & \ldots\\ \overline{V} & \overline{V} & \ldots & \overline{V}\end{pmatrix} \tag{4-32}$$

根据 U 的特点，计算 $t_s^{2m+2}$ 中的元素时需要先计算 $t_{11}^{2m+2}$，然后依次计算 $t_{12}^{2m+2},t_{13}^{2m+2}\ldots$。由此可知前向扫视与后向扫视的区别在于：前者从 $t_{s,1}^{2m+2}$ 开始计算，而后者从 $t_{s,n}^{2m+1}$ 开始计算。

步骤 4：判断 $t_s^l$ 是否等于 $t_s^{l+1}$，若 $t_s^l\neq t_s^{l+1}$，则返回步骤 2；否则，执行步骤 5；

步骤 5：输出节点 $r$ 至其他节点的 $k$ 短时间路径及其出行时间，算法终止。

然后，从上述 $k$ 条时间最短高速路径中，删除不满足条件的路径，即根据式（4-33）来判断高速公路路径的有效性。其中，$\mu$ 取值为 1.3。

$$t_{rs,m}^{i}\leqslant \mu t_{rs,m}^{i} \tag{4-33}$$

## 4.6 实例分析

通过 4.5 节的方法对山东省高速公路交通量进行加载后，部分时段高速公路路段当量交通量及负荷度见表4-6、表4-7。通过对比分析，09:00-10:00、17:00-18:00时段路网上各路段交通量、负荷度明显要高于05:00-06:00、23:00-24:00时段。

表4-6 山东省高速公路部分时段当量交通量

Table 4-6 Freeway traffic voloume at some times in Shandong

| 路段编号 | 标准小客车当量 | | | |
|---|---|---|---|---|
| | 05:00-06:00 | 09:00-10:00 | 17:00-18:00 | 23:00-24:00 |
| 1 | 157 | 719 | 538 | 160 |
| 2 | 194 | 735 | 649 | 395 |
| 3 | 211 | 757 | 659 | 408 |
| 4 | 210 | 773 | 698 | 393 |
| 5 | 211 | 754 | 684 | 395 |
| 6 | 329 | 866 | 887 | 459 |
| 7 | 322 | 811 | 868 | 455 |
| 8 | 253 | 681 | 790 | 389 |
| 9 | 264 | 701 | 772 | 389 |
| 10 | 520 | 1304 | 1471 | 780 |
| 11 | 454 | 1205 | 1408 | 717 |
| 12 | 382 | 929 | 1186 | 695 |
| 13 | 349 | 744 | 1035 | 663 |
| 14 | 333 | 620 | 843 | 637 |
| 15 | 1120 | 1741 | 1967 | 1943 |
| … | … | … | … | … |
| … | … | … | … | … |
| … | … | … | … | … |
| … | … | … | … | … |
| 734 | 2 | 55 | 48 | 14 |
| 735 | 0 | 22 | 2 | 4 |
| 736 | 8 | 182 | 53 | 13 |
| 737 | 133 | 912 | 531 | 97 |
| 738 | 154 | 886 | 569 | 118 |

表 4-7 山东省高速公路部分时段饱和度
Table 4-7 Freeway traffic V/C at some times in Shandong

| 路段编号 | 标准小客车当量 | | | |
|---|---|---|---|---|
| | 05:00-06:00 | 09:00-10:00 | 17:00-18:00 | 23:00-24:00 |
| 1 | 0.04 | 0.17 | 0.13 | 0.04 |
| 2 | 0.05 | 0.17 | 0.15 | 0.09 |
| 3 | 0.05 | 0.18 | 0.16 | 0.10 |
| 4 | 0.05 | 0.18 | 0.17 | 0.09 |
| 5 | 0.05 | 0.18 | 0.16 | 0.09 |
| 6 | 0.08 | 0.21 | 0.21 | 0.11 |
| 7 | 0.08 | 0.19 | 0.21 | 0.11 |
| 8 | 0.06 | 0.16 | 0.19 | 0.09 |
| 9 | 0.06 | 0.17 | 0.18 | 0.09 |
| 10 | 0.12 | 0.31 | 0.35 | 0.19 |
| 11 | 0.11 | 0.29 | 0.34 | 0.17 |
| 12 | 0.09 | 0.22 | 0.28 | 0.17 |
| 13 | 0.12 | 0.27 | 0.37 | 0.24 |
| 14 | 0.12 | 0.22 | 0.30 | 0.23 |
| 15 | 0.40 | 0.62 | 0.70 | 0.69 |
| … | … | … | … | … |
| … | … | … | … | … |
| … | … | … | … | … |
| … | … | … | … | … |
| 734 | 0.00 | 0.02 | 0.02 | 0.01 |
| 735 | 0.00 | 0.01 | 0.00 | 0.00 |
| 736 | 0.00 | 0.04 | 0.02 | 0.00 |
| 737 | 0.04 | 0.11 | 0.15 | 0.03 |
| 738 | 0.04 | 0.13 | 0.16 | 0.03 |

# 第5章 高速公路网络运营风险评估研究

作为复杂、动态、随机的系统，高速公路网安全畅通水平是多要素相互作用、相互影响的结果。本章基于复杂网络理论，从不均衡性和脆弱性两方面构建高速公路运营路网风险评估指标体系。同时，针对高速公路网络运营风险评估指标多、维数高、指标权重的不确定性等特点，将解决高维问题的投影寻踪动态聚类方法用于高速公路运营风险的评估，以求得最终的高速公路网络运营风险评估状况和风险等级。

## 5.1 高速公路网络运营风险评估指标体系的构建

（1）构建的原则。高速公路网运营风险监测分析是一个复杂的系统工程，其中涉及交通流运行状况、道路交通安全状态、交通拥堵状态等诸多方面，且这些方面是相互作用、相互影响、相互渗透的。交通数据分析是从大量的实际交通数据中，提取具有潜在价值的交通信息的过程，交通信息通过交通指标反映。要正确全面地评价高速公路网运营安全状况，需要科学合理地选择评价指标。总体来说，建立高速公路网运行监测分析指标体系应遵循以下原则：

1）科学性原则。高速公路网运营风险监测分析指标体系是由若干个单项指标组成的整体。指标体系一定要建立在科学基础上，指标的概念要明确，并有一定的科学内涵，能够度量和反映公路网的运行状况或者影响。指标体系中的各个指标以及所涉及的各种交通参数的概念、符号、公式的表达应力求准确无误，达到概念明确、计算方法标准规范的要求。且各指标应相对独立，各项指标不能重复，更不能出现等价指标。因为重复、等价指标会加大指标体系的容量，同时会影响指标抽取。

2）实用性、可操作性原则。高速公路网运营风险监测分析指标体系要具有良好的实用性、可行性和操作性。在选取指标过程中考虑所需要的信息是否能够得到，且尽量运用较为容易量化的指标，从监测数据中能够直接计算得到。

3）完备性原则。高速公路网运营风险监测分析指标体系是指标的有机结合，具有自身的系统性，指标选取时要全面。

4）客观可信性原则。统计分析的目的之一是决策，高速公路网运营风险监测分析指标体系作为研究的对象，必须客观、可信，这样才具有科学性。

（2）指标体系的构建。根据现有的研究，高速公路运输需求网络是一个由节点和路段相互作用、相互影响、相互依赖构成的系统。本书将高速公路网络运营风险定义为：受交通量发生急剧变化等异常事件影响，导致高速公路网络整体运营效能受影响的可能性。目前，复杂高速公路网络风险评估研究主要围绕网路自适应性和脆弱性等开展研究。其中：网路自适应性表示网络系统受外部环境干扰后，系统内部自发的由无序向有序转化的能力，反映网络微观组成单元节点和路段属性分布的不均匀程度，体现网路适应外部变化的能力。网路脆弱性表示网络系统受外部环境干扰后，网络连通性及提供能力的敏感程度，路网脆弱性越高，路网运营风险越高。因此，本书主要从不均衡性和脆弱性两个方面进行量化高速公路网络风险，具体的评估指标体系详见图 5-1。

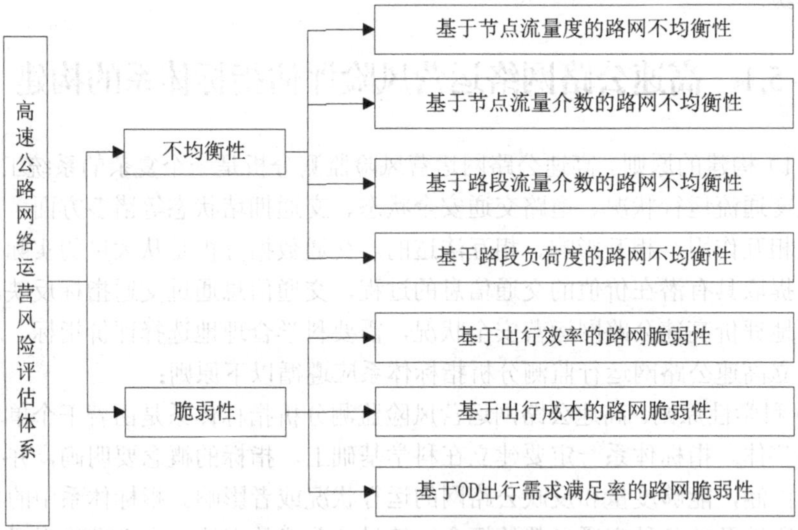


图 5-1 高速公路网络运营风险评估指标体系

Figure 5-1 Operation risk evaluation index of freeway network

## 5.2 高速公路网络运营风险特性分析

### 5.2.1 路网不均衡性

路网不均衡性是指路网中微观组成单元节点和路段属性分布的不均匀程度。路网不均衡性越高，会导致路网异质性越高，自适应性越弱，面对突发事件时路网的抗风险能力越差。本书借助洛伦兹曲线和基尼系数理论分析高速公路运输需求网络的不均衡性。

5.2.1.1 基尼系数理论概述

（1）洛伦兹曲线和基尼系数。洛伦兹曲线和基尼系数作为均衡性分析的有效方法，是 20 世纪初由美国经济、统计学家洛伦兹（Lorenz）提出的，主要利用累计百分数曲线，量化财富收入分配间的不均衡程度。洛伦兹曲线的弧度越小，基尼系数也越小，即收入分配趋向平等，反之则趋于不平等。基尼系数是 20 世纪初意大利经济学家基尼（Gini）[166]，根据洛伦兹曲线提出的表征均衡程度的量化指标，它能够很好地刻画收入分配的不均衡性，数值范围在 0～1 之间，如图 5-2 所示。1921 年，意大利经济学家基尼在洛伦兹曲线的基础上提出基尼系数，用于判断收入分配公平程度，其数值在 0 和 1 之间，是国际上用来综合考察居民内部收入分配差异状况的一个重要分析指标。0 代表绝对平均，而 1 代表绝对不平均，但这两种情况只出现在理论上，通常把 0.4 作为收入分配差距的“警戒线”。

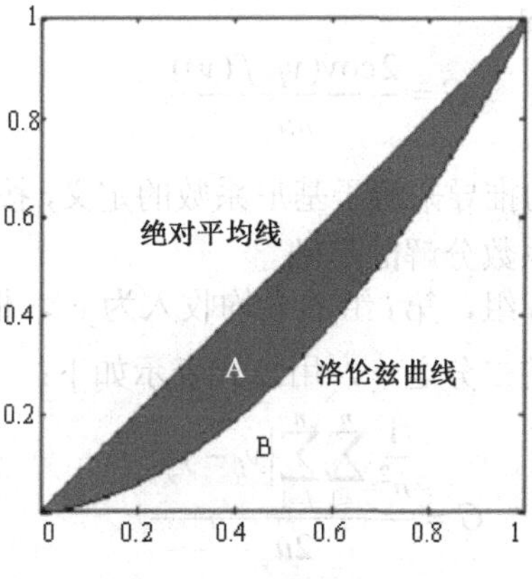


图 5-2 洛伦兹曲线

Figure 5-2 Lorenz curve

（2）基尼系数的计算方法。目前，公认的方法有以下几种：几何方法、基尼系数平均差法、协方差法、矩阵法。

1）几何方法。目前计算基尼系数的常用方法是用洛伦兹曲线与绝对公平线围成的面积 $A$ 占绝对公平线和绝对不公平线之间面积 $(A+B)$ 的比重来表示，如图 5-2 所示。可以用 $G$ 来表示，计算公式表示为：

$$G=\frac{A}{A+B}=1\text{-}2\int_0^1 f(x)dx \tag{5-1}$$

式中：$f(x)$ 为洛伦兹曲线方程，$G$ 为基尼系数，该值越大则财富分配越不平均，反之则越平均，本书主要采用该方法进行计算。

2）基尼平均差法。基尼平均差法的原理是基尼系数等于收入相对平均差的一半。当数据为离散时，计算公式如下：

$$G=\frac{1}{n^2u_y}\sum_{i=1}^{n}\sum_{j\le i}(y_i-y_j)=\frac{1}{n^2u_y}\sum_{i=1}^{n}(iy-\sum_{j=1}^{i}y_i) \tag{5-2}$$

当数据为连续情况下时，计算公式如下：

$$G=1-\frac{1}{u_y}\int_a[1-F(y)]^2dy \tag{5-3}$$

3）协方差法。协方差法的计算原理是基尼系数可以表示为变量及其系数的协方差，此种方法可以通过常用软件包中的协方差的计算程序实现计算。离散情况下的公式为：

$$G=\frac{2\operatorname{cov}(y_i,i)}{nu_y}=\frac{2}{n^2u_y}\sum_{1}^{n}iy_i-\frac{n+1}{n} \tag{5-4}$$

连续情况下的公式为：

$$G=\frac{2\operatorname{cov}(y_i,f(y))}{nu_y} \tag{5-5}$$

4）矩阵法。矩阵法的推导来源于基尼系数的定义，按人群分组计算的矩阵法，此种方法可以作为基尼系数分解的基础。

假设将人群等分为$n$组，第$i$组的人均收入为$y_i$，根据基尼系数的定义，基尼系数等于相对平均差的二分之一，用公式表示如下：

$$G=\frac{\frac{1}{n^2}\sum_{i=1}^{n}\sum_{j=1}^{n}\left|y_i-y_j\right|}{2u_y} \tag{5-6}$$

其中$u_y$为收入值，大小等于将上式变形为：

$$\sum_{i=1}^{n}\sum_{j=1}^{n}\left|y_i-y_j\right|=2\sum_{i=1}^{n}\sum_{j=1}^{n}\max(0,y_i-y_j) \tag{5-7}$$

于是有：

$$G=\frac{\frac{1}{n^2}\sum_{i=1}^{n}\sum_{j=1}^{n}\max(0,y_i-y_j)}{u_y} \tag{5-8}$$

假设存在这样一个模型，每个个体都能与别人的收入比大小，如果别人的收入比自己高，则保留别人的收入；如果自己的收入比别人高，那么保留自己的。对个体$y_j$来说，其期望盈余为：

$$EG(y_j)=\frac{1}{n}\sum_{i=1}^{n}\max(0,y_j-y_i) \quad (5\text{-}9)$$

如果对所有个体的期望盈余进行平均，可以得到平均期望盈余 $AEG$:

$$AEG(y)=\frac{1}{n^2}\sum_{i=1}^{n}\sum_{j=1}^{n}\max(0,y_j-y_i) \quad (5\text{-}10)$$

上式中等号右边的式子正好是分子的形式，如果要把总体中的人分为个子群体，可以采用如下形式：

$$\sum_{i=1}^{k}\sum_{j=1}^{k}E(gain/i,j)pr(i,j) \quad (5\text{-}11)$$

其中，$i, j$ 表示在人群组中的一个个体与 $j$ 人群组中的所有个体进行上述收入大小比较，$E(gain/i,j)$ 是 $i$ 人群组中的所有个体与 $j$ 人群组中的所有个体进行比较后的平均期望盈余 $pr(i,j)$，是人群组中的人数占总人数的比重。

将写出矩阵形式，可以得到：

$$G=(mp)^{-1}pE_p \quad (5\text{-}12)$$

其中，$m$ 为 $k$ 维收入列向量，$p$ 为 $k$ 维人口比例列向量，$mp$ 为总人口的人均收入，$E$ 为 $k\times k$ 阶矩阵，其中元素 $E_{ij}$ 的值由 $E(gain/i,j)$ 决定。

（2）在高速公路网不均衡性中的适用性分析。目前，国内外学者在公路网不均衡性方面开展了不少研究，文献[167-169]考虑出行时间、行程时间、占有率等因素，从微观层面分析了高速公路时空分布不均衡性，文献[170]分析了高速公路单一路段或路线的交通量时空分布不均衡性。基尼系数作为资源配置非均衡性评估的重要指标，在公路网领域主要应用于路网结构布局的不均衡性评估[171]，其适用性体现在以下方面：

1）基尼系数可以研究资源配置的非均衡性。基尼系数理论作为经济学的重要基础理论，虽然是研究居民收入分配的均衡程度，但其实质是研究资源配置的非均衡程度，是对调查对象对等状态偏离程度的测定，是一个无量纲指标。因此，借鉴基尼系数理论研究高速公路网不均衡性在理论方法上可行。

2）高速公路交通量时空分布表现出不均衡性。作为综合交通运输体系的重要组成部分，高速公路在促进区域经济社会发展发挥着重要作用，有效提高了人流、物流、商务流的流通速度，提高了运输效率、降低了运输成本，促进了产业发展和资源开发、增加了就业机会等。但是，由于高速公路建设的成本高、区域间经济发展水平、筹融资模式等的差异，造成了我国高速公路布局和流量分布的不均衡性。

3）已有学者将基尼系数理论应用于交通运输领域的不均衡性。目前，国内学者林炜等[172]基于基尼系数理论，依托公路网面积密度、公路运输密度等指标分析了公路网分布均衡性；房晋源[173]借助于基尼系数理论，从效率性和公平性角度选取运输密度、车辆有效率等相关指标对中小城市公交线网布局均衡性进行评价；于江霞[174]利用基尼系数分别计算公路交通和经济发展的空间分布情况、区域差异及其变化趋势。

由于受建设成本、区域间经济发展水平、道路通行能力、路网拓扑结构等因素影响，高速公路在实际运营中呈现出流量分布的不均匀性，影响了路网整体效能的发挥。本书充分借鉴洛伦兹曲线和基尼系数的基本原理，研究高速公路网不均衡性。

5.2.1.2 路网不均衡性分析

基于上述研究，结合第 3 章的高速公路运输需求网络特性分析，本书基于节点流量度、节点流量介数、路段流量介数、路段负荷度等节点和路段属性进行路网不均衡性研究。

（1）基于节点流量度的路网不均衡性。基于节点流量度的路网不均衡性是通过分析不同时段内节点流量度的分布情况，描述第 $T_b$ 个统计周期内高速公路网节点发挥重要的差异性程度。节点流量度差距越小，路网中不同节点发挥的运输重要性差异越小，路网也就越均衡。参考文献[175,176]中基尼系数的计算过程，本书基于节点流量度的路网不均衡性的具体计算方法：

$$Gini_{fd}(T_b)=1-\frac{1}{N}\sum_{n'=1}^{N}(2\sum_{n=1}^{n'}pfd_n(T_b)-pfd_{n'}(T_b)) \tag{5-13}$$

其中：

$$pfd_n(T_o)=\frac{fd_n(T_b)}{\sum\limits_{n'=1}^{N}fd_{n'}(T_b)} \tag{5-14}$$

式中：$Gini_{fd}(T_b)$ 代表第 $T_b$ 个统计周期基于节点流量度的基尼系数；$pfd_n(T_o)$ 代表第 $T_b$ 个统计周期节点 $n$ 流量度 $fd_n(T_b)$ 的占比；$N$ 代表路网中节点个数。

（2）基于节点流量介数的路网不均衡性。基于节点流量介数的路网不均衡性主要通过分析不同时段节点流量介数的分布情况，描述路网不均衡性，节点流量介数分布越不均衡，路网在节点上的流量负载分布也就越不均衡，路网越不均衡。具体计算方法：

$$Gini_{nfb}(T_b)=1-\frac{1}{N}\sum_{n'=1}^{N}(2\sum_{n=1}^{n'}pnfb_n(T_b)-pnfb_{n'}(T_b)) \tag{5-15}$$

其中：

$$pnfb_n(T_o)=\frac{fb_n(T_b)}{\sum_{n'=1}^{N} fb_{n'}(T_b)} \tag{5-16}$$

式中：$Gini_{nfb}$ 代表第 $T_b$ 个统计周期基于节点流量介数的基尼系数；$pnfb_h(T_b)$ 代表第 $T_b$ 个统计周期节点 $n$ 流量介数 $nfb_{T_b}(h)$ 的占比。

（3）基于路段流量介数的路网不均衡性。基于路段流量介数的路网不均衡性主要通过分析路网中路段流量介数的分布情况，分析高速公路运输需求网络的不均衡性，路段流量介数差异性越大，交通流量的空间分布越不均衡，路网越不均衡。具体计算方法：

$$Gini_{efb}(T_b)=1-\frac{1}{B}\sum_{e_{nj}=1}^{B}(2\sum_{e_{nj}=1}^{e_{nj}} pefb_{e_{nj}}(T_b)-pefb_{e_{nj}}(T_b)) \tag{5-17}$$

其中：

$$pefb_{e_{nj}}(T_b)=\frac{fb_{e_{nj}}(T_b)}{\sum_{e_{nj}=1}^{N} fb_{e_{nj}}(T_b)} \tag{5-18}$$

式中：$Gini_{efb}$ 代表第 $T_b$ 个统计周期基于路段流量介数的基尼系数；$pefb_{e_{nj}}(T_b)$ 代表第 $T_b$ 个统计周期路段 $e_{nj}$ 的流量介数 $fb_{e_{nj}}(T_b)$ 的占比，$B$ 代表路网中路段个数。

（4）基于路段负荷度的路网不均衡性。基于路段负荷度的路网不均衡性主要通过分析路网中路段负荷度的分布情况，分析高速公路运输需求网络的不均衡性，各路段间负荷度的差异性越大，交通量的空间分布越不均衡，路网越不均衡。具体计算方法：

$$Gini_{fv}(T_b)=1-\frac{1}{B}\sum_{e_{nj}=1}^{B}(2\sum_{e_{nj}=1}^{e'_{nj}} pfv_{e_{nj}}(T_b)-pfv_{e'_{nj}}(T_b)) \tag{5-19}$$

其中：

$$pfv_{e_{nj}}(T_b)=\frac{fv_{e_{nj}}(T_b)}{\sum_{e_{nj}=1}^{B} fv_{e_{nj}}(T_b)} \tag{5-20}$$

式中：$Gini_{fv}(T_b)$ 代表第 $T_b$ 个统计周期基于路段负荷度的基尼系数；$pfv_{e_{nj}}(T_b)$ 代表第 $T_b$ 个统计周期路段 $e_{nj}$ 的负荷度 $fv_{e_{nj}}(T_b)$ 占比；$fv_{e_{nj}}(T_o)$ 代表第 $T_b$ 个统计周期路网中的路段 $e_{nj}$ 的负荷度。

### 5.2.2 路网脆弱性

根据前面的研究可知，目前关于交通网络脆弱性的定义大致分为两类：一类认为它只与网络组成单元失效的后果相关；一类认为它既与失效后果相关也与组成单元失效的概率相关。由于高速公路节点和路段失效概率与交通事故发生概率、路线几何线性等有关，受现有数据限制，本书中考虑路网中节点和路段失效后带来的后果，将路网脆弱性定义为受异常事件影响导致高速公路网整体运营效能下降的敏感程度。本书在现有的路网脆弱性指标基础上，考虑不同车型出行时间、出行成本、出行需求分布等的差异性，构建基于出行效率、出行成本、OD 出行需求满足率等指标，通过计算节点或路段受外部攻击后，这些指标变化的离散程度来表征路网运营效能的变化趋势和幅度，进而计算路网脆弱性。

#### 5.2.2.1 失效场景设计

根据前面的综述可知，交通网络脆弱性既能用于对节点和路段的脆弱性，又能用对整个交通网络的运行评估。因此，本书采取对节点和路段单一失效及累计失效两种场景进行研究：

（1）单一节点或路段失效。此失效场景主要是分析在整个路网完整状态下，当只有一个节点或路段因突发事件导致出行阻断时，通过分析路网脆弱性指标的变化程度，以评估整个路网脆弱性和识别对路网整体运营效能影响较大的节点和路段。

（2）节点或路段累计失效。路网中多个节点或路段因各种突发事件，相继出现或同时出现阻断失效的情况，该失效方式主要是分析对不同属性排序指标蓄意失效下，路网中节点或路段累计失效对路网整体运营效能的影响程度，确定路网可容忍的节点和路段失效阈值。本书根据意大利经济学家帕累托在帕累托法则中指出“在任意群体中，重要的因子通常只占约 20%，而不重要因子占 80%”。为定量化计算高速公路网中的风险节点和路段的数量，本书参考“帕累托法则”，将路网容忍的节点和路段失效阈值定义为：导致路网整体运营效能下降最快时节点或路段对应的失效比例，即图 5-3 中所示最大的 $max(\vartheta) = max\left(\dfrac{FF(x_i+\Delta x)-FF(x_i)}{\Delta x}\right)$ 对应的节点或路段的失效比例 $x_i$ 。

#### 5.2.2.2 路网脆弱性评估模型

（1）基于出行效率的路网脆弱性。传统的脆弱性研究中，多采用网络效率分析物理拓扑路网脆弱性，它是路网中所有 OD 对 $(r,s)$ 间网络效率的平均值。具体计算方法如下：

$$EL = \frac{1}{N(N-1)} \sum_{rs \in R} \frac{1}{min(d_{rs,m})} \tag{5-21}$$

式中：$EL$ 代表路网网络效率；$N$ 代表路网中节点个数；$d_{rs,m}$ 代表 OD 对 $(r,s)$ 间第 $m$ 条路径长度；$min(d_{rs,m})$ 代表 OD 对 $(r,s)$ 间最短路径长度，为 OD 对间所有路径长度的最小值。

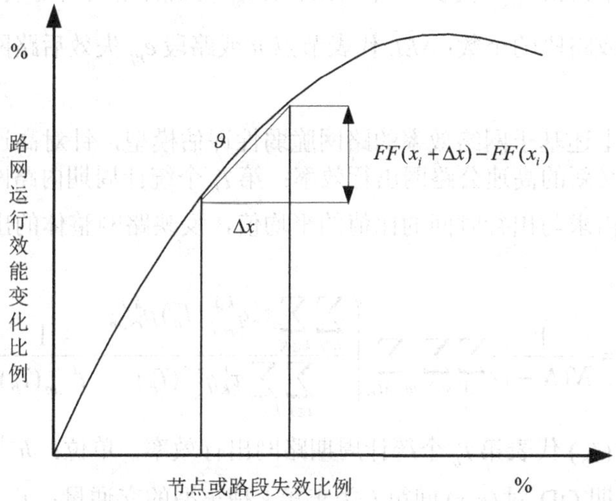


图 5-3　路网容忍节点或路段失效阈值

Figure 5-3　Tolerance failure threshold of nodes or links in freeway network

基于网络效率的路网脆弱性：路网中所有节点或路段失效后路网网络效率的离散程度，它是用路网中各节点或路段失效后路网网络效率变化率的均方差来衡量。具体计算方法如下：

$$NEL = \sqrt{\frac{1}{N} \sum_{n,j=1,2,\dots N} (\Delta EL_{n/e_{nj}} - \overline{\Delta EL})^2} \tag{5-22}$$

$$\Delta EL_{n/e_{nj}} = \frac{EL_{n/e_{nj}} - EL_{norm}}{EL_{norm}} \tag{5-23}$$

$$\overline{\Delta EL} = \frac{1}{N} \sum_{n,j=1,2,\dots N} \Delta EL_{n/e_{nj}} \tag{5-24}$$

$$\Delta EL_{n/e_{ij}} = \frac{EL_{norm} - EL_{n/e_{ij}}}{EL_{norm}} \tag{5-25}$$

其中：$NEL$ 代表基于网络效率的高速公路网脆弱性。$NEL$ 越大，离散程度越大，各节点或路段失效后对高速公路网络效率影响程度的波动幅度越大，说明路网中存在部分节点或路段在路网中发挥着重要作用，路网脆弱性越大，运营风险越高；反之，$NEL$ 越小，离散程度越小，节点或路段失效对高速公路网络效率的影响程度的波动幅度越小，路网脆弱性越小，运营风险越低。

$EL_{norm}$ 代表正常条件下路网的网络效率；$EL_{n/e_{nj}}$ 代表节点 $n$ 或路段 $e_{nj}$ 失效后的路网网络效率；$\Delta EL_{n/e_{nj}}$ 代表节点 $n$ 或路段 $e_{nj}$ 失效后路网网络效率变化率；$N$ 代表路网中节点或路段的个数；$\overline{\Delta EL}$ 代表节点 $n$ 或路段 $e_{nj}$ 失效后路网网络效率变化率的均值。

本书参考上述基于网络效率的路网脆弱性评估模型，针对高速公路运输需求网络而言，定义新的高速公路网出行效率：第 $T_b$ 个统计周期内路网中所有 OD 对间各车型交通需求与出行时间的比值的平均值，反映路网整体的出行效率。具体如下式所示：

$$VE(T_b)=\frac{1}{N(N-1)}\sum_{r\in V}\sum_{s\in V}\sum_{m\in M_{rs}}\left(\frac{\sum_{i\in I}\sum_{k\in K}\tau_k^i q_{rs,m}^{k,i}(T_b)p_{rs,m}^{k,i}}{\sum_{i\in I}\sum_{k\in K}\tau_k^i q_{rs}^{k,i}(T_b)}\cdot\frac{1}{t_{rs,m}^i(T_b)}\right) \tag{5-26}$$

式中：$VE(T_b)$ 代表第 $T_b$ 个统计周期路网出行效率，单位：$h^{-1}$；$q_{rs}^{k,i}(T_b)$ 代表第 $T_b$ 个统计周期 OD 对 $(r,s)$ 间第 $i$ 类车第 $k$ 种车型的交通量；$t_{rs,m}^i(T_b)$ 代表第 $T_b$ 统计周期内 OD 对 $(r,s)$ 间第 $i$ 类车第 $k$ 种车型出行时间。当 $t_{rs,m}^i(T_b)=d_{rs}$ 时，且所有 OD 对间出行需求相等，则 $VE(T_b)=EL$。

基于出行效率的路网脆弱性：第 $T_b$ 个统计周期内路网中各节点或路段失效引起的路网出行效率变化的离散情况，它是用路网中各节点或路段失效后路网出行效率变化率的均方差来衡量。具体计算方法如下：

$$NVE(T_b)=\sqrt{\frac{1}{N}\sum_{n,j=1,2,\ldots N}(\Delta VE_{n/e_{nj}}(T_b)-\overline{\Delta VE(T_b)})^2} \tag{5-27}$$

式中：

$$\overline{\Delta VE(T_b)}=\frac{1}{N}\sum_{n,j=1,2,\ldots N}\Delta VE_{n/e_{nj}}(T_b) \tag{5-28}$$

$$\Delta VE_{n/e_{nj}}(T_b)=\frac{VE_{norm}(T_b)-VE_{n/e_{nj}}(T_b)}{VE_{norm}(T_b)} \tag{5-29}$$

其中：$VE_{norm}(T_b)$ 代表第 $T_b$ 个统计周期内，正常条件下路网的出行效率；$\Delta VE_{n/e_{nj}}(T_b)$ 代表第 $T_b$ 个统计周期内，节点 $n$ 或路段 $e_{nj}$ 失效后的路网出行效率；$\Delta VE_{n/e_{nj}}(T_b)$ 代表第 $T_b$ 个统计周期内，节点 $n$ 或路段 $e_{nj}$ 失效后路网出行效率变化率；$\overline{\Delta VE(T_b)}$ 代表第 $T_b$ 个统计周期内，节点 $n$ 或路段 $e_{nj}$ 失效后路网出行效率变化率的平均值；$NVE(T_b)$ 代表第 $T_b$ 个统计周期内，基于出行效率的高速公路网脆弱性。$NVE(T_b)$ 越大，离散程度越大，各节点或路段失效后对高速公路网出行效率的影响波动幅度越大，路网中存在部分节点或路段在路网中发挥着重要作用，路网脆弱性越高，运营风险越高；反之，$NVE(T_b)$ 越小，离散程度越小，节点或路段失效对高速公路网运行效率的影响程度的波动幅度越小，路网脆弱性越小，运营风险越低。

（2）基于出行成本的路网脆弱性。路网中节点或路段失效后，会导致交通供需矛盾突出，使出行者出行成本发生变化，从路段的角度将出行成本变化作为量化指标。本书首先将路网出行成本定义为高速公路网中出行者出行时间成本之和。具体计算方法如下：

$$NC(T_b)=\sum_{e_{nj}\in E}\sum_{i\in I}\sum_{k\in K}\tau_k^i q_{e_{nj}}^{k,i}(T_b)t_{e_{nj}}^i(T_b) \tag{5-30}$$

式中：$NC(T_b)$ 代表第 $T_b$ 个统计周期出行成本，单位 $pcu\cdot h$；$q_{e_{nj}}^{k,i}(T_b)$ 代表第 $T_b$ 个统计周期路段 $e_{nj}$ 上第 $i$ 类车第 $k$ 种车型交通流量。由于各路段出行成本需要考虑高速公路不同驾驶员的出行行为以获得路段流量，本书采用 MNL 模型进行高速公路交通量分配，具体的交通量分配模型详见第四章。

基于出行成本的路网脆弱性：第 $T_b$ 个统计周期内路网中各节点或路段失效引起的路网出行成本变化率的离散情况，它是用路网中各节点或路段失效后路网出行成本变化率的均方差来衡量。具体计算方法如下：

$$NVC(T_b)=\sqrt{\frac{1}{N}\sum_{n,j=1,2,\ldots N}(\Delta NC_{n/e_{nj}}(T_b)-\overline{\Delta NC(T_b)})^2} \tag{5-31}$$

$$\Delta NC_{n/e_{ij}}(T_b)=\frac{NC_{norm}(T_b)-NC_{n/e_{nj}}(T_b)}{NC_{norm}(T_b)} \tag{5-32}$$

$$\overline{\Delta NC(T_b)}=\frac{1}{N}\sum_{n,j=1,2,\ldots N}\Delta NC_{n/e_{nj}}(T_b) \tag{5-33}$$

式中：$\Delta NC_{n/e_{ij}}(T_b)$ 代表第 $T_b$ 个统计周期内，节点 $n$ 或路段 $e_{nj}$ 失效后的路网出行效率的变化率；$NC_{norm}(T_b)$ 代表第 $T_b$ 个统计周期内，正常条件下的路网出行成本；$NC_{n/e_{nj}}(T_b)$ 代表第 $T_b$ 个统计周期内，节点 $n$ 或路段 $e_{nj}$ 失效后的路网出行成本；$\overline{\Delta NC(T_b)}$ 代表第 $T_b$ 个统计周期内，节点 $n$ 或路段 $e_{nj}$ 失效后的路网出行成本的平均值；$NVC(T_b)$ 代表第 $T_b$ 个统计周期内，基于出行成本的路网脆弱性。节点或路段失效对路网出行效率的影响程度越大，路网脆弱性越大，运营风险越大；反之，则对路网出行效率的影响程度越小，路网脆弱性越小。

（3）基于OD出行需求满足率的路网脆弱性。高速公路网中节点或路段失效后，会使得路网中出行者的出行行为受到影响，部分出行需求会得不到满足。因此，有必要分析由于路网中节点或路段失效导致的可满足的OD对间出行需求变化情况，以评估路网脆弱性。本书将OD出行需求满足率定义为：第$T_b$个统计周期内，路网可满足的出行需求与路网中所有出行需求的比值，反映节点或路段失效后，可满足的路网出行需求的变化情况。

$$\eta_{n/e_{nj}}(T_b)=\frac{\sum_{r=1}^{N}\sum_{s=1}^{N}\sum_{m=1}^{M}\sum_{k,i=1}^{2}\sum_{b'=1}^{b}\tau_k^i q_{rs,m}^{k,i}(T_{b'})\xi'(T_b)}{\sum_{r=1}^{N}\sum_{s=1}^{N}\sum_{m=1}^{M}\sum_{k,i=1}^{2}\sum_{b'=1}^{b}\tau_k^i q_{rs,m}^{k,i}(T_{b'})\iota(T_b)} \tag{5-34}$$

式中：$\eta_{n/e_{nj}}(T_b)$代表第$T_b$个统计周期，节点$n$或路段$e_{nj}$失效后路网OD出行需求满足率；$\xi'(T_b)$代表若第$i$类车第$k$种车型的出行需求$q_{rs,m}^{k,i'}(T_{b'})$在第$T_b$个统计周期不经过节点$n$或路段$e_{nj}$则$\xi'(T_b)=1$，否则$\xi'(T_b)=0$。高速公路网不能满足的出行需求越多，路网出行需求的变化也就越大；$\iota(T_b)$代表若第$T_b$个统计周期内第$i$类车第$k$种车型选择第$m$路径的流量仍然存在，则$\iota(T_b)=1$，否则$\iota(T_b)=0$。

基于OD出行需求满足率的路网脆弱性：第$T_b$个统计周期高速公路网各节点或路段失效引起的路网OD出行需求满足率变化的离散程度。它是用路网中各节点或路段失效后路网OD出行需求满足率变化率的均方差来衡量。具体计算方法如下：

$$N\eta(T_b)=\sqrt{\frac{1}{N}\sum_{n,j=1,2,\ldots N}(\Delta\eta_{n/e_{nj}}(T_b)-\overline{\Delta\eta(T_b)})^2} \tag{5-35}$$

$$\overline{\Delta\eta(T_b)}=\frac{1}{N}\sum_{i,j=1,2,\ldots N}\Delta\eta_{n/e_{nj}}(T_b) \tag{5-36}$$

$$\Delta\eta_{n/e_{nj}}(T_b)=1-\eta_{n/e_{nj}}(T_b) \tag{5-37}$$

式中：$N\eta(T_b)$代表第$T_b$个统计周期内，基于OD出行需求满足率的路网脆弱性。节点或路段失效对路网出行需求的影响程度越大，路网脆弱性越大，运营风险越高；反之，则对路网出行需求的影响程度越小，路网脆弱性越小，运营风险越低。$\Delta\eta_{n/e_{nj}}(T_b)$代表第$T_b$个统计周期内，节点$n$或路段$e_{nj}$失效后的路网OD出行需求满足率的变化率。$\overline{\Delta\eta(T_b)}$代表第$T_b$个统计周期内，节点$n$或路段$e_{nj}$失效后的路网OD出行需求满足率的平均值。

通过以上3个指标可以从不同角度分析节点或路段失效后对整个路网运营效

能的影响。

5.2.2.3 路网脆弱性评估算法

步骤 1：初始化。构建高速公路网络模型，获得各 OD 对间的有效路径集，对路网进行初始流量加载，得到路网中各路段初始流量，根据公式（5-15）至公式（5-26）计算初始状态下路网运营效能指标。

步骤 2：选择攻击节点或路段。选择节点 $n$ 或路段 $e_{nj}$，其中节点失效时，看作是与节点连接的所有路段全部失效，此时 $n^{'}=1$。

步骤 3：更新路网拓扑结构。获取此时路网中的有效路径集，若 OD 对之间无有效路径连通，则该统计周期内 OD 对间交通量更改为 0。

步骤 4：更新流量和出行时间。按照 4.5 节重新进行高速公路网络交通量分配，以获取不同车型选择通过路网中各节点和路段概率。

步骤 5：计算路网脆弱性指标。根据公式（5-32）至公式（5-37）计算节点 $n$ 或路段 $e_{nj}$ 失效时每个高速公路网脆弱性指标，此时 $n^{'}=n^{'}+1$。

步骤 6：回到步骤 3。当路网中所有的节点或路段均失效后，结束。

## 5.3 基于投影寻踪的路网运营风险评估

高速公路网络运营风险评估的实质是对高维数据（多个评价指标值）的处理，即降低高维数据的维数。本书基于投影寻踪动态聚类模型进行高速公路网络运营风险评估，利用投影寻踪方法，实现高维数据的降维，确定总体风险状况和风险等级。

### 5.3.1 投影寻踪的基本理论

传统多元数据分析方法的使用都是基于其总体服从正态分布的，然而现实中许多现场数据并不是成正态分布的，并且传统多元数据分析方法在分析维数较高的数据时，面临着三大类困难：一是随着维数的不断增加，计算量会急剧增加，且难以得到其可视的分布图；二是当维数较高时，即使有非常多的样本数据，其散落在高维空间中依然显得零星稀疏，也就是具有“维数祸根”的困难；三是虽然传统的多元数据分析方法在处理低维数据时，其稳健性很好，但是当解决高维空间的问题时，其结果的准确性就显得不稳定了。基于传统的多元数据分析方法难以很好地分析处理高维非正态、非线性数据问题，投影寻踪法应运而生。它能够准确地找到数据的内在规律和分布特征，满足分析高维数据的需要。

1. 基本思想与特点

投影寻踪方法(Projection Pursuit,PP)由 Firedman J.H.在 1974 年首先提出[177]，它根据实际需求，将高维数据投影到一维空间上，用于解决高维问题的新兴统计方法，非常适用于对非线性和非正态的高维数据的分析和处理。它是通过构造投影指标函数，利用投影指标函数求出使投影指标函数达到最优的投影方向，利用该最优投影方向以分析高维样本数据的结构特征，以对各样本进行综合评价。由于它能够直接从客观数据中归纳、分析得到高维数据的投影方向，进而克服了传统权重受主观因素影响大的问题。目前，利用投影寻踪理论主要开展了投影寻踪聚类分析、投影寻踪回归和投影寻踪学习网络三方面的研究。

与其他评估方法相比，该方法主要存在以下几方面的优点[178]：

(1) 针对非正态分布的数据或缺少先验信息的高维数据，投影寻踪模型通过分析降维后的一维空间数据，找出最好的投影，使用一维统计方法解决高维问题，进而找出高维数据在投影空间中的属性特征。

(2) 针对与数据特征无关或相关性很小的变量，该方法通过找出能反映原高维数据本质结构和特性的最佳投影方向，以有效地发现高维数值的结构和特征。

(3) 投影寻踪方法以原始数据入手进行综合评价，通过投影得到完全由原始数据组成的低维特征量，并不会导致信息量的丢失，经过投影寻踪模型得到的投影值也将不同，也可以克服人为因素的影响。

(4) 针对非正态、非线性问题，虽然投影寻踪方法对高维数据进行了线性投影，但是投影所得到的数据所包含的非线性的结构与高维数据相比并没有发生变化，因此投影寻踪方法可以较好地解决非正态和非线性问题。

2. 基本概念

投影寻踪模型中最重要的三个基本概念分别为线性投影、投影指标和最优投影方向[179]。

(1) 线性投影。线性投影是将高维数据投影降维到低维空间的一种方式。设 $k \times p\,(k << p)$ 矩阵 A 的秩为 $k$，投影方向（投影矩阵）是指在欧式空间中 $R^p$ 到 $R^k$ 的线性投影，用矩阵 A 来表示。设 $p$ 维随机变量的矩阵为 $X$, A 与 $X$ 的矩阵乘积是随机变量 $X$ 的线性投影 $Z$，记为:

$$Z = AX, \quad X \in R^p, \quad Z \in R^k$$

其中，A 是满秩矩阵，它的 $k$ 个行向量是单位向量且相互正交。

设 $X$ 服从于分布 $F$，$Z$ 服从与分布 $F_A$，若 $k = 1$，则 A 变为列矩阵，记为 $a^T$，且 $a^T$ 时 A 的分布记为 $F_a$。$F$ 的特征函数 $\varphi_a$ 沿着方向 $a$ 的投影与同一方向 $a$ 上的一维投影 $F_a$ 的特征函数 $\varphi$ 是等价的，即:

$$\varphi_a(F)=\varphi(F_a) \tag{5-38}$$

上式是 PP 法完成用低维数据来表示高维特征量的重要依据，线性投影是将 $p$ 维数据映射到 $k$ 维子空间后，其数据点个数和数据的结构特征都没有发生变化，但维数由 $p$ 降低到 $k$，从而实现利用在低维空间分析数据的能力来处理高维数据。PP 法就是通过对数据进行线性投影后，研究其在低维空间的分布情况，进而得出高维数据的结构特征。

（2）投影指标。投影指标是对投影方向进行评估和度量，寻找并确定所需最优投影方向的实值函数。投影指标的选择决定着 PP 法能否成功应用。投影指标通常分为密度型和非密度型两类。

1）密度型投影指标。密度型投影指标是指在计算过程中需要对投影数据的密度函数进行估计的一类指标。常用的密度型投影指标有 Friedman-Tukey 投影指标、一阶熵投影指标、Friedman 投影指标、Hall 投影指标、Cook 投影指标族和投影寻踪判别分析指标等。这里，设 $a$ 为投影方向，$PI(a)$ 为 $a$ 的投影指标函数，$f(y)$ 为密度函数。

①Friedman-Tukey 投影指标表达式为：

$$PI_{FT}(a)=S(a)D(a) \tag{5-39}$$

其中，$S(a)$ 为投影数据总的离散度，$D(a)$ 为沿着投影方向 $a$ 投影后的数据的局部密度。该指标主要用于寻找对高维数据降维处理后的一维或二维所需要的投影。

②一阶熵投影指标[180]的表达式为：

$$PI_{\mathrm{E}}(a)=-\int f(y)\log(f(y))dy \tag{5-40}$$

式中为 Shannon 熵，当 $f(y)$ 为标准正态密度时，该函数可得到最小。

③Friedman 投影指标的表达式为：

$$PI_{\mathrm{E}}(a)=-\int_{-1}^{1}\{f(y)-0.5\}^2\,dy \tag{5-41}$$

该指标是利用数据变换来排除异常点对投影指标的干扰。首先对高维数据进行投影得到 $Z=A^TX$ 然后对 $Z$ 做变换 $Y=2\phi(Z)-1$，若 $Z$ 服从标准正态分布，则 Y 服从[–1,1]上的均匀分布，均匀密度函数在[–1,1]上的函数值为 0.5。

④Hall 投影指标[181]的表达式为：

$$PI(a)=\int_{-\infty}^{\infty}\{f(y)-\varphi(y)\}^2\,dy \tag{5-42}$$

其中，$f(y)$ 为使用投影数据后的概率密度函数，$\varphi(y)$ 为标准正态密度函数。该指标是主要用于反映投影数据密度函数的非正态性的大小。

⑤Cook 投影指标族[182]的表达式为：

$$PI(y)=\int_R \{f(y)-g(y)\}^2 g(y)dy \qquad (5\text{-}43)$$

这里，定义广义变换 T 为：$R\to R$ 将 映射到，$f(y)$ 为分布函数 $F(y)$ 的密度函数，$g(y)$ 为标准正态密度函数 $\phi(y)$ 经过 $T$ 变换后的密度函数。该指标族是在 Friedman 指标和 Hall 指标的基础上提出来的，更具有一般性。

⑥投影寻踪判别分析的目的是估计 Bayes 准则，投影寻踪判别分析指标[183]的表达式为：

$$PI(y,a)=1-\sum_{g=1}^{G}\int_{R_g}(\pi_g f_g(y))dy \qquad (5\text{-}44)$$

其中：$\pi_g$ 为类别 $G_g$ 在总体中所占的比率，$f_g(y)$ 为类别 $G_g$ 通过投影方向 $a$ 投影到一维空间上的边缘密度，$R_g$ 为 $g$ 个互不相交的集合。该指标是 Posse 在 1992 年提出来的，它是以在投影方向 $a$ 上投影后的数据的全局误判率作为指标的，可以有效地避免“维数祸根”问题。

2）非密度型投影指标。非密度型投影指标是指在计算过程中无须对投影数据的密度函数进行估计的一类指标。该类投影指标有方差指标、Bhattacharyya 距离指标和均方误差投影指标等，其中最常用的是方差指标。设总体的独立同分布的样本为 $(x_1,x_2,\cdots,x_N)$，则该方差指标的表达式为：

$$PI(a^{\mathrm{T}}X)=\mathrm{var}(a^{\mathrm{T}}X)\int_{-\infty}^{\infty}\{f(y)-\varphi(y)\}^2 dy \qquad (5\text{-}45)$$

求得 $\max PI(a^{\mathrm{T}}X)$ 所对应的 $a$ 即为样本数据分布最多的方向。

（3）最优投影方向。最佳投影方向是指高维数据上的某些结构特征能够最大可能在这个方向上显示出来。最佳投影方向能最大保证数据信息在这个方向上损失最小，使数据信息得到充分利用。最佳投影方向是 PP 法中反映数据总体结构的基础，能将数据的有意义的结构清晰地勾画出来。最佳投影方向一般只有一个，但是对于较为复杂的数据结构，可以允许存在多个最佳投影方向。

目前，投影寻踪方法已经在洪灾[184,185]、煤矿[186,187]、物流[188,189]、土地[190]、城市交通[191]等多个领域风险评估中得到广泛的应用，但是应用该方法评估高速公路网运营风险评估方面还未有应用。本书采用投影寻踪方法进行高速公路网风险评估，主要基于以下几方面的考虑：

1）高速公路网络运营风险评估体系是由 7 个评价指标组成的高维数组，而投影寻踪法可有效处理高维数据问题。

2）根据投影寻踪法计算得到的最佳投影方向向量，能够客观、可靠、准确地反映高维数据特征的方向向量。

3）投影寻踪法从原始数据本身入手，将高维数据转化为一维数据，可有效减少人为因素的影响，以反映原始数据的内在特性。

### 5.3.2 投影寻踪动态聚类模型的构建

（1）评估指标的规范化。设高速公路网络运营风险评估指标的集合为 $\{\varphi_{bg}^*|b=1,2,\ldots 24; g=1,2,\ldots G\}$，$\varphi_{bg}^*$ 为第 $T_b$ 个统计周期第 $g$ 个指标值。一般意义上，路网风险评估值越大，路网风险越大。应用投影寻踪模型对高速公路网络运营风险进行评估，首先需要对各个风险指标数据进行归一化处理，以消除各指标数据量纲大小的差异，为后面对整个路网的风险评估计算奠定基础。一般情况下，指标分为效益型、成本型、区间型和居中型四类，处理方法各不相同。对于高速公路网风险评价指标而言主要以效益型为主，其归一化公式为：

$$\varphi_{bg}=\frac{\varphi_{bg}^*-\min\limits_b \varphi_{bg}^*}{\max\limits_b \varphi_{bg}^*-\min\limits_b \varphi_{bg}^*} \tag{5-46}$$

经归一化处理后，所有的评估指标化为分布在[0,1]间的正向指标，便于后续指标间的比较和分析。

（2）线性投影。对于高速公路网络运营风险评估问题，就是将多个风险评估指标特征变量实现从高维到低维的转换。本书将规范化处理后的 $\varphi_{bg}$ 按照一定的投影方向进行投影，使得不同时段对应的指标只得到一个反映数据特征的值。设投影方向为 $\kappa=(\kappa_1,\kappa_2,\cdots,\kappa_G)$，$zz$ 为投影后的数据向量，$G$ 为指标数量，$b$ 为研究对象数目，则有第 $b$ 个被评价样本的投影特征值：

$$z_b=\sum_{g=1}^{G}\varphi_{bg}\kappa_g \quad (b=1,2,3,\ldots,24) \tag{5-47}$$

式中：$\varphi_{bg}$ 为指标 $\varphi_{bg}^*$ 的规范化值；$\kappa_g$ 为投影方向矢量 $\kappa$ 的第 $g$ 个分量，$\kappa=(\kappa_1,\kappa_2,\cdots,\kappa_G)$ 是 $G$ 维单位矢量。

（3）构建投影指标函数。高速公路网络风险评估的核心是构造投影指标函数，本书构建基于投影寻踪动态聚类模型的高速公路网络风险评估模型。根据步骤 2 样本中投影特征值序列的集合记为 $\Omega=\{z_1,z_2,\ldots,z_{24}\}$，结合实际情况，利用模糊 $K$ 均值聚类方法将其聚为 $KK$ 类，具体过程如下：

步骤 1：随机选择 $KK$ 个点作为 $KK$ 个聚类中心，记为初始聚类中心集合 $L'=(A_1',A_2',\ldots A_{KK}')$。

步骤 2：根据 $L'$，将所有点分为 $KK$ 类，记 $\Theta'=(\Theta_1',\Theta_2',\ldots,\Theta_{KK}')$，其中，

$\Theta'_{kk}=\left\{z\in\Omega \mid d(A'_{kk}-z)\leqslant d(A'_{mm}-z),\forall mm=1,2,\ldots KK,mm\neq kk\right\}$，$\Theta'_{kk}$ 表示第 $kk$ 类样本特征值集合，$d(A'_{kk}-z)$ 表示点 $kk$ 与投影特征值集合 $\Omega$ 中任意点的绝对值距离。

步骤 3：由计算的新的聚核 $L^1$，$L^1=(A_1^1,A_2^1,\ldots A_{KK}^1)$，其中 $A_{kk}^1=\dfrac{1}{num_{kk}}\sum\limits_{z_b\in\Theta_{kk}} z_b$，$num_{kk}$ 为类 $\Theta'_{kk}$ 中心的数量。

步骤 4：重复上述步骤，获得一个分类结果序列 $V^{nn}=(L^{nn},\Theta^{nn})$。令 $D(A_{kk}^{nn},\Theta_{kk}^{nn})=\sum\limits_{z_b\in\Theta_{kk}^{nn}}\left|z_b-A_{kk}^{nn}\right|$，$\vartheta_{nn}=\sum\limits_{kk=1}^{KK}D(A_{kk}^{nn},\Theta_{kk}^{nn})$，则算法的终止条件为 $\dfrac{\left|\vartheta_{nn+1}-\vartheta_{nn}\right|}{\vartheta_{nn+1}}\leqslant\varepsilon$。$\Theta_{kk}(kk=1,2,\ldots KK)$ 表示第 $kk$ 类所有样本投影特征值的集合。

为计算综合投影特征值，需要保证投影值 $z$ 的局部投影点尽可能凝聚成若干点团，而在整体上投影点团间应尽可能分散。因此，本书构建的投影指标函数为类间分散度和类内聚集度的乘积，即：

$$f(\kappa)=S(\kappa)\cdot D(\kappa) \tag{5-48}$$

其中：

$$S(\kappa)=\sqrt{\frac{\sum\limits_{b=1}^{b'}[z_b-\frac{1}{b'}(\sum\limits_{b=1}^{b'}z_b)]^2}{b'-1}} \tag{5-49}$$

$$D(\kappa)=\sum_{kk=1}^{KK}d_{kk}=\sum_{kk=1}^{KK}\sum_{z_b,z_v\in\Theta_{kk}}d(z_b,z_v) \tag{5-50}$$

式中：$f(\kappa)$ 代表投影向量的目标函数值；$S(\kappa)$ 代表投影值 $z_b$ 的标准差，表示各投影特征值的类间离散程度，其值越大样本间的离散程度越高；$D(\kappa)$ 代表类内分散度，表示各聚类内的分散程度，其值越小类内样本的集聚程度越高；$d(z_b,z_v)$ 为任意两投影特征值间的距离绝对值，即 $d(z_b,z_v)=\left|z_b-z_v\right|$。

（4）优化投影函数。在参与聚类时，投影指标函数 $f(\kappa)$ 只随投影方向 $\kappa$ 的变化而变化，不同的投影方向可以反映不同的数据结构特征。最佳投影方向作为最大可能暴露高维数据某类特征结构的投影方向，通过求解 $f(\kappa)$ 的最大值来估计最佳投影方向 $\kappa^*$，即：

最大化的目标函数为：

$$max: f(\kappa)=S(\kappa)\cdot D(\kappa) \tag{5-51}$$

其约束条件为：

$$S.T:\sum_{g=1}^{G}\kappa_g^{\ 2}=1 \tag{5-52}$$

根据公式（5-42）可知，这是一个以$\kappa=(\kappa_1,\kappa_2,\cdots,\kappa_G)$为优化变量的非线性优化问题。遗传算法作为一种可靠的、有效的全局最优算法，以“优胜劣汰”的原则达到寻优的目的。本书在传统的遗传算法基础上，基于实码加速遗传算法进行求解，它具有收敛速度快、全局优化性能优等特点，进而求得最佳投影方向$\kappa^*$。

### 5.3.3 基于实码加速遗传算法的投影函数优化

本节基于实码加速遗传算法，在变异算子中采用高斯变异因子，用于高速公路网的风险综合评价投影寻踪的求解，如图5-4所示。具体步骤如下：

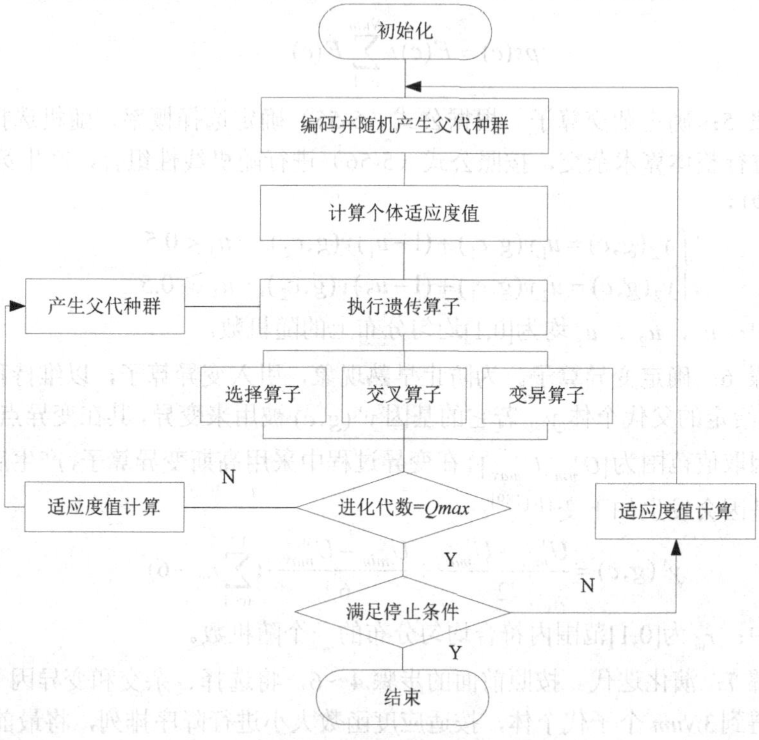


图5-4 实码加速遗传算法流程图

Figure 5-4 Flow chart of accelerated genetic algorithm based on real-coded

步骤1：编码转换。利用公式（5-43）对变量进行线性变换：

$$x(g)=a(g)+y(g)(b(g)-a(g))(g=1,2,\ldots G) \tag{5-53}$$

步骤2：初始化父代群体。假设父代群体的规模为$Num$，则生成$Num$组[0,1]

上的随机数，且每组有 $G$ 个，表示为 $\{y(g,c) \mid g=1,2,\ldots G, c=1,2,\ldots Num\}$。利用步骤 1 进行初始化变量 $\{x(g,c) \mid g=1,2,\ldots G, c=1,2,\ldots Num\}$，然后把规模为 $Num$ 的 $G$ 个变量分别带入目标函数，得到相应的目标函数值 $f(c)$，再把 $f(c)$ 进行降序排序，其对应的染色体 $y(g,c)$ 也跟着降序排列，经过排序后排在最前 $Num$ 的个体成为优秀个体。

步骤 3：父代群体的适应度评价。为保证所有个体适应度值为非负数，本书参照文献[134]，确定适应度函数为：

$$F(c) = \frac{1}{(f(c) \times f(c) + \mu\mu)} \tag{5-54}$$

式中：$\mu\mu$ 是根据经验进行设置的，取值为 0.001，以避免 $f(c)$ 等于 0 的情况。

步骤 4：确定选择算子。按照根据公式（5-46）计算合适的选择算子 $ps$：

$$ps(c) = F(c) / \sum_{c=1}^{Num} F(c) \tag{5-55}$$

步骤 5：确定杂交算子。根据公式（5-55）确定选择概率，随机选择一对父代个体进行整体算术杂交，按照公式（5-56）进行随机线性组合，产生第 2 代个体 $y_2(g,b)$：

$$\begin{cases} y_2(g,c) = u_1 y(g,c_1) + (1-u_1) y(g,c_2), & u_3 < 0.5 \\ y_2(g,c) = u_2 y(g,c_1) + (1-u_2) y(g,c_2), & u_3 \geqslant 0.5 \end{cases} \tag{5-56}$$

式中：$u_1$、$u_2$、$u_3$ 均为[0,1]均匀分布上的随机数。

步骤 6：确定变异算子。为防止早熟现象，引入变异算子，以维持种群的多样性。对给定的父代个体 $y$，若它的基因 $y^v(g,c)$ 被用来变异，其在变异点 $y^v(g,c)$ 处的基因取值范围为 $[U^v_{min}, U^v_{max}]$，在变异过程中采用高斯变异算子，产生后代 $y'$ 中相应的基因会发生如下变化[189]：

$$y^v(g,c) = \frac{U^v_{min} + U^v_{max}}{2} + \frac{U^v_{min} - U^v_{max}}{6} \cdot (\sum_{w=1}^{12} r_w - 6) \tag{5-57}$$

式中：$r_w$ 为[0,1]范围内符合均匀分布的一个随机数。

步骤 7：演化迭代。按照前面的步骤 4～6，将选择、杂交和变异因子作用于种群，得到 $3Num$ 个子代个体，按适应度函数大小进行降序排列，将最前 $Num$ 的子代个体作为新的父代个体种群，然后转入步骤 3。

步骤 8：加速迭代。将第一次进化产生的优秀个体作为第二次优化变量新搜索区间，如此反复迭代运行几次，直至把当前种群中的最佳个体作为最终的结果。

# 第 6 章　风险节点及风险路段的识别方法研究

针对高速公路网络运营风险等级高的时段，及时识别风险节点和路段并采取相应的措施，以降低整个路网的风险程度。风险节点和路段的识别是从微观层面找出高速公路网络中潜在运营风险节点和路段，它对于交通拥堵预防、应急管控、提高出行效率等方面发挥重要作用。在预防交通拥堵方面，风险节点和路段一旦发生拥堵，将通过节点和边的耦合关系使整个路网大规模拥堵甚至级联失效，通过事先识别风险节点和路段，采取合理的管控和分流措施，以减少交通拥堵的发生；在应急管理方面，当遇到自然灾害天气或特大交通事故时，及时识别路网中的风险节点和路段，有助于及时开展有效的救援，将事故损失降至最低；在便于出行方面，通过避开常发性的风险节点和路段，可以有效节约出行者的出行时间和成本，降低这些风险节点和风险路段的交通压力。因此，识别路网中的风险节点和风险路段对路网整体效能的发挥具有举足轻重的作用。

## 6.1　风险节点及风险路段的定义

任何一个实际网络都具有拓扑特性和功能特性的属性，作为路网中核心组成元素，风险节点和风险路段是否正常运营往往直接影响着整体路网运行效能的发挥。在高速公路网中，由于每个节点、每条路段在路网中所处的位置和承载交通负载的差异很大，在路网中所起的作用也有很大区别。

本书借助复杂网络理论，综合应用传统重要节点或路段识别中的自身属性和删除法两种方法，将节点/路段属性分为自身属性和外部影响两类，其中自身属性主要是指节点在实际路网中的作用和位置所决定的属性，它与其在路网中发挥的连通和运输作用有关；外部影响属性是指节点或路段失效后路网整体运行效率的变化。因此，本书将高速公路网中的风险节点及风险路段定义为：既在路网整体功能中发挥重要的枢纽和运输作用，又在失效后对路网整体运行效能产生重要影响的节点和路段。以上对于风险节点和风险路段的定义包含两层内涵：一是从路网中节点或路段的自身属性进行分析，风险节点及风险路段是指高速公路网中承担重要枢纽和运输作用的节点；二是从节点或路段失效后对路网的外部影响角度进行分析，风险节点或路段是对路网整体运行性能发挥重要支撑作用的节点或路段，这类节点或路段失效后，将会对路网整体运行性能的发挥产生重大影响。结合第 3 章提出的节点和路段的网络特性模型和第 5 章路网运营风险特性模型，构建风险节点和路段的评估指标体系，以提高高速公路网运营安全效率和水平管理。具体的技术路线如图 6-1 所示，详细步骤如下：

（1）确定评估指标体系。选取表征路网中节点和路段自身属性及其失效后对路网影响程度的指标模型，构建路网中风险节点和风险路段辨识的评估指标体系。

（2）确定评估指标的权重。利用考虑专家可信度的层次分析法确定各指标主观权重，利用熵权法确定各指标的客观权重，建立组合权重模型以确定各评价指标最终的权重。

（3）确定节点及路段的排序和风险等级。综合利用灰色综合分析法确定节点及路段的风险排序和风险等级，其中利用灰色关联法确定风险节点及风险路段的排序，利用灰色聚类法对风险节点及风险路段进行等级划分。

（4）确定需要发布预警信息的风险节点和路段集合。结合第 4 章的路网脆弱性分析确定的路网容忍的节点和路段失效阈值，利用上一步确定的节点和路段排序及风险等级，最终确定风险节点和风险路段集合。

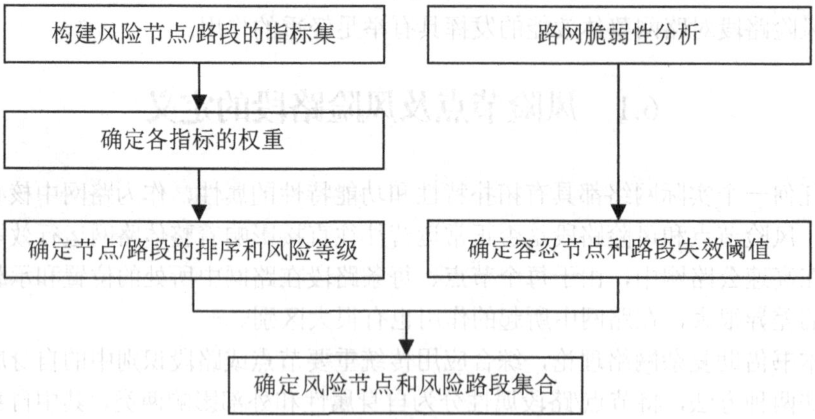


图 6-1　风险节点及风险路段识别技术路线图

Figure 6-1　Flow chart of risk nodes and risk links identification

本章基于高速公路物理拓扑网络特性、服务供给网络特性、运输需求网络特性，从节点与路段的自身属性和失效后对路网整体运行效能的外部影响两个角度，选取节点度、节点介数、节点流量度、节点概率介数、节点流量介数和节点失效后的路网网络效率变化率、出行效率变化率、出行成本变化率、OD 出行需求满足率变化率等指标，建立路网中风险节点的评价指标体系，如图 6-2 所示；选取路段介数、路段概率介数、路段流量介数、路段负荷度和路段失效后的路网网络效率变化率、出行效率变化率、出行成本变化率、OD 出行需求满足率变化率等指标建立路网中风险路段的评价指标体系，如图 6-3 所示。

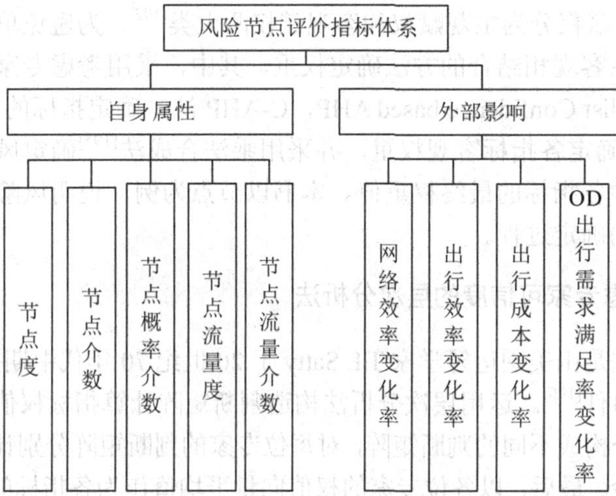


图 6-2 风险节点评价指标体系

Figure 6-2 Evaluation index system of risk nodes

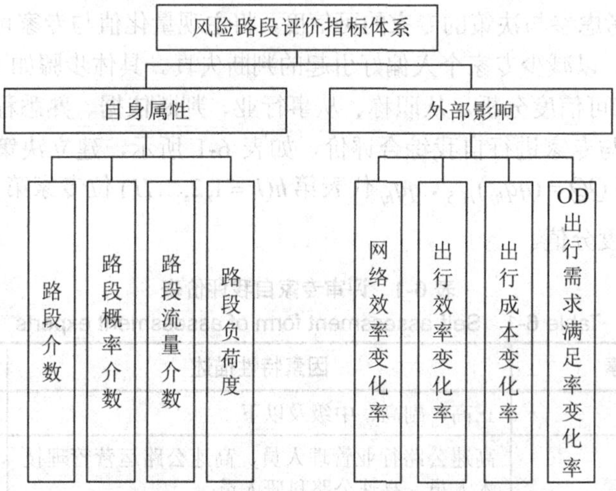


图 6-3 风险路段评价指标体系

Figure 6-3 Evaluation index system of risk links

## 6.2 基于组合赋权的指标权重方法研究

目前，指标赋权分为主观赋权和客观赋权两大类[192]。为避免单一赋权的局限性，本章采用主客观相结合的方法确定权重，其中，采用考虑专家可信度的层次分析法（Specialist Confidence based AHP，C-AHP 法）确定指标的主观权重[193]，采用熵值法[194]确定各指标客观权重，并采用乘法合成法[195]确定风险节点和风险路段指标体系中各指标的最终权重值。本书以节点为例，说明风险节点指标体系中各指标权重的确定过程。

### 6.2.1 考虑专家可信度的层次分析法

层次分析法是由美国运筹学家 T.L.Satty 于 20 世纪 70 年代中期提出的，用于定量分析非定量事件[196]。运用层次分析法构造判断矩阵计算指标权值时，通常由多位专家评价打分构成不同的判断矩阵，对每位专家的判断矩阵分别计算权值向量并进行一致性检验。最后，以各位专家的权值向量平均值作为各指标的权重。但上述方法在构造判断矩阵时未考虑专家个体的差异，由于参与评价专家对评价指标及高速公路管理熟悉程度存在一定的差异，若只是对各位专家的权值向量取平均值进行各指标权重的加权，显然忽略了专家的差异性。因此，在用层次分析法确定评价指标的权重时，考虑参与决策的专家的可信度，将主观量化值与专家可信度相乘求得各指标的权重，以减少专家个人偏好引起的判断失真。具体步骤如下：

（1）专家可信度分析。从职称、从事行业、判断依据、熟悉程度、自信度五个方面，让参与专家进行自我综合评价，如表 6-1 所示，建立决策专家可信度指标矩阵 $QQ$，即 $QQ=(qq_{hj})_{H\cdot 5}$，$qq_{hj}$ 代表第 $h(h=1,2,\dots H)$ 位专家第 $j(j=1,2,\dots,5)$ 个指标的可信度分值。

表 6-1 评审专家自我评价表

Table 6-1 Self-assessment form of assessment experts

| 评价因素 | 因素特性描述 | 分值 |
| --- | --- | --- |
| 职称 | 正高、副高、中级及以下 | 10、9、8 |
| 从事行业 | 高速公路行业管理人员、高速公路运营管理技术人员、高速公路科研人员 | 10、9、8 |
| 判断依据 | 理论分析、参考学术理论、直观判断 | 10、9、8 |
| 对运营管理的熟悉程度 | 熟悉、较熟悉、一般 | 10、9、8 |
| 对评审的自信程度 | 自信、较自信、一般 | 10、9、8 |

设专家组有 $H$ 位专家，第 $h$ 位专家的自我评价值为 $qq_h$，则：

$$qq_h = \prod_{j=1}^{5} qq_{hj} \tag{6-1}$$

那么，第 $h$ 位专家的可信度为：

$$\gamma_h = \frac{qq_h}{\sum_{h=1}^{H} q_h}, h = 1,2,3,\cdots,H \tag{6-2}$$

则专家可信度向量为 $\gamma = (\gamma_1, \gamma_2, \gamma_3, \cdots, \gamma_H)$。

（2）层次分析法。

1）构造判断矩阵。采用1～9及其倒数的标度方法构造判断矩阵，通过元素两两比较得到，$uu_{ef}$ 表示 $uu_e$ 对 $uu_f$ 的相对重要性数值，即为判断矩阵 $UU$ 的元素，见表6-2。

$$UU = \begin{bmatrix} uu_{11} & uu_{12} & \dots & uu_{1F} \\ uu_{21} & uu_{22} & \dots & uu_{2F} \\ \vdots & \vdots & \ddots & \vdots \\ uu_{F1} & uu_{F2} & \dots & uu_{FF} \end{bmatrix} \tag{6-3}$$

该判断矩阵有如下性质：$uu_{ef} > 0$；$uu_{ff} = 1$；$uu_{fe} = 1/uu_{ef}$；$e, f = 1,2,\cdots,F$，$F$ 为评价指标个数[174]。

**表6-2 判断矩阵重要性标度及其含义**

Table 6-2 Scale values and meaning of judgment matrix

| 标度（重要性数值） | 含义 |
|---|---|
| 1 | 表示因素 $uu_e$ 与 $uu_f$ 比较，具有同等重要性 |
| 3 | 表示因素 $uu_e$ 与 $uu_f$ 比较，具有稍微重要性 |
| 5 | 表示因素 $uu_e$ 与 $uu_f$ 比较，具有明显重要性 |
| 7 | 表示因素 $uu_e$ 与 $uu_f$ 比较，具有强烈重要性 |
| 9 | 表示因素 $uu_e$ 与 $uu_f$ 比较，具有极端重要性 |
| 2，4，6，8 | 分别表示相邻判断1～3，3～5，5～7，7～9的中值 |
| 倒数关系 | $uu_e$ 与 $uu_f$ 比较为 $uu_{ef}$，$uu_f$ 与 $uu_e$ 比较为 $uu_{fe}$，$uu_{fe} = 1/uu_{ef}$ |

2）权重的计算。根据判断矩阵 $A = (uu_{ef})_{F \times F}$，进一步计算各评价指标的相对权重，本书采用“特征根法”计算各指标权重：

①计算权重矩阵每一行元素的乘积 $m_e$：

$$m_e = \prod_{f=1}^{F} a_{ef}\text{，}\quad (e,f = 1,2,\cdots,F) \tag{6-4}$$

②计算$m_e$的$n$次方根$\overline{\omega}_e$：

$$\overline{\omega}_e = \sqrt[F]{m_e}\text{，}\quad (e = 1,2,\cdots,F) \tag{6-5}$$

③归一化处理向量$\overline{\omega} = (\overline{\omega}_1, \overline{\omega}_2, \cdots \overline{\omega}_F)^T$：

$$\omega_e = \frac{\overline{\omega}_e}{\sum_{e=1}^{F} \overline{\omega}_e}\text{，}\quad (e = 1,2,\cdots,F) \tag{6-6}$$

$$\omega = (\omega_1, \omega_2, \cdots \omega_F)^T \tag{6-7}$$

求得各指标的权重向量$\omega = (\omega_1, \omega_2, \cdots \omega_F)^T$。

3）一致性检验。

①计算判断矩阵的最大特征根$\lambda_{max}$：

$$\lambda_{max} = \sum_{e=1}^{F} \frac{(\omega)_e}{n\omega_e} \tag{6-8}$$

式中：$n\omega_e$表示向量$n\omega$的第$e$个元素，计算的$\lambda_{max}$以进行下一步的一致性检验。

②一致性检验。计算一致性指标$CI$和一致性比例$CR$：

$$CI = \frac{\lambda_{\max} - n}{n-1} \tag{6-9}$$

$$CR = \frac{CI}{RI} \tag{6-10}$$

根据表 6-3 得相应的平均随机一致性指标$RI$计算$CR$，若$CR < 0.10$时，则判断矩阵$A$的权重分配是合理的；否则，需要调整判断矩阵以满足一致性检验。

表 6-3 判断矩阵的平均随机一致性指标

Table 6-3 Mean random consistency index of judgment matrix

| 矩阵阶数 $n$ | $RI$ | 矩阵阶数 $n$ | $RI$ | 矩阵阶数 $n$ | $RI$ |
|---|---|---|---|---|---|
| 1 | 0 | 6 | 1.24 | 11 | 1.52 |
| 2 | 0 | 7 | 1.32 | 12 | 1.54 |
| 3 | 0.58 | 8 | 1.41 | 13 | 1.56 |
| 4 | 0.9 | 9 | 1.46 | 14 | 1.58 |
| 5 | 1.12 | 10 | 1.49 | 15 | 1.59 |

4）合成权重。若已经算出第$k-1$层上$F_{k-1}$个元素相对于总目标的排序权重向

量 $\omega^{k-1}=\left(\omega_1^{k-1},\omega_2^{k-1},\cdots,\omega_F^{k-1}\right)^T$，则向下第 $k$ 层上 $F_k$ 个元素以第 $k-1$ 层上第 $j$ 个元素为准则的排序权重向量为 $pp_j^{(k)}=\left(pp_{1j}^{(k)},pp_{2j}^{(k)},\cdots,pp_{Fj}^{(k)}\right)$，其中不受 $j$ 支配的元素权重为零。令 $p^{(k)}=\left(p_1^{(k)},p_2^{(k)},\cdots,p_{F_k}^{(k)}\right)$，该矩阵为 $n_k\times n_{k-1}$ 的矩阵，表示第 $k$ 上各元素对第 $k-1$ 层上各元素的排序，那么 $k$ 层上各元素对于总目标的合成权重如下式所示：

$$\omega_i^{(k)}=\sum_{j=1}^{n_{k-1}}pp_{ij}^{(k)}\omega_j^{(k-1)},\ f=1,2,\ldots F \tag{6-11}$$

（3）基于专家可信度的指标主观权重计算。用含有专家可信度的线性加权和，对每位专家求出的指标权重进行加权平均，得到专家组最后确定的各关键节点和路段的评价指标权重向量为：

$$W^{'}=\gamma\cdot\omega \tag{6-12}$$

式中：$W^{'}$ 表示路网风险评估指标的主观权重矩阵；$\gamma$ 表示专家可信度向量，$\gamma=(\gamma_1,\gamma_2,\gamma_3,\cdots,\gamma_H)$，$\omega$ 表示评价专家群体的各指标权重矩阵。

### 6.2.2 熵权法确定客观权重

客观权重分析法主要依靠完备的数学理论和方法，不考虑指标本身的差异，常见的方法主要有：熵值法、均方差法（离差法）、因子分析法、变异系数法、复相关系数法等[192]。由于熵值法具有既能反映指标信息又能充分利用原始数据客观计算指标权重的优势，因此本书选用熵权法以确定各风险节点指标客观权重。具体步骤是：

（1）构建风险节点评估指标的矩阵 $X=(x_{nf})_{N\times F}$，其中 $x_{nf}$ 为第 $n$ 个节点第 $f$ 个评价指标值，$N$ 为节点个数，$F$ 为评价指标个数。

（2）将判断矩阵采用极值法对各节点指标值进行归一化处理，设 $M_f=max(x_{1f},x_{2f},\cdots,x_{Nf})$，$M_f^{'}=min(x_{1f},x_{2f},\cdots,x_{Nf})$。

对于极小型指标：

$$y_{nf}=\frac{M_f-x_{nf}}{M_f-M_f^{'}} \tag{6-13}$$

对于极大型指标：

$$y_{nf}=\frac{x_{nf}-M_f^{'}}{M_f-M_f^{'}} \tag{6-14}$$

得到归一化判断矩阵 $Y=(y_{nf})_{N\times F}$。

（3）计算第$f$个指标第$n$个节点的权重：

$$p_{nf}=\frac{y_{nf}}{\sum_{n=1}^{N}y_{nf}} \tag{6-15}$$

（4）计算第$f$个评价指标的熵：

$$e_f=-\frac{1}{ln(N)}\sum_{n=1}^{N}p_{nf}lnp_{nf} \tag{6-16}$$

式中：$e_f$表示第$f$项指标的熵值，$e_f\geqslant 0$。

（5）计算第$f$个指标的熵权：

$$w_f^{''}=\frac{1-e_f}{F-\sum_{f=1}^{F}(e_f)} \tag{6-17}$$

### 6.2.3 组合赋权法

由于多种赋权方法可在一定程度上克服单一赋权法的不足、提高权重计算的科学性，本书采用乘法合成法进行融合，计算步骤如下：

由C-AHP法确定的权重为$W^{'}=\left[w_1^{'},w_2^{'},\cdots,w_F^{'}\right]$，且满足$0\leqslant w_f^{'}\leqslant 1$，$\sum_{f=1}^{F}w_f^{'}=1$，式中$f=1,2,\cdots,F$。

由熵权法确定的权重为$W^{''}=\left[w_1^{''},w_2^{''},\cdots,w_F^{''}\right]$，且满足$0\leqslant w_f^{''}\leqslant 1$，$\sum_{f=1}^{F}w_f^{''}=1$，式中$f=1,2,\cdots,F$。

本书采取乘法归一化公式确定各指标的综合权重，计算方法如下：

$$w_f=\frac{w_f^{'}\cdot w_f^{''}}{\sum_{f=1}^{F}w_f^{'}\cdot w_f^{''}} \tag{6-18}$$

式中：$F$表示风险节点评估指标体系中指标个数，$w_f^{'}$表示第$f$项指标的主观权重，$w_f^{''}$表示第$f$项指标的客观权重，$w_f$表示第$f$项指标的综合权重。

## 6.3 基于灰色综合分析法的风险节点等级划分及排序

利用灰色关联分析法确定风险节点和路段的排序，基于灰色聚类法对风险节点和路段进行等级划分。

### 6.3.1 基于灰色关联分析确定风险节点及路段排序

（1）确定最优指标集。设最优指标集 $D_0=(d_{01},d_{02},\cdots,d_{0F})$，式中 $d_{of}$ $(f=1,2,\cdots,n)$ 为第 $f$ 个指标的最优值。当评价指标为取值越小越好的成本型指标时，$d_{of}=min(d_{1f},d_{2f},\cdots,d_{Nf})$；当评价指标为取值越大越好的效益型指标时，$d_{of}=max(d_{1f},d_{2f},\cdots,d_{Nf})$。选定最优指标集后，可构造矩阵 $D$：

$$D=\begin{bmatrix} D_0 \\ D_1 \\ D_2 \\ \vdots \\ D_N \end{bmatrix}=\begin{bmatrix} d_{01} & d_{02} & \cdots & d_{0F} \\ d_{11} & d_{12} & \cdots & d_{1F} \\ d_{21} & d_{22} & \cdots & d_{2F} \\ \vdots & \vdots & \cdots & \cdots \\ d_{N1} & d_{N2} & \cdots & d_{NF} \end{bmatrix} \tag{6-19}$$

（2）归一化指标值。由于指标值往往具有不同的量纲和数量级，因此不能直接比较，需要对矩阵 $D$ 进行规范化处理，具体参考公式（6-13）和公式（6-14）进行计算，可得规范化矩阵 $D^*$：

$$D^*=\begin{bmatrix} D^*_0 \\ D^*_1 \\ D^*_2 \\ \vdots \\ D^*_m \end{bmatrix}=\begin{bmatrix} d^*_{01} & d^*_{02} & \cdots & d^*_{0F} \\ d^*_{11} & d^*_{12} & \cdots & d^*_{1F} \\ d^*_{21} & d^*_{22} & \cdots & d^*_{2F} \\ \vdots & \vdots & \vdots & \vdots \\ d^*_{N1} & d^*_{N2} & \cdots & d^*_{NF} \end{bmatrix} \tag{6-20}$$

（3）确定关联系数矩阵。根据灰色关联分析法，按照公式（6-21）可以求得节点 $n$ 第 $f$ 个指标与第 $f$ 个最优指标的关联系数 $\varepsilon_{nf}$：

$$\varepsilon_{nf}=\frac{\underset{n}{min}\,\underset{f}{min}\left|d^*_{nf}-d^*_{of}\right|+\rho\,\underset{n}{max}\,\underset{f}{max}\left|d^*_{nf}-d^*_{of}\right|}{\left|d^*_{nf}-d^*_{of}\right|+\rho\,\underset{n}{max}\,\underset{f}{max}\left|d^*_{if}-d^*_{of}\right|} \tag{6-21}$$

式中，$\rho$ 为分辨系数，$\rho\in[0,1]$，本书取 $\rho=0.5$。由 $\varepsilon_{nf}$ 可得各节点的关联系数矩阵 $E$：

$$E=\begin{bmatrix} E_1 \\ E_2 \\ \vdots \\ E_N \end{bmatrix}=\begin{bmatrix} \varepsilon_{11} & \varepsilon_{12} & \cdots & \varepsilon_{1F} \\ \varepsilon_{21} & \varepsilon_{22} & \cdots & \varepsilon_{2F} \\ \vdots & \vdots & \vdots & \vdots \\ \varepsilon_{N1} & \varepsilon_{N2} & \cdots & \varepsilon_{NF} \end{bmatrix} \tag{6-22}$$

（4）灰色关联度的确定。根据关联系数行向量 $E_i$ 和公式（6-18）确定的指

标权重向量$W_f$，可求得路网中各节点的关联度$R_n(n=1,2,\cdots,N)$。灰色关联度的计算公式为:

$$R_n = W_f \times E_n = \begin{bmatrix} W_1 \\ W_2 \\ \vdots \\ W_F \end{bmatrix} \times [\varepsilon_{i1}, \varepsilon_{i2}, \cdots \varepsilon_{iN}] \tag{6-23}$$

式中：$W_i$为某一层的各指标相对于上层指标的权重。根据灰色关联度$R_n(n=1,2,\cdots,N)$的大小，建立风险节点和路段的关联序，以此确定节点的综合评价次序。

### 6.3.2 基于灰色聚类分析确定风险节点及路段等级

灰色聚类以灰数的白化函数生成为基础，它将聚类对象分为$zz$个灰类，从而判断聚类对象所属的灰类。本书将$zz=5$，采用三角白化函数的灰色聚类分析法确定风险节点和路段等级。

具体步骤如下:

（1）确定各指标的白化权值。根据各时段各节点指标$d_{nf}$构造样本矩阵$D$，对指标数据按照公式（6-13）、公式（6-14）进行无量纲处理，选取 0.15、0.3、0.45、0.6、0.9 对应的临界指标值，作为第$f$个指标“风险很小、风险小、风险一般、风险非常大、风险大”五个等级的临界值$\lambda_{zz,f}$。

（2）确定第$f$个指标五个灰类的白化函数$f_{zz,f}$。本书研究构造三角形白化函数形式，以识别风险节点/路段，具体如图 6-4 所示。

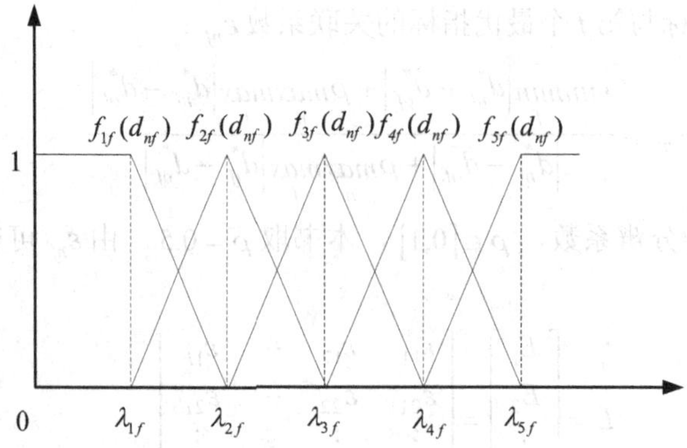


图 6-4 白化函数图

Figure 6-4 Figure of white function

风险灰数属于很小的白化权函数的表达式为：

$$f_{1f}(d_{nf})=\begin{cases}1 & 0<d_{nf}\leqslant\lambda_{1f}\\ \dfrac{\lambda_{2f}-d_{nf}}{\lambda_{2f}-\lambda_{1f}} & \lambda_{1f}<d_{nf}\leqslant\lambda_{2f}\\ 0 & >\lambda_{2f}\end{cases}\tag{6-24}$$

风险灰数属于小的白化函数的表达式为：

$$f_{2f}(d_{nf})=\begin{cases}\dfrac{d_{nf}-\lambda_{1f}}{\lambda_{2f}-\lambda_{1f}} & \lambda_{1f}<d_{nf}\leqslant\lambda_{2f}\\ \dfrac{\lambda_{3f}-d_{nf}}{\lambda_{3f}-\lambda_{2f}} & \lambda_{2f}<d_{nf}\leqslant\lambda_{3f}\\ 0 & \text{其他}\end{cases}\tag{6-25}$$

风险灰数属于一般的白化权函数的表达式为：

$$f_{3f}(d_{nf})=\begin{cases}\dfrac{d_{nf}-\lambda_{2f}}{\lambda_{3f}-\lambda_{2f}} & \lambda_{2f}<d_{nf}\leqslant\lambda_{3f}\\ \dfrac{\lambda_{4f}-d_{nf}}{\lambda_{4f}-\lambda_{3f}} & \lambda_{3f}<d_{nf}\leqslant\lambda_{4f}\\ 0 & \text{其他}\end{cases}\tag{6-26}$$

风险灰数属于大的白化权函数的表达式为：

$$f_{4f}(d_{nf})=\begin{cases}\dfrac{d_{nf}-\lambda_{3f}}{\lambda_{4f}-\lambda_{3f}} & \lambda_{3f}<d_{nf}\leqslant\lambda_{4f}\\ \dfrac{\lambda_{5f}-d_{nf}}{\lambda_{5f}-\lambda_{4f}} & \lambda_{4f}<d_{nf}\leqslant\lambda_{5f}\\ 0 & \text{其他}\end{cases}\tag{6-27}$$

风险灰数属于很大的白化权函数的表达式为：

$$f_{5f}(d_{nf})=\begin{cases}\dfrac{d_{nf}-\lambda_{4f}}{\lambda_{5f}-\lambda_{4f}} & \lambda_{4f}<d_{nf}\leqslant\lambda_{5f}\\ 1 & d_{nf}>\lambda_{5f}\\ 0 & \text{其他}\end{cases}\tag{6-28}$$

（3）求聚类权重 $w_f$，本书根据公式（6-18）的组合赋权法确定节点各指标的权重值 $w_f$。

（4）求聚类系数。第 $n$ 个聚类对象对于第 $zz$ 个灰类的聚类系数为：

$$\sigma_{n,zz}=\sum_{f=1}^{F}f_z(d_{nf})\omega_f \tag{6-29}$$

（5）进行聚类。在 $\sigma_{n,zz}$ 中挑选最大者判断节点所属风险灰类（风险很小，风险小，风险一般，风险非常大，风险大）。

# 第 7 章 实例分析

## 7.1 高速公路网络复杂特性分析

### 7.1.1 山东省高速公路静态拓扑网络特性分析

（1）节点度。根据前面 3.2.1 节中对节点度的定义，高速公路网中节点度的高低反映节点间的连通关系，本书对山东省高速公路网节点度分布特性进行分析，如图 7-1、表 7-1 所示。从统计结果来看，山东省高速公路网平均节点度为 4.16，有 281 个节点度为 4，占节点总数的 79.15%，即在实际高速公路网 79.15%的节点仅与相邻的 2 个收费站或互通立交直接连接；度值为 2 的节点为 33 个；度值为 6 和 8 的节点数量分别是 21 个和 20 个，分别占节点总数的 5.92%和 5.63%，均为高速公路上的互通式立交节点，这些互通式立交为客货物运输提供了便利，实现了不同高速公路之间的互联互通。

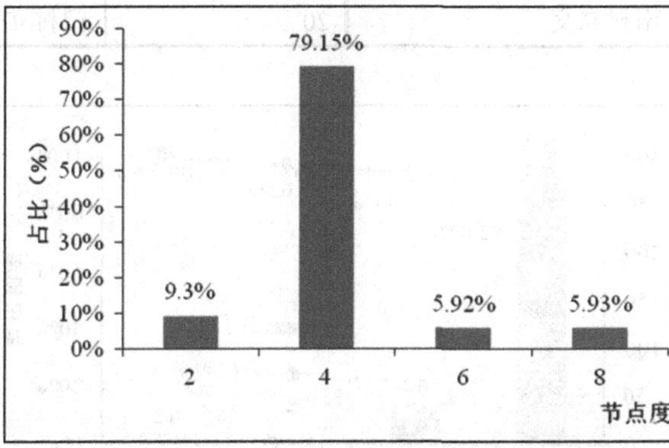


图 7-1　节点度分布情况

Figure 7-1　Degree distribution of nodes

（2）节点介数。根据公式（3-20）可知，节点介数反映了节点在整个物理拓扑网络中的连通重要性程度。节点介数的频数分布情况如图 7-2 所示，约 95%

的节点的介数值在 0.25 及以下，其中介数值在 0.15 及以下的节点约占总数的 83%，大部分节点的介数值较低，介数值大于 0.35 的节点约占 3.4%，这些节点集中分布于山东省高速公路网的横向通道 G20 青银高速的东段，说明路网中所有 OD 对间最短路径穿越次数较多的节点分布集中，这些节点在路网中起到较大的连通作用；而其余节点经过最短路径的比例较小，路网各节点的连通度分布有失均衡。在现有路网的基础上，需要合理布局新建高速公路，以提高并均衡各节点的连通度。

表 7-1 度最高的节点分布情况

Table 7-1 Node distribution of highest degree

| 节点度排序 | 节点名称 | 节点度排序 | 节点名称 |
|---|---|---|---|
| 1 | 莱芜立交 | 11 | 马店立交 |
| 2 | 竹园立交 | 12 | 圈村立交 |
| 3 | 德州立交 | 13 | 东港立交 |
| 4 | 齐河北立交 | 14 | 涌泉立交 |
| 5 | 池庄立交 | 15 | 房镇立交 |
| 6 | 殷家林立交 | 16 | 济南机场立交 |
| 7 | 息陬立交 | 17 | 黄岛立交 |
| 8 | 大杨家立交 | 18 | 小许家立交 |
| 9 | 莱西立交 | 19 | 普东南立交 |
| 10 | 南村立交 | 20 | 门村立交 |

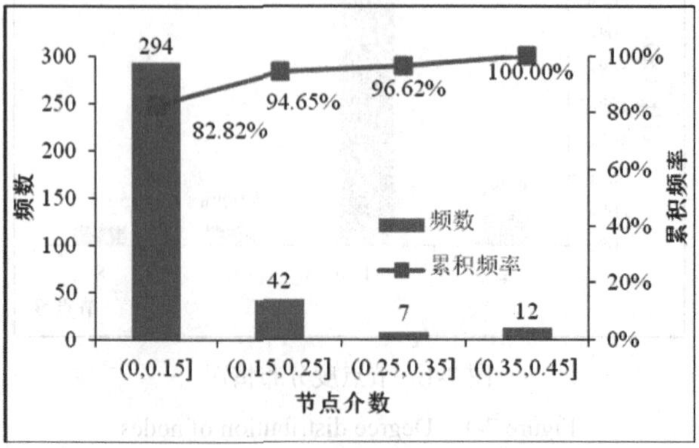


图 7-2 山东省高速公路网节点介数分布情况

Figure 7-2 Node betweenness distribution of freeway network in Shandong

表 7-2 山东省高速公路网节点介数排名前 20 的节点分布

Table 7-2 Top 20 nodes betweenness distribution of freeway network in Shandong

| 节点介数排序 | 节点名称 | 节点介数排序 | 节点名称 |
|---|---|---|---|
| 1 | 房镇立交 | 11 | 潍坊 |
| 2 | 于家立交 | 12 | 潍坊东 |
| 3 | 淄博 | 13 | 门村立交 |
| 4 | 临淄 | 14 | 马店立交 |
| 5 | 青州西 | 15 | 周村 |
| 6 | 青州东 | 16 | 邹平 |
| 7 | 寿光 | 17 | 章丘 |
| 8 | 昌乐 | 18 | 唐王立交 |
| 9 | 潍城 | 19 | 殷家林立交 |
| 10 | 涌泉立交 | 20 | 莱芜立交 |

（3）路段介数。本书采用了归一化后的路段介数指标作为数据进行分析，实现了对实例路网中路段介数指标集的计算和结果输出，如图 7-3 所示。其中介数值大于 0.15 的路段约占总数的 5%，大部分路段的介数值较低，约 69%的路段介数低于 0.05，介数较高的路段是路网中最短路径经过次数最多的路段，不同高速公路路线均需要通过这些路段，这些路段在整个路网中发挥着互联互通的作用。这些路段集中分布在 G20 青银高速（济南－潍坊）段上，主要由于该路线是山东省最先建设的线路，后期规划建设的路线都主动与其相连，也说明整个山东省区域的高速公路网依然稀疏尚未形成规模，需要进一步提高整个路网密度和连通性，见表 7-3。

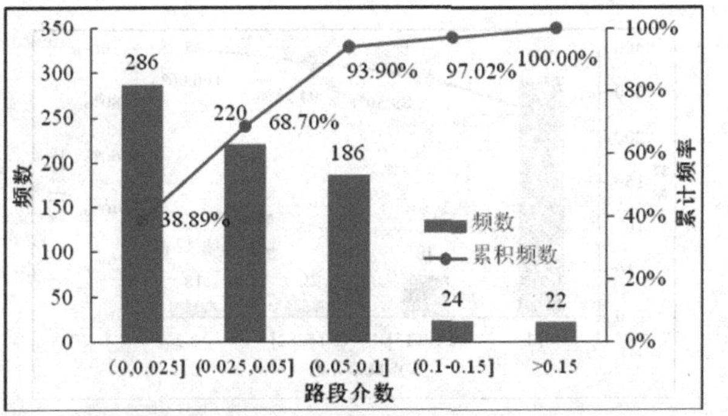


图 7-3 山东省高速公路网路段介数分布情况

Figure 7-3 Link betweenness distribution of freeway network in Shandong

表 7-3 山东省高速公路网介数排名前 20 的路段分布

Table 7-3 Top 20 links betweenness distribution of freeway network in Shandong

| 路段介数排序 | 路段名称 | 所属路线 | 路段介数排序 | 路段名称 | 所属路线 |
|---|---|---|---|---|---|
| 1 | 淄博一房镇立交 | G20 | 11 | 寿光一青州东 | G20 |
| 2 | 房镇立交一淄博 | G20 | 12 | 青州东一寿光 | G20 |
| 3 | 临淄一淄博 | G20 | 13 | 昌乐一寿光 | G20 |
| 4 | 淄博一临淄 | G20 | 14 | 寿光一昌乐 | G20 |
| 5 | 青州西一临淄 | G20 | 15 | 潍城一昌乐 | G20 |
| 6 | 临淄一青州西 | G20 | 16 | 昌乐一潍城 | G20 |
| 7 | 于家立交一青州西 | G20 | 17 | 潍坊一潍城 | G20 |
| 8 | 青州西一于家立交 | G20 | 18 | 潍城一潍坊 | G20 |
| 9 | 青州东一于家立交 | G20 | 19 | 潍坊东一潍坊 | G20 |
| 10 | 于家立交一青州东 | G20 | 20 | 潍坊一潍坊东 | G20 |

### 7.1.2 山东省高速公路服务供给网络特性分析

考虑到高速公路各组成要素服务供给能力受交通条件、车速限制等因素共同作用，为计算高速公路服务供给网络特性中的相关指标，本书结合山东省公路交通量调查系统中各 85%位车速作为路段限制车速，借助 matlab 和 java 软件，计算公式（3-22）、公式（3-23）中的服务供给网络特性。

（1）节点概率介数。节点概率介数反映了节点在高速公路服务供给网络中发挥连通作用的重要性。根据公式（3-22）计算的节点概率介数的频数分布情况如图 7-4 所示，约 5%的节点概率介数大于 0.2，这些节点集中分布于横向通道 G20 青银高速的东段及 G3 京台高速、济南绕城高速的叠加区域，见表 7-4。因此，这些线路节点被出行者选中的概率较大，反映这些线路的服务供给能力较强。

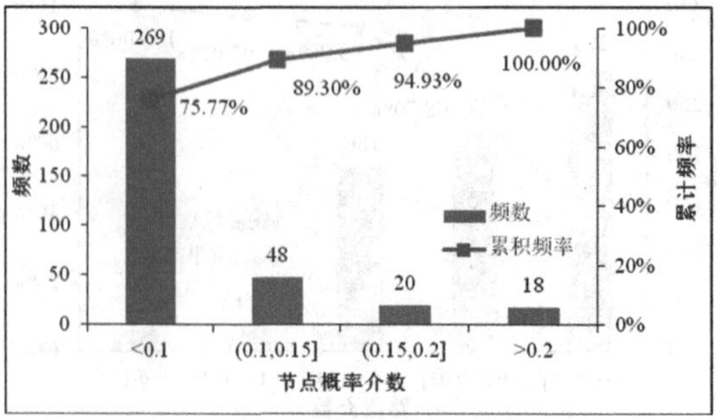


图 7-4 山东省高速公路网节点概率介数分布情况

Figure 7-4 Node probability betweenness distribution of freeway network in Shandong

表 7-4 山东省高速公路网概率介数排名前 20 的节点

Table 7-4 Top 20 nodes probability betweenness of freeway network in Shandong

| 概率介数排序 | 节点名称 | 概率介数排序 | 节点名称 |
|---|---|---|---|
| 1 | 房镇立交 | 11 | 潍城 |
| 2 | 槐荫立交 | 12 | 临淄 |
| 3 | 殷家林立交 | 13 | 潍坊 |
| 4 | 池庄立交 | 14 | 潍坊东 |
| 5 | 淄博 | 15 | 昌乐 |
| 6 | 济南西 | 16 | 青州西 |
| 7 | 小许家立交 | 17 | 寿光 |
| 8 | 青州东 | 18 | 章丘 |
| 9 | 于家立交 | 19 | 邹平 |
| 10 | 涌泉立交 | 20 | 唐王立交 |

（2）路段概率介数。根据公式（3-23）计算的路段概率介数的频数分布情况如图 7-5 所示，约 3%的路段概率介数值大于 0.12。其中路段概率介数排名前 20 的路段集中分布于横向通道 G20 青银高速的（济南－潍坊）段上，这些路段被选择经过的概率较大，路段利用率较高，见表 7-5。

在实际中，G20 青银高速、G3 京台高速等均是山东省较早建设的高速公路，目前由山东高速集团进行管理，整个路线采取专业化、高效化、信息化的管理模式，这些线路的基础设施服务供给水平在全省高速公路路线中居于前列，也说明概率介数能够反映路网中各路段的服务供给能力水平。

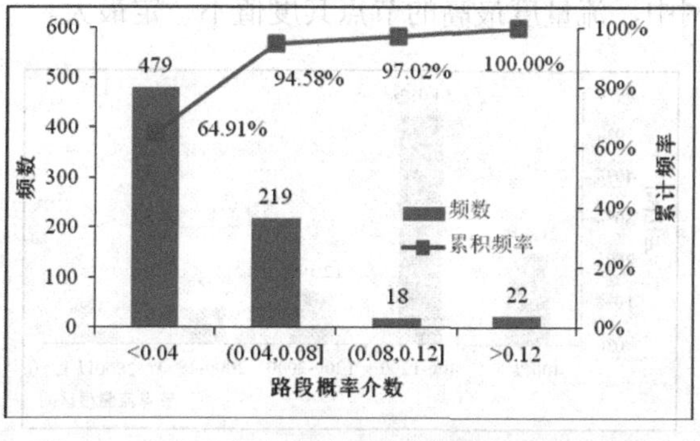


图 7-5 山东省高速公路网路段概率介数分布情况

Figure 7-5 Distribution of link probability betweenness in Shandong

表 7-5 山东省高速公路网概率介数排名前 20 的路段

Table 7-5 Top 20 links probability betweenness distribution of freeway network in Shandong

| 概率介数排序 | 路段名称 | 概率介数排序 | 路段名称 |
|---|---|---|---|
| 1 | 于家立交－青州东 | 11 | 青州西－于家立交 |
| 2 | 房镇立交－淄博 | 12 | 殷家林立交－济南西 |
| 3 | 青州东－寿光 | 13 | 济南西－槐荫立交 |
| 4 | 潍坊东－涌泉立交 | 14 | 章丘－唐王立交 |
| 5 | 潍城－潍坊 | 15 | 淄博－房镇立交 |
| 6 | 昌乐－潍城 | 16 | 邹平－章丘 |
| 7 | 寿光－昌乐 | 17 | 周村－房镇立交 |
| 8 | 潍坊－潍坊东 | 18 | 周村－邹平 |
| 9 | 淄博－临淄 | 19 | 济南西－殷家林立交 |
| 10 | 临淄－青州西 | 20 | 槐荫立交－济南西 |

### 7.1.3 山东省高速公路运输需求网络特性分析

（1）节点流量度。节点流量度反映了节点连接的路网运输规模的大小，节点流量度越大，则节点的重要度越大。因为不同时段内高速公路网交通量分布不同，本书选取 05:00-06:00（非高峰）及 09:00-10:00（高峰）两个时段对节点流量度的特征进行分析。不同时段节点流量度的频数分布，如图 7-6、图 7-7 所示，05:00-6:00 时段节点流量度的平均值约为 972，有 12 个节点的节点流量度在 2800 以上，占节点总数的 3.38%；09:00-10:00 节点流量的平均值约为 1782，有 15 个节点的节点流量度在 4600 以上，占节点总数的 4.23%，各节点连接路段的交通流量变化幅度很大。分析这些流量度大的节点，其节点度大多为 4，如表 7-6、表 7-7 和图 7-8，可知在高速公路网中，流量度最高的节点其度值不一定最大。

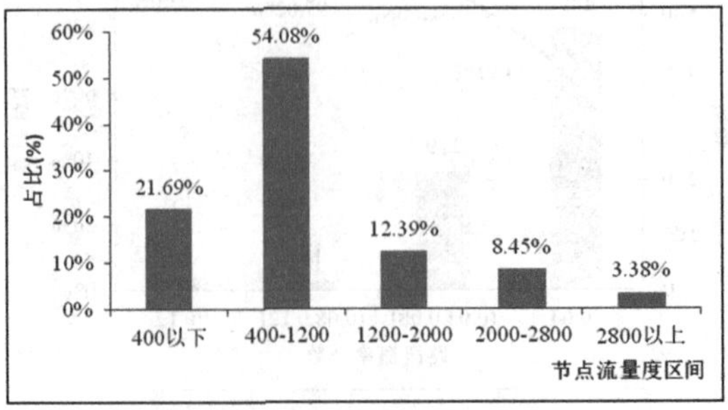


图 7-6 05:00-06:00 节点流量度分布

Figure 7-6 Node flow degree distribution at 05:00-06:00

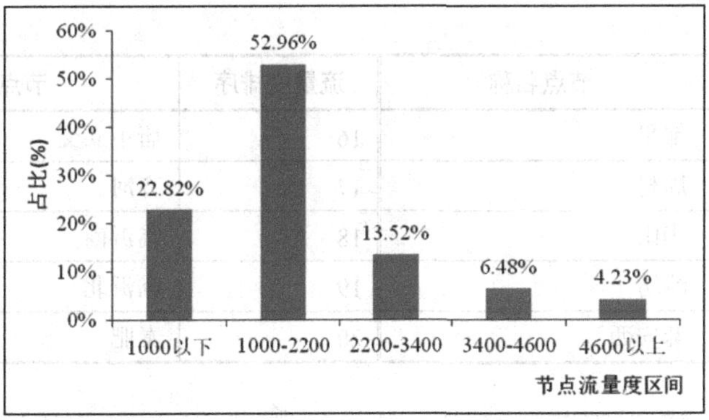


图 7-7 09:00-10:00 节点流量度分布

Figure 7-7 Node flow degree distribution at 09:00-10:00

表 7-6 05：00-06：00 时段流量度排名前 20 的节点分布情况

Table 7-6 Top 20 flow degree nodes distribution of freeway at 05：00-06：00

| 流量度排序 | 节点名称 | 流量度排序 | 节点名称 |
|---|---|---|---|
| 1 | 济南西 | 11 | 泰肥 |
| 2 | 万德 | 12 | 临沂 |
| 3 | 崮山 | 13 | 槐荫立交 |
| 4 | 泰安西 | 14 | 齐河 |
| 5 | 临沂南 | 15 | 平原南 |
| 6 | 临沂南立交 | 16 | 化马湾 |
| 7 | 禹城 | 17 | 邹平 |
| 8 | 苍山 | 18 | 泰安东 |
| 9 | 章丘 | 19 | 红花埠 |
| 10 | 郯城 | 20 | 潍坊 |

表 7-7 09:00-10:00 时段流量度排名前 20 的节点分布情况

Table 7-7 Top 20 flow degree nodes distribution of freeway at 09：00-10：00

| 流量度排序 | 节点名称 | 流量度排序 | 节点名称 |
|---|---|---|---|
| 1 | 济南西 | 11 | 潍坊东 |
| 2 | 章丘 | 12 | 临沂 |
| 3 | 槐荫立交 | 13 | 禹城 |
| 4 | 崮山 | 14 | 淄博 |
| 5 | 万德 | 15 | 潍城 |

续表

| 流量度排序 | 节点名称 | 流量度排序 | 节点名称 |
|---|---|---|---|
| 6 | 邹平 | 16 | 唐王立交 |
| 7 | 周村 | 17 | 齐河 |
| 8 | 华山 | 18 | 临沂南 |
| 9 | 潍坊 | 19 | 临沂北 |
| 10 | 泰安西 | 20 | 泰肥 |

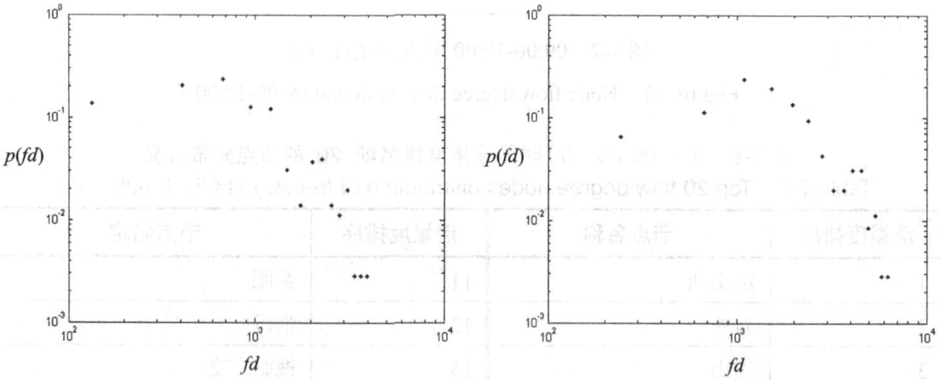

（a）05:00-06:00　　（b）09:00-10:00

图 7-8　双对数坐标轴下不同时段节点流量度分布

Figure 7-8　Flow degree distribution in log-log scale plot at different times

同时，为分析高速公路运输需求网络的复杂性，通过对两个时段下的节点流量度分布进行分析，发现两个时段在双对数坐标下节点流量度分布的尾部近似为直线，分布服从幂律分布 $p(fd) \sim 50300 fd^{-1.878}$ 、 $p(fd) \sim 180200 fd^{-2.184}$ ，$\lambda$ 均在 2 左右，由此看出高速时段山东省高速公路运输需求网络呈现一定的无标度网络特性，这是因为高速公路的客货运输都趋于向社会经济活动活跃的区域集中，如节点 39（济南西）流量度最大，该节点是 G35 济广高速、G2001 济南绕城高速、G3 京台高速等多条国家高速网的叠加区域，是山东省重要的纵向大通道，是山东省重要运输通道的组成部分，临近省会城市济南且过境山东的车辆较多。

（2）节点流量介数。选取 2012 年某工作日 05:00-06:00、09:00-10:00 两个时段计算山东省高速公路网各节点流量介数情况。05:00-06:00 节点流量介数的频数分布情况如图 7-9 所示，其中约 2%的节点流量介数值大于 0.105，这些节点主要集中在纵向通道 G3 京台高速与多条高速（G20 青银高速、G2001 济南绕城高速、G35 济广高速）汇合处，小部分节点位于上述交叉点附近的横向通道 G20 青银高速上，见表 7-8，说明这些节点在 05:00-06:00 被出行者选中的流量较大，在路网中较为重要。

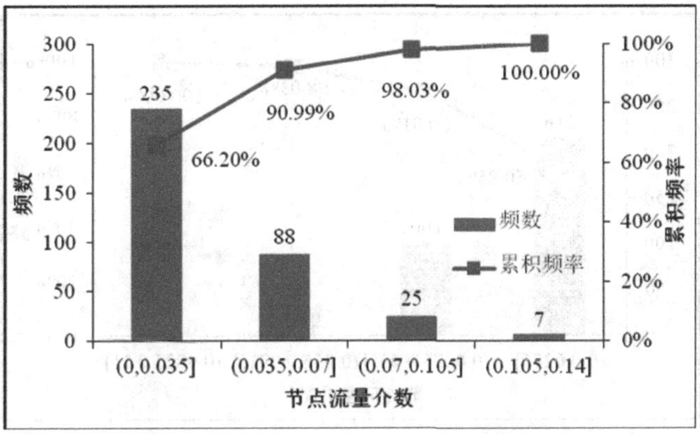


图 7-9 05:00-06:00 山东省高速公路网节点流量介数分布情况

Figure 7-9 Node flow betweenness distribution of freeway network in Shandong at 05:00-06:00

表 7-8 5:00-6:00 时段流量介数排名前 20 位的节点

Table 7-8 Top 20 nodes of probability betweenness at 05:00-06:00

| 流量介数排序 | 节点名称 | 流量介数排序 | 节点名称 |
|---|---|---|---|
| 1 | 齐河北立交 | 11 | 德州立交 |
| 2 | 池庄立交 | 12 | 德州南 |
| 3 | 槐荫立交 | 13 | 禹城 |
| 4 | 小许家立交 | 14 | 唐王立交 |
| 5 | 房镇立交 | 15 | 平原南 |
| 6 | 济南机场立交 | 16 | 平原 |
| 7 | 殷家林立交 | 17 | 邹平 |
| 8 | 济南西 | 18 | 表白寺立交 |
| 9 | 德州 | 19 | 齐河 |
| 10 | 章丘 | 20 | 周村 |

09:00-10:00 节点流量介数的频数分布情况如图 7-10 所示，流量介数值大于 0.0825 的节点约占 2%。受交通出行需求的时空变化，与 05:00-06:00 流量介数排名有一定的差异，该时段流量介数较高的节点主要集中在横向通道 G20 青银高速

与纵向通道 G3 京台高速与多条国家高速（G20 青银高速、G2001 济南绕城高速、G35 济广高速）汇合处，见表 7-9。

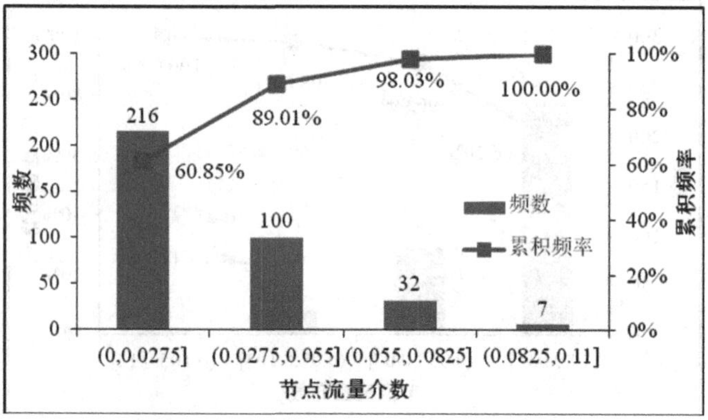


图 7-10　09:00-10:00 山东省高速公路节点流量介数分布情况

Figure 7-10　Node flow betweenness distribution of freeway network in Shandong at 09:00-10:00

表 7-9　09:00-10:00 时段流量介数排名前 20 位的节点

Table 7-9　Top 20 nodes of probability betweenness at 09:00-10:00

| 流量介数排序 | 节点名称 | 流量介数排序 | 节点名称 |
|---|---|---|---|
| 1 | 房镇立交 | 11 | 周村 |
| 2 | 小许家立交 | 12 | 邹平 |
| 3 | 槐荫立交 | 13 | 夏庄 |
| 4 | 殷家林立交 | 14 | 淄博 |
| 5 | 池庄立交 | 15 | 潍城 |
| 6 | 齐河北立交 | 16 | 禹城 |
| 7 | 济南西 | 17 | 潍坊 |
| 8 | 济南机场立交 | 18 | 临淄 |
| 9 | 章丘 | 19 | 莱芜立交 |
| 10 | 唐王立交 | 20 | 济南 |

（3）路段流量介数。同样选取 2012 年某工作日 05:00-06:00、09:00-10:00 个时段计算山东省高速公路网各路段流量介数情况，如图 7-11、图 7-12 所示。05:00-06:00 路段流量介数的频数分布情况如图 7-11 所示，其中约 4%的路段流量

介数值大于 0.03；09:00-10:00 路段流量介数的频数分布情况见表 7-9，其中约 4%的路段流量介数值大于 0.02。这些路段主要集中在纵向通道 G3 京台高速和横向通道 G20 青银高速济南往东的路段上，这是因为这些路段被出行者选中的流量较大，在路网中较为重要。

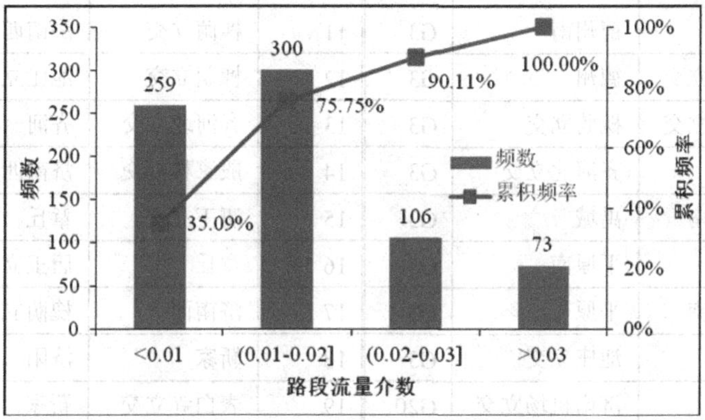


图 7-11　05:00-06:00 山东省高速公路网路段流量介数分布情况

Figure 7-11　Link flow betweenness of freeway network in Shandong at 05:00-06:00

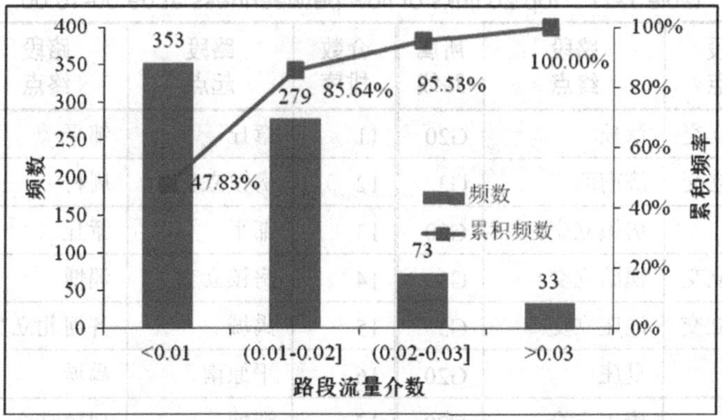


图 7-12　09:00-10:00 山东省高速公路网路段流量介数分布情况

Figure 7-12　Link flow betweenness of freeway network in Shandong at 09:00-10:00

通过对比分析两个时间段的路段流量介数分布情况，其中大部分较为相似，集中在 G20 青银高速上（淄博一章丘）和 G3 京台高速（德州一济南）段上，但也存在一定的差异，如非高峰时段省际出入口处的路段流量介数也较高、高峰时段由于青岛作为整个路网的终点，进出青岛的运输需求较大，使得在高峰时段青岛区域的路段流量介数较大，如图 7-12、表 7-10 和表 7-11 所示。

表 7-10　05:00-06:00 时段流量介数排名前 20 位的路段
Table 7-10　Top 20 links of flow betweenness at 05:00-06:00

| 介数排序 | 路段起点 | 路段终点 | 所属路线 | 介数排序 | 路段起点 | 路段终点 | 所属路线 |
|---|---|---|---|---|---|---|---|
| 1 | 德州 | 德州南 | G3 | 11 | 槐荫立交 | 济南西 | G3 |
| 2 | 德州立交 | 德州 | G3 | 12 | 槐荫立交 | 池庄立交 | G3 |
| 3 | 池庄立交 | 槐荫立交 | G3 | 13 | 齐河北立交 | 齐河 | G3 |
| 4 | 禹城 | 齐河北立交 | G3 | 14 | 殷家林立交 | 济南西 | G3 |
| 5 | 平原南 | 禹城 | G3 | 15 | 唐王立交 | 章丘 | G20 |
| 6 | 平原 | 平原南 | G3 | 16 | 章丘 | 唐王立交 | G20 |
| 7 | 德州南 | 平原 | G3 | 17 | 济南西 | 槐荫立交 | G3 |
| 8 | 齐河 | 池庄立交 | G3 | 18 | 靳家 | 济阳 | G20 |
| 9 | 遥墙 | 济南机场立交 | G20 | 19 | 表白寺立交 | 靳家 | G20 |
| 10 | 济阳 | 遥墙 | G20 | 20 | 邹平 | 章丘 | G20 |

表 7-11　09:00-10:00 时段流量介数排名前 20 位的路段
Table 7-11　Top 20 links of flow betweenness at 09:00-10:00

| 介数排序 | 路段起点 | 路段终点 | 所属路线 | 介数排序 | 路段起点 | 路段终点 | 所属路线 |
|---|---|---|---|---|---|---|---|
| 1 | 唐王立交 | 章丘 | G20 | 11 | 章丘 | 邹平 | G20 |
| 2 | 槐荫立交 | 济南西 | G3 | 12 | 房镇立交 | 周村 | G20 |
| 3 | 周村 | 房镇立交 | G20 | 13 | 邹平 | 章丘 | G20 |
| 4 | 池庄立交 | 槐荫立交 | G3 | 14 | 房镇立交 | 淄博 | G20 |
| 5 | 槐荫立交 | 池庄立交 | G3 | 15 | 禹城 | 齐河北立交 | G3 |
| 6 | 李村 | 夏庄 | G20 | 16 | 平原南 | 禹城 | G3 |
| 7 | 章丘 | 唐王立交 | G20 | 17 | 淄博 | 房镇立交 | G20 |
| 8 | 济南西 | 殷家林立交 | G3 | 18 | 殷家林立交 | 济南西 | G3 |
| 9 | 济南西 | 槐荫立交 | G3 | 19 | 齐河北立交 | 禹城 | G3 |
| 10 | 邹平 | 周村 | G20 | 20 | 潍城 | 潍坊 | G20 |

通过以上的分析，可以看出山东省高速公路网络特性存在以下特点：

（1）通过分析高速公路服务供给网络特性，可以看出路网中概率介数较高的节点和路段分布集中在 G20 青银高速和 G3 京台高速与多条国家高速公路的叠加区域，说明这些路线的服务供给能力较强。在实际中，G20 青银高速、G3 京台高速是山东省境内较早建设的高速公路，是山东省内重要的运输通道，现均由山东高速集团进行经营管理，已经形成专业化、信息化、高效化的管理模式，基础设施的服务供给水平较高，证实节点概率介数和路段概率介数可以在一定程度上反映高速公路服务供给能力。

（2）通过分析高速公路运输需求网络特性，可以看出高速公路运输需求网络节点流量度分布呈现幂律分布的特点，具有一定的无标度网络特性，这是由于高速公路的客货运输都趋于向沿线的山东经济发展较高的地区或者省际出入口出行；受出行需求分布的影响，虽然流量介数随时间呈现一定的差异性，但是流量介数较高的节点和路段也主要分布在 G20 青银高速段和 G3 京台高速上，说明这些线路发挥着重要的集疏运作用，在实际运营中这些线路交通流量较高。

总体来看，通过分析不同的网络特性，发现交通供给和需求整体呈现相匹配的特点。但随着交通出行需求的日益增多，需要在现有路网的基础上，进一步合理布局规划高速公路网，以提高并均衡各节点的连通度，进一步加强对区域内高速公路网的服务供给水平。

## 7.2　高速公路网络运营风险评估分析

### 7.2.1　高速公路网络运营风险特性研究

#### 7.2.1.1　路网不均衡性分析

同样以山东省高速公路网为例，选取 2012 年某工作日不同时段的节点和路段的不同属性，计算高速公路网不均衡性。

（1）基于节点流量度的路网不均衡性。根据 24 小时的路网流量数据，可以计算得到相应的 24 小时基于节点流量度的路网不均衡性，如图 7-13 所示，整体呈现出与山东省高速公路网的典型的“马鞍形”出行特征相似的特点。从计算结果看，出行高峰时段 09:00-10:00、08:00-09:00、10:00-11:00、15:00-16:00、16:00-17:00 等时段基于节点流量度的路网不均衡性较大。

（2）基于节点流量介数的路网不均衡性。根据 24 小时的路网交通量数据，计算得到相应的基于节点流量介数的路网不均衡性测度值，如图 7-14 所示，呈“马鞍形”分布特点基本相似，整体来看仍是高峰时段的路网不均衡性要高于非高峰时段。17:00-18:00、08:00-09:00、09:00-10:00、13:00-14:00、16:00-17:00 等几个时段基于节点流量介数的路网不均衡性测度值更大。

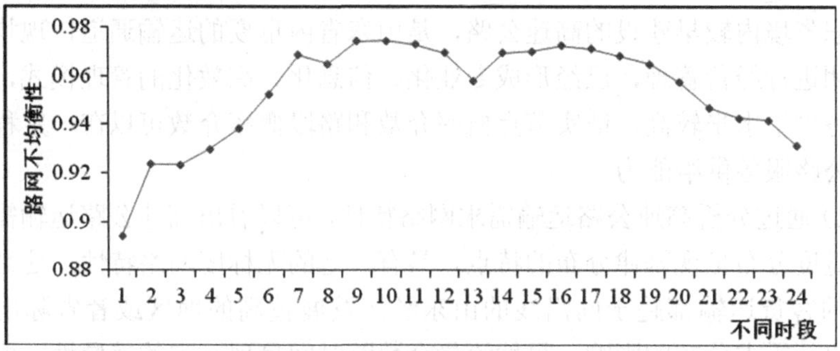


图 7-13　基于节点流量度的山东省高速公路网不均衡性分布情况

Figure 7-13　Inequality distribution of freeway network based on node flow degree in Shandong

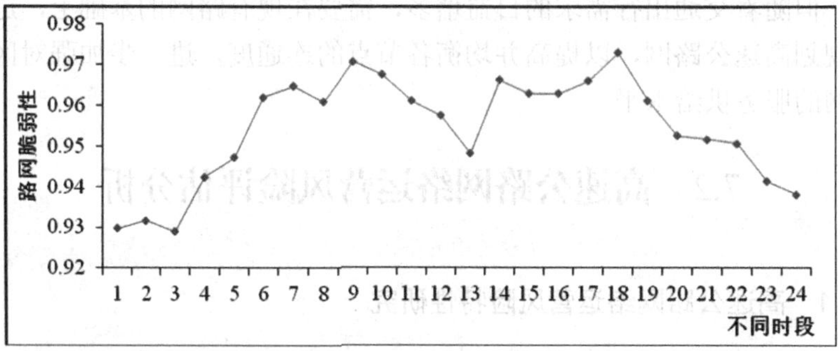


图 7-14　基于节点流量介数的山东省高速公路网不均衡性分析

Figure 7-14　Inequality distribution of freeway network based on node flow betweenness in Shandong

（3）基于路段流量介数的路网不均衡性。根据 24 小时的路网收费数据，计算得到相应的基于路段流量介数的路网不均衡性测度值，如图 7-15 所示，呈“马鞍形”分布特点基本相似，具有“潮汐特性”，整体来看仍是高峰时段的路网不均衡性要高于非高峰时段。08:00-09:00、17:00-18:00、13:00-14:00、14:00-15:00、15:00-16:00 等几个时段基于路段流量介数的路网不均衡性测度值更大。

（4）基于路段负荷度的路网不均衡性。根据 24 小时的路网收费数据，计算得到相应的基于路段饱和度的路网不均衡性测度值，如图 7-16 所示，呈“马鞍形”分布特点基本相似，具有明显的“潮汐特性”，高峰时段的路网流量不均衡性要高于非高峰时段。10:00-11:00、09:00-10:00、08:00-09:00、15:00-16:00、13:00-14:00

等几个时段基于路段饱和度的路网流量分布不均衡性测度值更大。

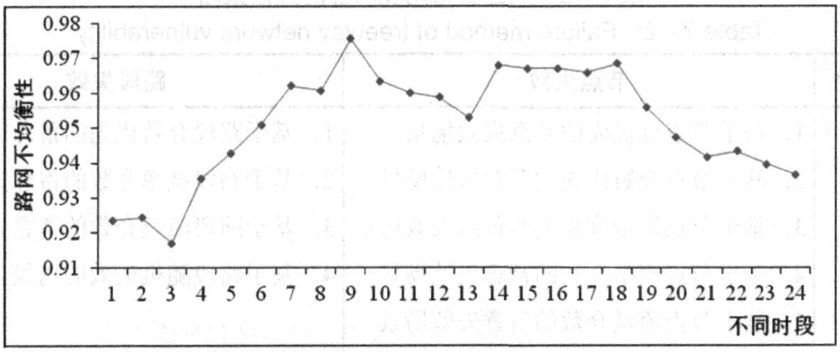


图 7-15 基于路段流量介数的山东省高速公路网不均衡性分布图

Figure 7-15 Inequality distribution of freeway network based on link flow betweenness in Shandong

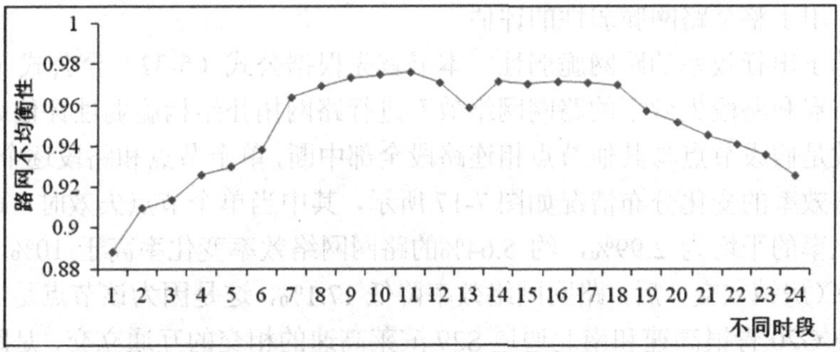


图 7-16 基于路段负荷度的山东省高速公路网不均衡性分布图

Figure 7-16 Inequality distribution of freeway network based on link saturation degree in Shandong

通过以上分析可以得出以下结论：采用基尼系数分析路网分布不均衡性时，无论是从节点或是路段的哪个属性指标，路网均呈现出高峰时段比非高峰时段路网分布更加不均衡的特点。这是由于受区域经济发展、道路管理水平、路网连通结构、交通流量分布等因素影响，不同区域在高峰时段出行需求产生较大的差距，在出行行为选择、拓扑结构分布等共同影响下，造成路网中节点及路段间运输作用差异性较大。

7.2.1.2 路网脆弱性分析

路网脆弱性分析主要是对路网中节点和路段进行失效仿真实验，通过分析节点和路段不同失效策略下的路网整体效能的变化对其脆弱性进行评估。根据第 4 章失效策略的分析，本书主要按照节点或路段单一失效及累计失效两种实验场景进行分析，其中累计失效的场景设计如表 7-12 所示。

表 7-12 高速公路网脆弱性的失效策略

Table 7-12 Failure method of freeway network vulnerability

| 失效策略 | 节点失效 | 路段失效 |
|---|---|---|
| 累计失效 | 1. 基于节点度优先的蓄意失效场景<br>2. 基于节点介数优先的蓄意失效场景<br>3. 基于节点流量度优先的蓄意失效场景<br>4. 基于节点概率介数的蓄意失效场景<br>5. 基于节点流量介数的蓄意失效场景<br>6. 基于节点随机失效的场景 | 1. 基于路段介数优先的蓄意失效场景<br>2. 基于路段概率介数的蓄意失效场景<br>3. 基于路段流量介数的蓄意失效场景<br>4. 基于路段随机失效的场景 |

（1）单一失效。此失效场景主要是考虑当只有一个节点或路段完全失效时，分析失效节点和路段对路网脆弱性的变化程度，以识别路网中潜在的重要节点和路段，并用于整个路网脆弱性的评估。

①基于出行效率的路网脆弱性。本书首先根据公式（5-32）至公式（5-37），对不同节点和路段失效下的路网网络效率进行路网拓扑结构脆弱性评估。其中，节点失效是假设节点与其他节点相连路段全部中断，单个节点和路段逐个失效后，路网网络效率的变化分布情况如图 7-17 所示，其中当单个节点失效时，路网网络效率变化率的平均为 2.99%，约 5.64%的路网网络效率变化率高于 10%，如移除节点 149（房镇立交）后，路网网络效率降低 17.1%，这是因为该节点是山东省东西向高速 G20 青银高速和南北通道 S29 滨莱高速的相交的互通立交，是路网中多个 OD 对最短路径的重要组成部分。

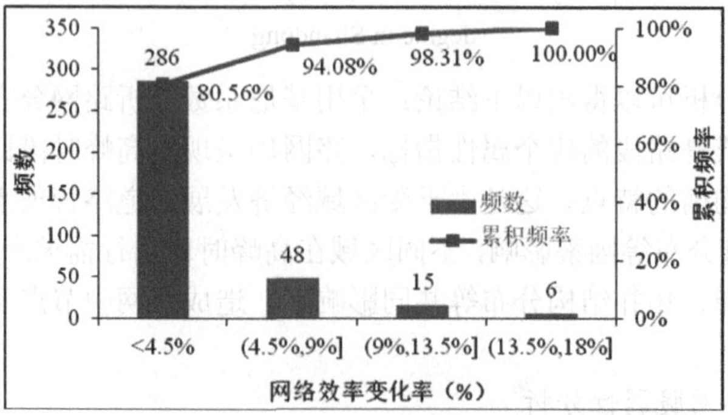


图 7-17 不同节点失效后网络效率变化分布情况

Figure 7-17 Network efficiency change distribution when a node fails

当单个路段失效时，路网网络变化率平均为 1.22%，约 6%的路网网络效率变化率高于 3%，如在移除路段 148（淄博－房镇立交）后，路网网络效率降低了 6.83%，这是由于该路段处于山东省东西向重要通道 G20 青银高速上，是多个 OD 对间最短路径必经之路。

表 7-13 和表 7-14 所示为节点和路段失效后对路网网络效率影响较大的前 20 个节点和路段。以上分析表明，山东省高速公路网中只有少数节点或路段在拓扑路路网中发挥着重要的连通作用。

表 7-13 路网网络效率变化率排名前 20 位的节点

Table 7-13 Top 20 nodes of network efficiency rate change

| 排序 | 节点名称 | 排序 | 节点名称 |
|---|---|---|---|
| 1 | 房镇立交 | 11 | 潍城 |
| 2 | 于家立交 | 12 | 昌乐 |
| 3 | 淄博 | 13 | 莱芜立交 |
| 4 | 涌泉立交 | 14 | 殷家林立交 |
| 5 | 青州西 | 15 | 齐河北立交 |
| 6 | 临淄 | 16 | 唐王立交 |
| 7 | 青州东 | 17 | 周村 |
| 8 | 潍坊东 | 18 | 章丘 |
| 9 | 寿光 | 19 | 邹平 |
| 10 | 潍坊 | 20 | 门村立交 |

表 7-14 路网网络效率变化率排名前 20 位的路段

Table 7-14 Top 20 links of network efficiency rate change

| 排序 | 路段起点 | 路段终点 | 所属路线 | 排序 | 路段起点 | 路段终点 | 所属路线 |
|---|---|---|---|---|---|---|---|
| 1 | 淄博 | 房镇立交 | G20 | 11 | 于家立交 | 青州东 | G20 |
| 2 | 房镇立交 | 淄博 | G20 | 12 | 寿光 | 青州东 | G20 |
| 3 | 临淄 | 淄博 | G20 | 13 | 潍坊东 | 潍坊 | G20 |
| 4 | 于家立交 | 青州西 | G20 | 14 | 潍坊东 | 涌泉立交 | G20 |
| 5 | 淄博 | 临淄 | G20 | 15 | 潍坊 | 潍城 | G20 |
| 6 | 青州西 | 临淄 | G20 | 16 | 昌乐 | 寿光 | G20 |
| 7 | 青州西 | 于家立交 | G20 | 17 | 潍城 | 昌乐 | G20 |
| 8 | 临淄 | 青州西 | G20 | 18 | 青州东 | 寿光 | G20 |
| 9 | 青州东 | 于家立交 | G20 | 19 | 潍坊 | 潍坊东 | G20 |
| 10 | 涌泉立交 | 潍坊东 | G20 | 20 | 潍城 | 潍坊 | G20 |

本书以 2012 年某工作日 09:00-10:00 时段，计算得到不同节点和路段失效下

高速公路运输需求网络出行效率变化率分布情况，如图 7-17、图 7-18 所示。其中，当单个节点失效时，大部分节点的出行效率变化率较低，少数节点的出行效率变化率较高，约 3%的路段路网出行效率变化率高于 7.5%，如移除节点 29（德州立交）后，路网出行效率降低了 9.75%，表明该节点失效将引发了较大规模 OD 对间有效路径数量减少，进而造成整个路网出行效率的降低。当单个路段失效时，大部分路段的出行效率变化率较低，少数路段的出行效率变化率较高，约 5%的路段失效后路网出行效率变化率高于 2.5%。

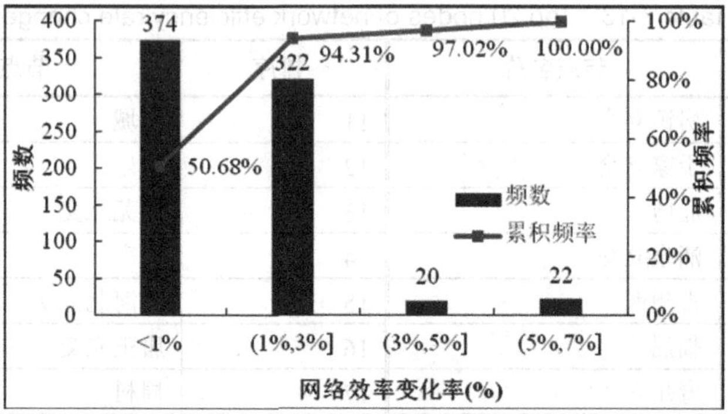


图 7-18　不同路段失效后网络效率变化分布情况

Figure 7-18　Network efficiency change distribution when a link fails

出行效率变化率较高的节点和路段多集中分布在 G3 京台高速德州－济南方向的路段、东西向重要通道 G20 青银高速有济南－淄博方向的路段及 G2011 青新高速青岛市区附近的青岛东－夏庄方向，这些节点和路段在失效后，使得路网中有效路径数量较少，增加了 OD 对间的出行时间，进而造成整个路网出行效率的降低如图 7-19、图 7-20、表 7-15 和表 7-16 所示。

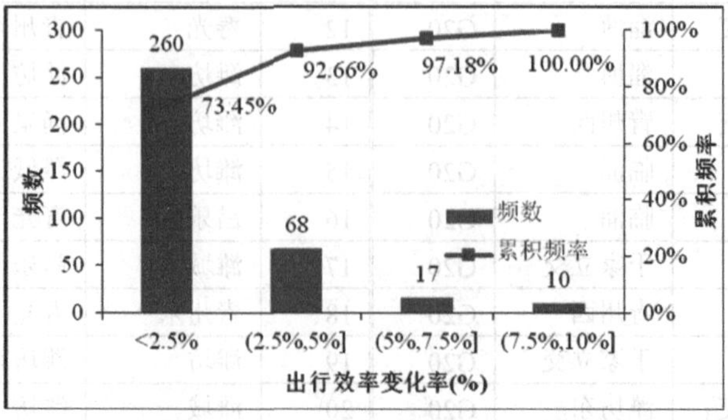


图 7-19　09:00-10:00 节点失效后路网出行效率变化分布情况

Figure 7-19　Distribution of network efficiency change when a node fails at 09:00-10:00

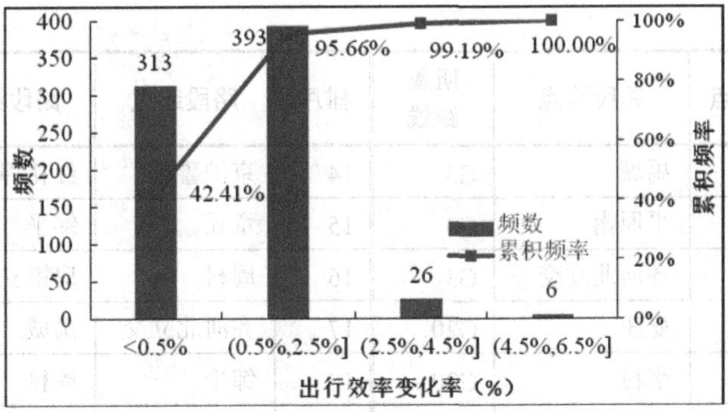


图 7-20　09:00-10:00 路段失效后路网出行效率变化分布情况

Figure 7-20　Distribution of network efficiency rate change when a link fails at 09:00-10:00

表 7-15　09:00-10:00 路网出行效率变化率排名前 20 位的节点

Table7-15　Top 20 nodes of network efficiency rate change when a node fails at 09:00-10:00

| 排序 | 节点名称 | 排序 | 节点名称 |
|---|---|---|---|
| 1 | 德州立交 | 11 | 济南 |
| 2 | 齐河北立交 | 12 | 青岛东 |
| 3 | 德州 | 13 | 房镇立交 |
| 4 | 德州南 | 14 | 济南北 |
| 5 | 夏庄 | 15 | 崮山 |
| 6 | 禹城 | 16 | 德州西 |
| 7 | 平原南 | 17 | 滨德鲁冀 |
| 8 | 殷家林立交 | 18 | 章丘 |
| 9 | 平原 | 19 | 唐王立交 |
| 10 | 李村 | 20 | 京台鲁冀 |

表 7-16　09:00-10:00 路网出行效率变化率排名前 20 位的路段

Table 7-16　Top 20 links of network efficiency rate change when a link fails at 09:00-10:00

| 排序 | 路段起点 | 路段终点 | 所属路线 | 排序 | 路段起点 | 路段终点 | 所属路线 |
|---|---|---|---|---|---|---|---|
| 1 | 德州立交 | 德州 | G3 | 11 | 唐王立交 | 章丘 | G20 |
| 2 | 德州 | 德州南 | G3 | 12 | 殷家林立交 | 崮山 | G3 |
| 3 | 德州南 | 平原 | G3 | 13 | 泰肥 | 泰山立交 | G3 |

续表

| 排序 | 路段起点 | 路段终点 | 所属路线 | 排序 | 路段起点 | 路段终点 | 所属路线 |
|---|---|---|---|---|---|---|---|
| 4 | 平原南 | 禹城 | G3 | 14 | 京沪鲁苏 | 红花埠 | G2 |
| 5 | 平原 | 平原南 | G3 | 15 | 章丘 | 邹平 | G20 |
| 6 | 禹城 | 齐河北立交 | G3 | 16 | 周村 | 房镇立交 | G20 |
| 7 | 李村 | 夏庄 | G20 | 17 | 齐河北立交 | 禹城 | G3 |
| 8 | 青岛东 | 李村 | G20 | 18 | 邹平 | 周村 | G20 |
| 9 | 京台鲁冀 | 德州立交 | G3 | 19 | 房镇立交 | 淄博 | G20 |
| 10 | 滨德鲁冀 | 德州西 | S12 | 20 | 禹城 | 平原南 | G3 |

取节点和路段失效后路网脆弱性的均值，计算基于出行效率的山东省高速公路网全天 24 个时段的路网脆弱性如图 7-21 所示，可以看出在 09:00-10:00、16:00-17:00 等时段高速公路网脆弱性最高，此时路网中存在部分节点或路段承担着重要的运输作用，一旦路网中的部分重要节点和路段失效，将会对路网的整体出行效率产生重要影响。

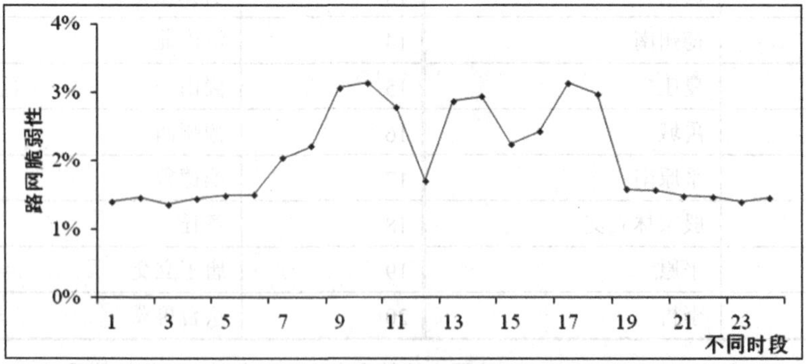


图 7-21 不同时段基于出行效率的路网脆弱性变化情况

Figure 7-21 Vulnerability change of freeway network based on travel efficiency at different times

②基于出行成本的路网脆弱性。同样选取 2012 年某工作日 9:00-10:00 时段为例，计算得到不同节点和路段失效下路网出行成本的变化率如图 7-22 和图 7-23 所示。其中，当单个节点失效时，约 7%的路段路网出行成本变化率高于 5%，如移除节点 149（房镇立交）后，路网出行成本降低了 10.38%，表明该节点失效引

发路网中多个 OD 对间出行受阻，进而造成整个路网出行成本的降低。当单个路段失效时，约 8%的路段失效后路网出行成本变化率高于 2%，如在移除路段 148（章丘—唐王立交）后，路网出行成本降低了 4.56%。

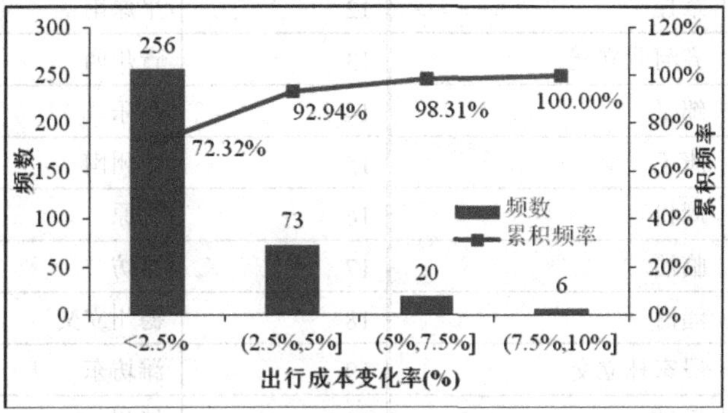


图 7-22　09:00-10:00 节点失效后路网出行成本变化率分布情况

Figure 7-22　Travel cost change distribution of freeway network when a node fails at 09:00-10:00

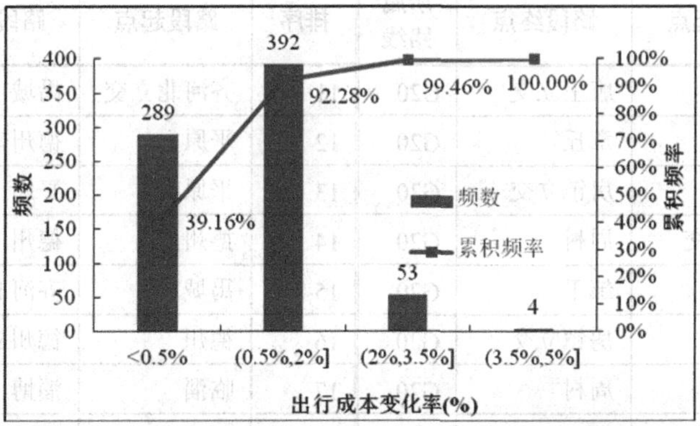


图 7-23　09:00-10:00 路段失效后路网出行成本变化率分布情况

Figure 7-23　Travel cost change distribution of freeway network when a link fails at 09:00-10:00

表 7-17 和表 7-18 所示为 9:00-10:00 节点和路段失效后对路网成本影响较大的前 20 个节点和路段。这些节点和路段集中分布在 G20 青银高速济南—潍坊段和 G3 京台高速德州—济南段。以上分析表明，山东省高速公路网中存在少数节点或路段在路网运营中发挥着重要的运输作用。

表 7-17　09:00-10:00 路网出行成本变化率排名前 20 位的节点
Table 7-17　Top 20 nodes of network efficiency rate change when a node or link fails

| 排序 | 节点名称 | 排序 | 节点名称 |
| --- | --- | --- | --- |
| 1 | 房镇立交 | 11 | 潍城 |
| 2 | 章丘 | 12 | 平原南 |
| 3 | 齐河北立交 | 13 | 青州西 |
| 4 | 邹平 | 14 | 昌乐 |
| 5 | 唐王立交 | 15 | 德州南 |
| 6 | 周村 | 16 | 平原 |
| 7 | 临淄 | 17 | 潍坊 |
| 8 | 淄博 | 18 | 德州立交 |
| 9 | 殷家林立交 | 19 | 潍坊东 |
| 10 | 禹城 | 20 | 德州 |

表 7-18　09:00-10:0009:00-10:00 路网出行成本变化率排名前 20 位的路段
Table 7-18　Top 20 links of network efficiency rate change when a link fails

| 排序 | 路段起点 | 路段终点 | 所属路线 | 排序 | 路段起点 | 路段终点 | 所属路线 |
| --- | --- | --- | --- | --- | --- | --- | --- |
| 1 | 章丘 | 唐王立交 | G20 | 11 | 齐河北立交 | 禹城 | G3 |
| 2 | 邹平 | 章丘 | G20 | 12 | 平原 | 德州南 | G3 |
| 3 | 周村 | 房镇立交 | G20 | 13 | 平原南 | 平原 | G3 |
| 4 | 房镇立交 | 周村 | G20 | 14 | 德州南 | 德州 | G3 |
| 5 | 章丘 | 邹平 | G20 | 15 | 禹城 | 齐河北立交 | G3 |
| 6 | 淄博 | 房镇立交 | G20 | 16 | 德州 | 德州立交 | G3 |
| 7 | 邹平 | 周村 | G20 | 17 | 临淄 | 淄博 | G20 |
| 8 | 唐王立交 | 章丘 | G20 | 18 | 平原南 | 禹城 | G3 |
| 9 | 周村 | 邹平 | G20 | 19 | 房镇立交 | 淄博 | G20 |
| 10 | 禹城 | 平原南 | G3 | 20 | 潍城 | 昌乐 | G20 |

相应的计算基于出行成本的山东省高速公路网全天 24 小时各时段的路网脆弱性如图 7-24 所示，可以看出在 07:00-08:00、09:00-10:00 等时段高速公路网脆弱性最高，此时路网中存在部分节点或路段承担着重要的运输作用，一旦路网中的部分重要节点和路段失效，将会对路网的整体出行产生重要影响，路

网脆弱性更高。

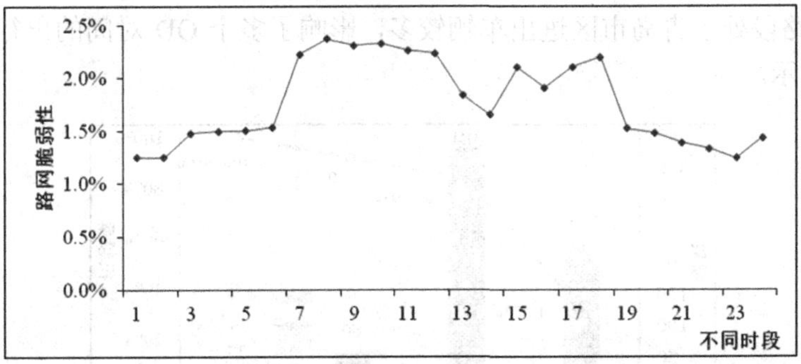


图 7-24　不同时段基于出行成本的路网脆弱性变化情况

Figure 7-24　Vulnerability change of freeway network based on travel cost at different times

③基于 OD 出行需求满足率的路网脆弱性。同样选取 2012 年某工作日高峰时段 9:00-10:00 时段，计算得到不同节点失效下路网 OD 出行满足率的变化率如图 7-25。当单个节点失效时，约 9%的 OD 出行需求满足率的变化率高于 4.5%，如移除节点 149（房镇立交）后，路网 OD 出行需求满足率降低了 8.96%，这是由于该节点处于 G3 京台高速、G20 青银高速 2 条高速相交处，这两条路为山东省境内纵向和横向的重要运输通道，该节点一旦失效，将使得较大规模的 OD 对有效路径中断，进而影响 OD 间的出行。

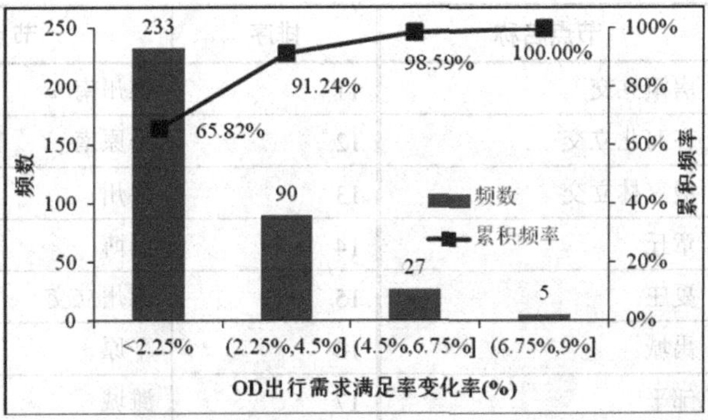


图 7-25　09:00-10:00 节点失效后路网 OD 出行需求满足率变化情况

Figure 7-25　OD satisfied travel demand rate change of freeway network when a node fails at 09:00-10:00

当单个路段失效时，约 8%的路网 OD 出行需求满足率变化率高于 2.5%，如在移除路段 127（李村－夏庄）后，路网 OD 出行满足率变化率降低了 3.43%，这是由于该路段处于青岛市区进出车辆较多，影响了多个 OD 对间的出行需求，如图 7-26 所示。

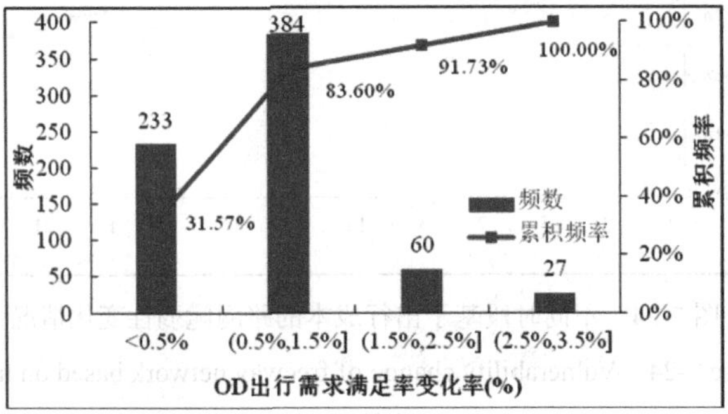


图 7-26 09:00-10:00 路段失效后路网 OD 出行需求满足率变化情况

Figure 7-26 OD satisfied travel demand rate change of freeway network when a link fails at 09:00-10:00

表 7-19 和表 7-20 所示为 09:00-10:00 节点和路段失效后对路网出行需求影响较大的前 20 个节点和路段。以上分析表明，山东省高速公路网中存在少数节点或路段会影响较大规模的出行需求，说明路网整体的设计运输效率还有很大的提升空间。

表 7-19 09:00-10:00OD 出行需求满足率变化率排名前 20 位的节点

Table 7-19 Top 20 nodes of OD satisfied travel demand rate change at 09:00-10:00

| 排序 | 节点名称 | 排序 | 节点名称 |
|---|---|---|---|
| 1 | 房镇立交 | 11 | 德州南 |
| 2 | 齐河北立交 | 12 | 平原南 |
| 3 | 殷家林立交 | 13 | 德州 |
| 4 | 章丘 | 14 | 淄博 |
| 5 | 夏庄 | 15 | 德州立交 |
| 6 | 禹城 | 16 | 平原 |
| 7 | 邹平 | 17 | 潍城 |
| 8 | 周村 | 18 | 临淄 |
| 9 | 李村 | 19 | 潍坊 |
| 10 | 唐王立交 | 20 | 于家立交 |

表 7-20 09:00-10:00OD 出行需求满足率变化率排名前 20 位的路段

Table 7-20 Top 20 links of OD satisfied travel demand rate change at 09:00-10:00

| 排序 | 路段起点 | 路段终点 | 所属路线 | 排序 | 路段起点 | 路段终点 | 所属路线 |
|---|---|---|---|---|---|---|---|
| 1 | 李村 | 夏庄 | G20 | 11 | 德州 | 德州南 | G3 |
| 2 | 唐王立交 | 章丘 | G20 | 12 | 章丘 | 邹平 | G20 |
| 3 | 禹城 | 齐河北立交 | G3 | 13 | 邹平 | 章丘 | G20 |
| 4 | 平原南 | 禹城 | G3 | 14 | 平原南 | 平原 | G3 |
| 5 | 齐河北立交 | 禹城 | G3 | 15 | 德州南 | 德州 | G3 |
| 6 | 周村 | 房镇立交 | G20 | 16 | 房镇立交 | 周村 | G20 |
| 7 | 禹城 | 平原南 | G3 | 17 | 邹平 | 周村 | G20 |
| 8 | 章丘 | 唐王立交 | G20 | 18 | 平原 | 德州南 | G3 |
| 9 | 平原 | 平原南 | G3 | 19 | 房镇立交 | 淄博 | G20 |
| 10 | 德州南 | 平原 | G3 | 20 | 德州 | 德州立交 | G3 |

相应的计算基于OD出行需求满足率的山东省高速公路网全天24小时各时段的路网脆弱性如图 7-27 所示，可以看出在 09:00-10:00、08:00-09:00 等时段山东省高速公路网表现出更强的脆弱性，此时路网中存在部分节点或路段承担着重要的运输作用，一旦路网中的部分重要节点和路段失效，将会对路网的整体出行效率产生重要影响，路网脆弱性更高。

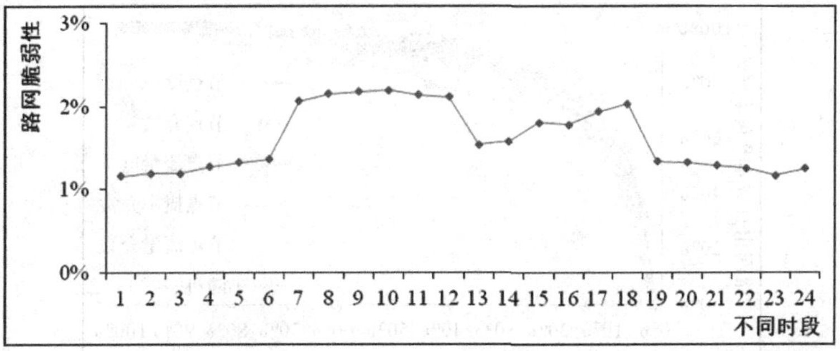


图 7-27 不同时段基于 OD 出行满足率的路网脆弱性变化情况

Figure 7-27 Vulnerability change of freeway network based on OD satisfied travel demand rate at different times

（2）累计失效。此失效场景主要是分析在路网中节点或路段累计失效后路网整体运营效能的变化影响程度，进而分析路网容忍的节点和路段失效阈值。本研究选取山东省高速公路网 09:00-10:00 对路网分别按照随机失效（NR）和蓄意失效两种模式，其中蓄意失效分为节点度（NSD）、介数（NSB）、概率介数（NPB）、流量度（NFD）、流量介数（NFB）降序排列的等 6 种攻击模式对节点累计失效；按照路段随机失效（ER）及路段介数（ESB）、路段概率介数（EPB）、路段流量介数（EFB）降序排列的蓄意失效 4 种失效场景使路段累计失效，得到该时刻路网出行效率、出行成本、OD 出行满足率 3 个指标的变化分布如图 7-28 至图 7-33 所示。约 3%的节点和路段失效后，路网脆弱性的变化如表 7-21 所示。

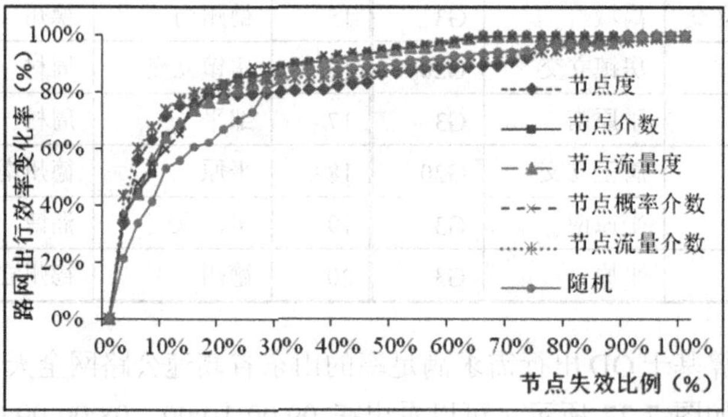


图 7-28 09:00-10:00 节点累计失效的路网出行效率变化情况

Figure 7-28 Travel efficiency change of freeways when nodes fail in descending order at 09:00-10:00

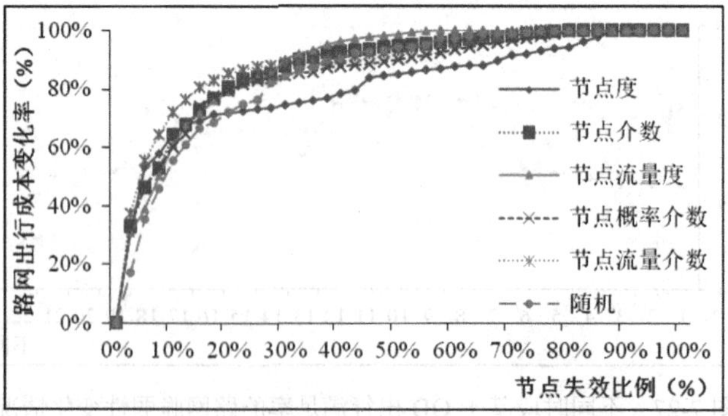


图 7-29 09:00-10:00 节点累计失效下路网出行成本变化情况

Figure 7-29 Travel cost change of freeways when nodes fail in descending order at 09:00-10:00

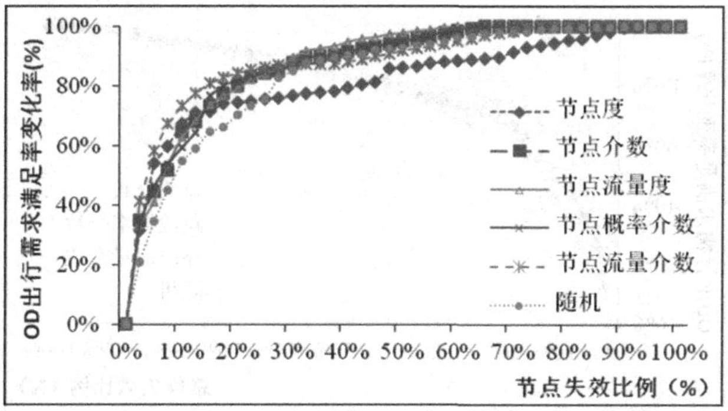


图 7-30 09:00-10:00 节点累计失效下 OD 出行需求满足率变化情况
Figure 7-30 OD satisfied travel demand rate change of freeways when nodes fail in descending order at 09:00-10:00

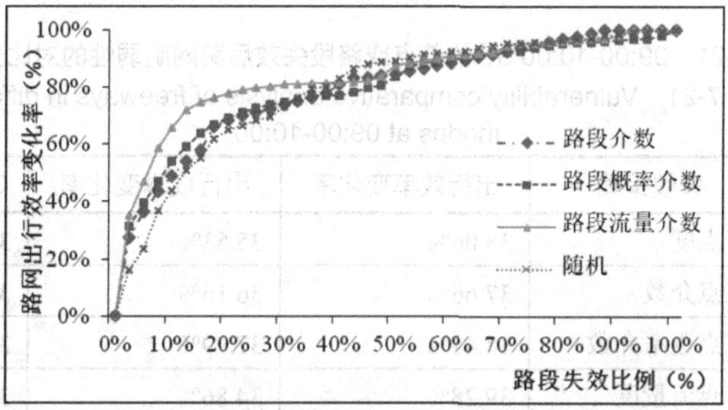


图 7-31 09:00-10:00 路段累计失效下路网出行效率变化情况
Figure 7-31 Travel efficiency change of freeways when nodes fail in descending order at 09:00-10:00

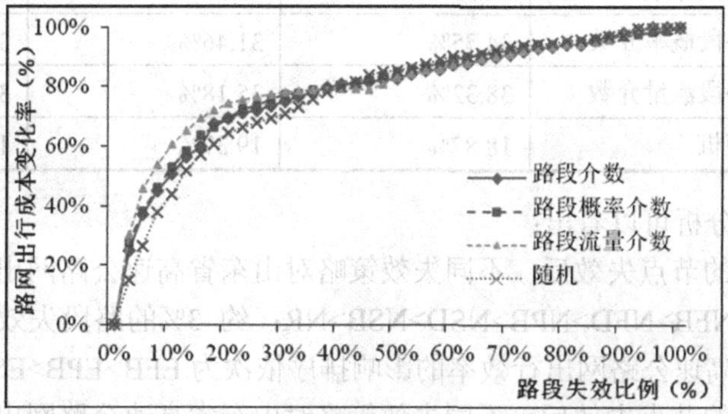


图 7-32 09:00-10:00 路段累计失效下路网出行成本变化情况
Figure 7-32 Travel cost change of freeways when links fail in descending order at 09:00-10:00

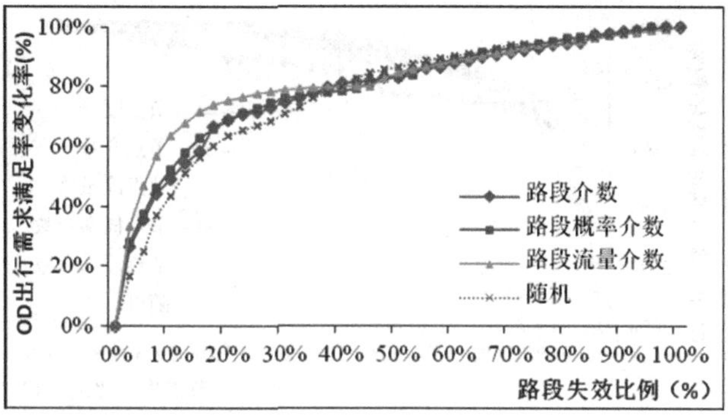


图 7-33 09:00-10:00 路段累计失效下 OD 出行需求满足率变化情况
Figure 7-33 OD satisfied travel demand rate change of freeways when nodes fail in descending order at 09:00-10:00

表 7-21 09:00-10:00 3%的节点或路段失效后路网脆弱性的对比分析
Table 7-21 Vulnerability comparative analysis of freeways in different modes at 09:00-10:00

| 类型 | 失效策略 | 出行效率变化率 | 出行成本变化率 | OD 出行满足率 |
|---|---|---|---|---|
| 节点 | 节点度 | 38.06% | 35.53% | 36.03% |
| | 节点介数 | 37.66% | 36.16% | 35.98% |
| | 节点概率介数 | 38.43% | 37.99% | 36.55% |
| | 节点流量度 | 39.28% | 34.86% | 36.28% |
| | 节点流量介数 | 48.24% | 42.88% | 45.85% |
| | 随机 | 24.03% | 26.68% | 26.46% |
| 路段 | 路段介数 | 29.69% | 28.36% | 28.29% |
| | 路段概率介数 | 34.75% | 31.46% | 31.72% |
| | 路段流量介数 | 38.32% | 35.18% | 36.99% |
| | 随机 | 18.87% | 19.37% | 18.73% |

通过对比分析可以看出：

1）约 3%的节点失效后，不同失效策略对山东省高速公路网出行效率的影响排序依次为：NFB>NFD>NPB>NSD>NSB>NR；约 3%的路段失效后，不同失效策略对山东省高速公路网出行效率的影响排序依次为 EFB>EPB>ESB>ER。

2）约 3%的节点失效后，不同失效策略对山东省高速公路网出行成本的影响排序依次为：NFB>NPB>NSB>NSD>NFD>NR；约 3%的路段失效后，不同失效策略对山东省高速公路网出行成本的影响排序依次为 EFB>EPB>ESB>ER。

3）约3%的节点失效后，不同失效策略下对山东省高速公路网OD出行需求的影响排序依次为：NFB>NPB>NFD >NSD>NSB>NR；约3%的路段失效后，不同失效策略对山东省高速公路网 OD 出行需求的影响排序依次为 EFB>EPB>ESB>ER。

以上分析表明，山东省高速公路运输需求网络面对蓄意攻击时具有更强的脆弱性；相同比例的节点失效要高于路段失效对路网整体效能的影响；节点和路段在加载交通量后，高速公路网脆弱性增加，说明需要进一步优化路网结构以降低山东省高速公路网脆弱性。

同时，通过出行效率、出行成本、OD 出行需求满足率等变化曲线上各点瞬时变化率，求得路网容忍的节点或路段失效阈值。本书计算在不同失效策略下的不同路网效能指标失效阈值如表 7-22 所示，最终取均值确定路网可容忍的节点和路段失效阈值平均分别为1.16%和1.28%。

表 7-22 不同失效场景下的路网容忍的节点或路段失效阈值

Table 7-22 Considerable threshold of nodes and links in freeways at different valid condition

| 类型 | 失效策略 | 出行效率变化率 | 出行成本变化率 | OD 出行满足率 |
|---|---|---|---|---|
| 节点 | 节点度 | 0.85%（16.27%） | 1.69%（25.68%） | 1.69%（24.80%） |
| | 节点介数 | 1.13%（28.35%） | 0.56%（16.32%） | 0.56%（15.53%） |
| | 节点流量度 | 2.25%（32.85%） | 0.56%（11.58%） | 0.56%（10.34%） |
| | 节点概率介数 | 0.56%（14.83%） | 1.13%（25.28%） | 0.56%（15.53%） |
| | 节点流量介数 | 0.56%（14.83%） | 0.85%（23.40%） | 0.56%（15.53%） |
| | 随机 | 2.25%（16.21%） | 2.25%（17.10%） | 2.25%（16.12%） |
| | 路网失效容忍阈值 | 1.16% | | |
| 路段 | 路段介数 | 0.68%（12.08%） | 1.08%（16.78%） | 1.08%（15.71%） |
| | 路段概率介数 | 0.95%（18.18%） | 1.08%（16.79%） | 0.95%（14.85%） |
| | 路段流量介数 | 0.95%（19.70%） | 0.68%（16.38%） | 0.68%（13.41%） |
| | 随机 | 2.30%（13.78%） | 2.30%（14.99%） | 2.30%（14.48%） |
| | 确定路网失效容忍阈值 | 1.28% | | |

总的来看，通过上述对不同场景、不同属性失效策略下的路网脆弱性分析，可以得出以下结论：

（1）由节点和路段单一失效时的路网脆弱性指标的变化情况可知，山东省高速公路运输网在高峰时段比非高峰时段具有更强的脆弱性，路网中存在部分节点和路段失效后会对路网的正常运营产生重要影响，因此应当加强对高峰时段高速公路网的风险预警。

（2）由节点和路段累计失效时的路网脆弱性指标的变化情况可知，山东省高速公路运输网面对蓄意攻击时具有更强的脆弱性；概率介数、流量介数更能反映节点或路段在真实路网中的重要性；09:00-10:00 时段失效时路网容忍的节点和路段失效阈值分别约为 2%和 2%。

同时，两种场景均表现出相同比例的节点失效时比路段失效时具有更强的脆弱性，节点和路段在加载交通量需求后，高速公路网表现出更强的脆弱性，因此应当进行合理的交通量分配以降低高速公路网的脆弱性。

### 7.2.2 高速公路网络运营风险评估分析

本书从不均衡性和脆弱性两个角度，以高速公路网运营风险评估指标体系中反映路网运营风险程度的 7 个指标进行路网运营风险评估，选取 2012 年某工作日 00:00 至晚 24:00 共 24 个时间段，获得各指标的原始矩阵：

$$D=\begin{bmatrix} 0.8943 & 0.9297 & \cdots & \cdots & 0.01248 & 0.01159 \\ 0.9235 & 0.9316 & \cdots & \cdots & 0.01251 & 0.01187 \\ 0.9234 & 0.9289 & \cdots & \cdots & 0.01479 & 0.01191 \\ \vdots & \vdots & \ddots & \cdots & \cdots & \cdots \\ \vdots & \vdots & \cdots & \ddots & \cdots & \cdots \\ \vdots & \vdots & \cdots & \cdots & \ddots & \cdots \\ 0.9312 & 0.9381 & \cdots & \cdots & 0.01430 & 0.01244 \end{bmatrix}$$

（1）评估指标的规范化。按照公式（4-27），对各运营风险评估指标原始数据 $D$ 进行标准化处理，得到矩阵 $D^*$：

$$D^*=\begin{bmatrix} 0 & 0.02 & \cdots & \cdots & 0.0058 & 0 \\ 0.37 & 0.06 & \cdots & \cdots & 0.0090 & 0.0268 \\ 0.36 & 0 & \cdots & \cdots & 0.2111 & 0.0307 \\ \vdots & \vdots & \ddots & \cdots & \cdots & \cdots \\ \vdots & \vdots & \vdots & \ddots & \cdots & \cdots \\ \vdots & \vdots & \vdots & \cdots & \ddots & \cdots \\ 0.46 & 0.21 & 0.33 & \cdots & 0.1676 & 0.0819 \end{bmatrix}$$

（2）构建投影函数及优化。根据标准化后的矩阵 $D^*$ 构建投影寻踪模型，以公式（5-41）为目标函数、以公式（5-42）为目标函数的约束条件，将标准化后的样本数据代入公式(5-46)、公式(5-50)，基于实码加速遗传算法对目标函数 $f(\kappa)$

进行优化，其中选定父代初始种群规模 $Num=100$，取 $KK=5$，最后求得各指标的最佳投影方向 $\kappa$ 为：

$$\kappa^*=(0.3417,0.1842,0.3467,0.3858,0.5313,0.3316,0.4334)$$

（3）综合评估。将求得的 $\kappa$ 代入公式（5-47）中，求得全天各时段的综合投影值 $z_b$ 和聚类等级，见图 7-34、表 7-23、表 7-24。根据 $z_b$ 值的大小进行综合排序，山东省高速公路网全天 24 小时的风险评估结果排序依次为：$z_1<z_2<z_3<z_{24}<z_{23}<z_4<z_{22}<z_5<z_{21}<z_6<z_{20}<z_{19}<z_{13}<z_{12}<z_{15}<z_{14}<z_{16}<z_7<z_8<z_{17}<z_{11}<z_{18}<z_{10}<z_9$，路网风险评估整体呈现出不规则的“马鞍形”分布特点。其中早高峰时段 08:00-09:00、09:00-10:00、10:00-11:00 是山东省高速公路网运营风险高的时段，16:00-17:00、17:00-18:00 晚高峰时段风险高的时段，这是因为这几个时段是山东省境内高速公路出行者的出行高峰时期，在非高峰时段路网风险有明显减小的趋势，这与省内高速公路交通流量的潮汐特点也相吻合。综合来看，山东省高速公路网中实际运营过程中，高峰时段的路网运行风险更高，与人们感知的状态也基本吻合。

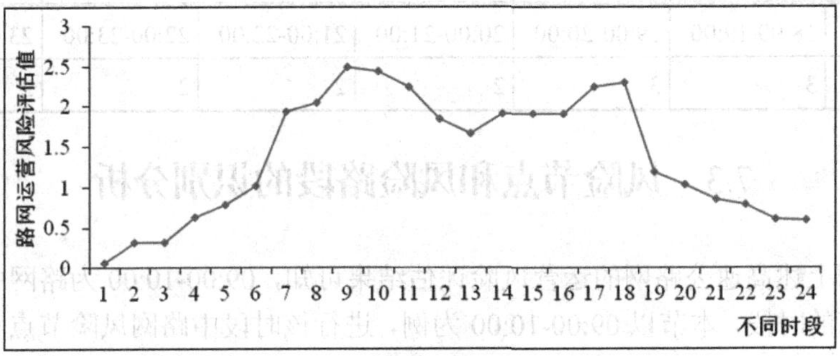


图 7-34 不同时段山东省高速公路网络运营风险评估值分布情况

Figure 7-34 Operation risk evaluation distribution of freeway network in Shandong at different times

**表 7-23 山东省高速公路网络运营风险评估分布**

Table 7-23 Operation risk assessment distribution of freeway network in Shandong

| 时间 | 00:00-01:00 | 01:00-02:00 | 02:00-03:00 | 03:00-04:00 | 04:00-05:00 | 05:00-06:00 |
|---|---|---|---|---|---|---|
| $z_b$ | 0.0565 | 0.3183 | 0.3210 | 0.6329 | 0.7820 | 1.0184 |
| 时间 | 06:00-07:00 | 07:00-08:00 | 08:00-09:00 | 09:00-10:00 | 10:00-11:00 | 11:00-12:00 |
| $z_b$ | 1.9357 | 2.0512 | 2.4857 | 2.4435 | 2.2473 | 1.8462 |

续表

| 时间 | 12:00-13:00 | 13:00-14:00 | 14:00-15:00 | 15:00-16:00 | 16:00-17:00 | 17:00-18:00 |
|---|---|---|---|---|---|---|
| $z_b$ | 1.6641 | 1.9125 | 1.9124 | 1.9137 | 2.2466 | 2.2916 |
| 时间 | 18:00-19:00 | 19:00-20:00 | 20:00-21:00 | 21:00-22:00 | 22:00-23:00 | 23:00-24:00 |
| $z_b$ | 1.1900 | 1.0265 | 0.8472 | 0.7819 | 0.6092 | 0.5960 |

表 7-24 全天 24 小时山东省高速公路网运营风险等级

Table 7-24 Operation risk assessment grade of freeway network in Shandong

| 时间 | 00:00-01:00 | 01:00-02:00 | 02:00-03:00 | 03:00-04:00 | 04:00-05:00 | 05:00-06:00 |
|---|---|---|---|---|---|---|
| 风险等级 | 1 | 1 | 1 | 2 | 2 | 3 |
| 时间 | 06:00-07:00 | 07:00-08:00 | 08:00-09:00 | 09:00-10:00 | 10:00-11:00 | 11:00-12:00 |
| 风险等级 | 4 | 4 | 5 | 5 | 5 | 4 |
| 时间 | 12:00-13:00 | 13:00-14:00 | 14:00-15:00 | 15:00-16:00 | 16:00-17:00 | 17:00-18:00 |
| 风险等级 | 4 | 4 | 4 | 4 | 5 | 5 |
| 时间 | 18:00-19:00 | 19:00-20:00 | 20:00-21:00 | 21:00-22:00 | 22:00-23:00 | 23:00-24:00 |
| 风险等级 | 3 | 3 | 2 | 2 | 2 | 2 |

## 7.3 风险节点和风险路段的识别分析

根据上述高速公路网的运营风险评估结果可知，09:00-10:00 为路网中风险处于非常高的时段，本节以 09:00-10:00 为例，进行该时段中路网风险节点和路段的识别分析。

### 7.3.1 指标权重的确定

（1）考虑专家可信度的层次分析法确定权重。根据考虑专家可信度的方法，对高速公路网风险节点和风险路段评价指标体系中的指标进行权重确定。首先，选取 5 个专家，并填写评审专家自我评价表 6-1，得到专家可信度矩阵 $QQ$ ：

$$QQ=\begin{bmatrix}10 & 8 & 8 & 8 & 9\\ 8 & 8 & 9 & 9 & 8\\ 8 & 8 & 8 & 8 & 8\\ 9 & 8 & 8 & 9 & 8\\ 8 & 8 & 8 & 9 & 9\end{bmatrix}$$

由公式（6-1）、公式（6-2）计算得到专家可信度向量$\gamma$为：

$$\gamma = [0.2026, 0.1823, 0.2251, 0.2279, 0.1621]$$

其次，5位专家分别对风险节点的各指标值依据表6-2打分，按照公式（6-3）至公式（6-11）应用层次分析法，计算得到确定的风险节点各指标权重：

$$\omega = \begin{bmatrix} 0.50 & 0.50 \\ 0.67 & 0.33 \\ 0.50 & 0.50 \\ 0.50 & 0.50 \\ 0.50 & 0.50 \end{bmatrix}, \quad \omega_1 = \begin{bmatrix} 0.1313 & 0.0768 & 0.0619 & 0.2599 & 0.4701 \\ 0.1196 & 0.1065 & 0.1206 & 0.2584 & 0.3949 \\ 0.1333 & 0.116 & 0.1008 & 0.2780 & 0.3719 \\ 0.1613 & 0.0507 & 0.1328 & 0.2783 & 0.3768 \\ 0.1145 & 0.1387 & 0.1641 & 0.2325 & 0.3502 \end{bmatrix},$$

$$\omega_2 = \begin{bmatrix} 0.1248 & 0.2732 & 0.2185 & 0.3835 \\ 0.1054 & 0.2293 & 0.4360 & 0.2293 \\ 0.1100 & 0.3584 & 0.3015 & 0.2301 \\ 0.0742 & 0.2097 & 0.4195 & 0.2966 \\ 0.0999 & 0.2916 & 0.3584 & 0.2501 \end{bmatrix}$$

最后，根据公式（6-1）至公式（6-11）计算得出的$\gamma$和各层级指标权重$\omega$，由公式（6-12）求得风险节点各指标权重见表7-25。

表7-25　基于C-AHP法确定的风险节点指标权重

Table 7-25　Index weight of risk nodes based on C-AHP

| 名称 | 节点度 | 节点介数 | 节点流量度 |
|---|---|---|---|
| 权重 | 0.0710 | 0.0505 | 0.0606 |
| 名称 | 节点概率介数 | 节点流量介数 | 网络效率变化率 |
| 权重 | 0.1399 | 0.2090 | 0.0480 |
| 名称 | 出行效率变化率 | 出行成本变化率 | OD出行需求满足率变化率 |
| 权重 | 0.1280 | 0.1620 | 0.1310 |

同理求得风险路段各风险指标权重见表7-26。

表7-26　基于C-AHP法确定的风险路段的指标权重

Table 7-26　Index weight of risk links based on C-AHP

| 名称 | 路段介数 | 路段概率介数 | 路段流量介数 |
|---|---|---|---|
| 权重 | 0.0885 | 0.1177 | 0.1478 |
| 名称 | 路段负荷度 | 网络效率变化率 | 出行效率变化率 |
| 权重 | 0.1770 | 0.0480 | 0.1280 |
| 名称 | 出行成本变化率 | OD出行需求满足率变化率 | |
| 权重 | 0.1620 | 0.1310 | |

（2）基于熵权法确定指标权重。根据熵权法，由公式（6-13）至公式（6-17）计算 9:00-10:00 时段高速公路网中的潜在风险节点和风险路段见表 7-27、表 7-28。

表 7-27　熵权法确定各风险节点指标权重

Table 7-27　Index weight of risk nodes based on entropy weight

| 名称 | 节点度 | 节点介数 | 节点流量度 |
|---|---|---|---|
| 权重 | 0.1246 | 0.0965 | 0.1223 |
| 名称 | 节点概率介数 | 节点流量介数 | 网络效率变化率 |
| 权重 | 0.1103 | 0.1217 | 0.0912 |
| 名称 | 出行效率变化率 | 出行成本变化率 | OD 出行需求满足率变化率 |
| 权重 | 0.1089 | 0.1100 | 0.1145 |

表 7-28　熵权法确定各风险路段指标权重

Table 7-28　Index weight of risk links based on entropy weight

| 名称 | 路段介数 | 路段概率介数 | 路段流量介数 |
|---|---|---|---|
| 权重 | 0.1167 | 0.1360 | 0.1463 |
| 名称 | 路段饱和度 | 网络效率变化率 | 出行效率变化率 |
| 权重 | 0.1443 | 0.1119 | 0.1018 |
| 名称 | 出行成本变化率 | OD 出行需求满足率变化率 | |
| 权重 | 0.1189 | 0.1241 | |

（3）组合权重。将表 7-25 至表 7-28 中的计算结果代入公式（6-18）可得组合权重为见表 7-29、表 7-30。

表 7-29　组合权重法确定的风险节点指标权重

Table 7-29　Index weight of risk nodes based on combination weight

| 名称 | 节点度 | 节点介数 | 节点流量度 |
|---|---|---|---|
| 权重 | 0.0782 | 0.0431 | 0.0655 |
| 名称 | 节点概率介数 | 节点流量介数 | 网络效率变化率 |
| 权重 | 0.1365 | 0.2247 | 0.0387 |
| 名称 | 出行效率变化率 | 出行成本变化率 | OD 出行需求满足率变化率 |
| 权重 | 0.1232 | 0.1575 | 0.1326 |

表 7-30 组合权重法确定的风险路段指标权重

Table 7-30 Index weight of risk links based on combination weight

| 名称 | 路段介数 | 路段概率介数 | 路段流量介数 |
|---|---|---|---|
| 权重 | 0.0811 | 0.1256 | 0.1698 |
| 名称 | 路段饱和度 | 网络效率变化率 | 出行效率变化率 |
| 权重 | 0.2004 | 0.0421 | 0.1022 |
| 名称 | 出行成本变化率 | OD 出行需求满足率变化率 | |
| 权重 | 0.1511 | 0.1277 | |

### 7.3.2 风险节点及路段的灰色关联度排序

根据公式（6-19）至公式（6-23）计算各节点间的灰色关联度，如图 7-35 所示，由此可以得出 09:00-10:00 时路网中前 10 位的风险节点排序依次为：房镇立交（149）、齐河北立交（35）、殷家林立交（40）、章丘（152）、夏庄（130）、禹城（34）、邹平（151）、周村（150）、李村（129）、唐王立交（153）。可以看出这些风险节点主要分布在 G20 青银高速、G3 京台高速上。同理，根据公式（5-19）至公式（5-23）计算各路段间的灰色关联度，如图 7-36 所示，求得路段前 10 位的排序依次为：李村－夏庄（127）、唐王立交－章丘（521）、禹城－齐河北立交（33）、平原南－禹城（32）、齐河北立交－禹城（402）、周村－房镇立交（518）、禹城－平原南（401）、平原－平原南（31）、章丘－唐王立交（152）、德州－德州南（29）。

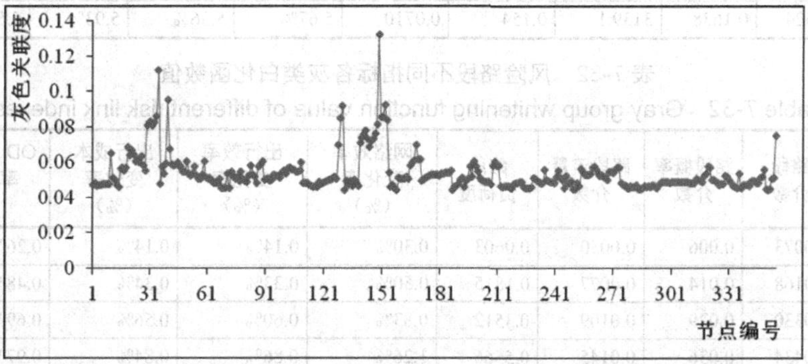


图 7-35 09:00-10:00 不同节点的关联度

Figure 7-35 Gray correlation of different nodes at 09:00-10:00

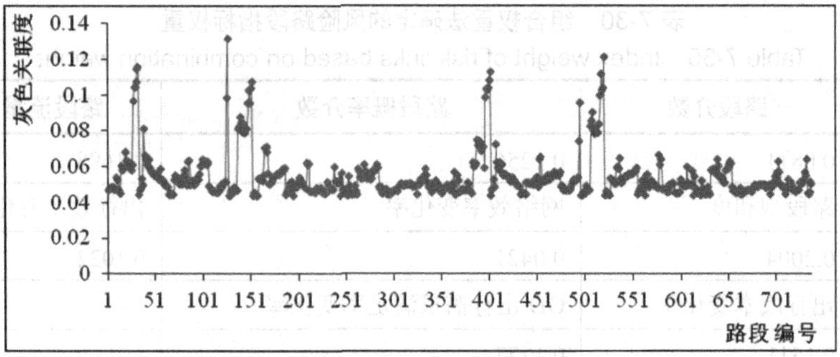


图 7-36 09:00-10:00 不同路段的关联度

Figure 7-36 Gray correlation of different links at 09:00-10:00

### 7.3.3 风险节点及路段等级的确定

基于上述数据，对风险节点和路段各指标的累计概率进行分析，取累计概率在 15%、30%、45%、60%、90%对应的 5 个累计概率点对应的指标值，见表 7-31、表 7-32。

表 7-31 风险节点不同指标各灰类白化函数值

Table 7-31 Gray group whitening function value of different risk node indexes

| 指标 | 节点度 | 节点介数 | 节点流量度 | 节点概率介数 | 节点流量介数 | 网络效率变化率（%） | 出行效率变化率（%） | 出行成本变化率（%） | OD 出行满足率变化率（%） |
|---|---|---|---|---|---|---|---|---|---|
| 15% | 2.144 | 0.0148 | 370 | 0.011 | 0.0115 | 0.85% | 0.05% | 0.63% | 0.75% |
| 30% | 2.524 | 0.0345 | 710.75 | 0.028 | 0.0169 | 1.35% | 0.99% | 1.09% | 1.21% |
| 45% | 2.902 | 0.0679 | 1063.75 | 0.059 | 0.0249 | 2.14% | 1.48% | 1.54% | 1.67% |
| 60% | 3.280 | 0.0924 | 1476.55 | 0.077 | 0.0322 | 2.95% | 2.11% | 2.25% | 2.40% |
| 90% | 4.524 | 0.1638 | 3139.1 | 0.154 | 0.0710 | 5.67% | 5.36% | 5.93% | 5.56% |

表 7-32 风险路段不同指标各灰类白化函数值

Table 7-32 Gray group whitening function value of different risk link indexes

| 指标 | 路段介数 | 路段概率介数 | 路段流量介数 | 路段负荷度 | 网络效率变化率（%） | 出行效率变化率（%） | 出行成本变化率（%） | OD 出行满足率变化率（%） |
|---|---|---|---|---|---|---|---|---|
| 15% | 0.0073 | 0.006 | 0.0050 | 0.0603 | 0.30% | 0.14% | 0.14% | 0.26% |
| 30% | 0.0168 | 0.014 | 0.0077 | 0.1815 | 0.50% | 0.33% | 0.34% | 0.48% |
| 45% | 0.0330 | 0.029 | 0.0109 | 0.3512 | 0.83% | 0.60% | 0.56% | 0.69% |
| 60% | 0.0434 | 0.036 | 0.0145 | 0.5566 | 1.26% | 0.86% | 0.84% | 0.97% |
| 90% | 0.0779 | 0.070 | 0.0316 | 0.7586 | 2.46% | 2.03% | 2.32% | 2.36% |

按照公式（6-24）至公式（6-28）计算各指标的白化函数值，按照最大隶属

度原则，根据公式（6-29）计算得到09:00-10:00各节点和路段的聚类结果，见表7-33，约50个节点（14.1%）、70条路段（9.48%）的路段处于灰色聚类第5类，即处于风险最高的类别。

表7-33 灰色聚类处于第5类的节点和路段集合

Table 7-33 Nodes and links set belonging to fifth grey cluster

| 类别 | 节点编号 |
|---|---|
| 节点 | 房镇立交（149）、齐河北立交（35）、殷家林立交（40）、章丘（152）、夏庄（130）、禹城（34）、邹平（151）、周村（150）、李村（129）、唐王立交（153）、德州南（31）、平原南（33）、德州（30）、淄博（148）、德州立交（29）、平原（32）、潍城（142）、临淄（147）、潍坊（141）、于家立交（355）、潍坊东（140）、昌乐（143）、青州西（146）、青州东（145）、涌泉立交（139）、营海（168）、青岛东（128）、寿光（144）、竹园立交（19）、崮山（41）、临沂（21）、莱芜立交（10）、临沂南（22）、红花埠（26）、息陬立交（50）、济南（198）、泰山立交（45）、郭家埠立交（109）、济南西（39）、池庄立交（37）、济南北（199）、小许家立交（196）、济南机场立交（154）、槐荫立交（38）、华山（197）、普东南立交（249）、港沟立交（2）、齐河（36）、济阳（156）、表白寺立交（158）等50个 |
| 路段 | 李村－夏庄（127）、唐王立交－章丘（521）、禹城－齐河北立交（33）、平原南－禹城（32）、齐河北立交－禹城（402）、周村－房镇立交（518）、禹城－平原南（401）、平原－平原南（31）、章丘－唐王立交（152）、德州－德州南（29）、德州南－平原（30）、章丘－邹平（520）、邹平－章丘（151）、平原南－平原（400）、德州南－德州（398）、房镇立交－周村（149）、平原－德州南（399）、邹平－周村（519）、房镇立交－淄博（517）、青岛东－李村（126）、德州－德州立交（397）、德州立交－德州（28）、淄博－房镇立交（148）、夏庄－李村（496）、周村－邹平（150）、潍城－潍坊（509）、潍坊－潍城（140）、潍坊－潍坊东（508）、潍城－昌乐（141）、青州东－于家立交（144）、淄博－临淄（516）、潍坊东－潍坊（139）、于家立交－青州东（513）、潍坊东－涌泉立交（507）、涌泉立交－潍坊东（138）、殷家林立交－崮山（39）、昌乐－寿光（142）、青州西－临淄（146）、临淄－淄博（147）、昌乐－潍城（510）、寿光－青州东（143）、临淄－青州西（515）、于家立交－青州西（145）、青州东－寿光（512）、青州西－于家立交（514）、寿光－昌乐（511）、李村－青岛东（495）、临沂南立交－临沂南（391）、苍山－临沂南立交（392）、崮山－殷家林立交（408）、京沪鲁苏－红花埠（395）、河套－营海（167）、崮山－万德（40）、泰山立交－泰肥（412）、万德－崮山（409）、青驼－孟良崮（386）、孟良崮－蒙阴（385）、泰安西－万德（410）、德州立交－京台鲁冀（396）、泰肥－泰安西（411）、槐荫立交－济南西（37）、阳河－大王（562）、莱芜东－莱芜立交（379）、济南西－殷家林立交（38）、梁山－东平（575）、池庄立交－槐荫立交（36）、饮马－涌泉立交（137）、饮马－高密（505）、涌泉立交－饮马（506）、钢城－莱芜东立交（381）、齐河－池庄立交（35）、新泰东－钢城（382）、博莱立交－新泰东（383）、小许家立交－唐王立交（564）等70条 |

同时，根据前面的路网脆弱性分析可知，该时段路网容忍的节点和路段失效阈值分别约为2%、2%；因此本书取2%的节点和路段发布风险预警信息，见

表 7-34。山东省高速公路网运营风险节点和风险路段多数集中在 G20 青银高速、G3 京台高速上，且沿线地区经济较为发达，多数具有流量介数高、失效后对路网整体运营效能影响大等特点。从交通供给方面来讲，G20 青银高速是山东省最早建设的高速公路，后期规划建设的高速公路均考虑与其进行连接，境内 458 公里的里程跨越了山东省内的青岛、潍坊、淄博、滨州、济南、德州、聊城 7 市多个县市（区），与纵向的多条高速公路有交叉，G3 京台高速是南北纵向的重要运输通道，因此造成了这些线路上的节点或路段成为路网多个 OD 对间有效路径的重要组成部分；从运输需求方面来讲，G20 青银高速经过的沿线地区经济多是经济重地，产生的客货运输需求较多，G3 京台高速主要是连接北京和江苏的重要通道，该线路在山东境内的过境车辆较多，进一步说明了这些路线上的节点或路段发挥着重要作用。同时，通过与实际情况进行对比，本书确定的风险路段在实际运行过程中也确实属于常发性拥堵路段，根据《2012 年度山东省公路交通情况调查资料》数据显示，2012 年 G20 青银高速济南－潍坊段观测的交通拥挤度达到 1.09，G3 德州－济南段观测的交通拥挤度在 0.9 左右。由此可以看出，本书提出的方法判断出的风险节点和路段与实际观测交通流运行情况基本吻合。

表 7-34　09:00-10:00 需要发布预警信息的风险节点和路段
Table 7-34　Risk nodes and links needed issueing early warning information at 09:00-10:00

| 类别 | 节点编号 |
|---|---|
| 节点 | 房镇立交（149）、齐河北立交（35）、殷家林立交（40）、章丘（152）、夏庄（130）、禹城（34）、邹平（151）、周村（150）共 8 个 |
| 路段 | 李村－夏庄（127）、唐王立交－章丘（521）、禹城－齐河北立交（33）、平原南－禹城（32）、齐河北立交－禹城（402）、周村－房镇立交（518）、禹城－平原南（401）、平原－平原南（31）、章丘－唐王立交（152）、德州－德州南（29）、德州南－平原（30）、章丘－邹平（520）、邹平－章丘（151）、平原南－平原（400）、德州南－德州（398）共 15 条 |

### 7.3.4　相关改善措施

风险节点和风险路段能否正常运行对整个高速公路网的正常运行会产生重要的影响。一方面，要提高现有高速公路的日常运营管理水平，满足人们安全畅通的出行需求；另一方面通过高速公路新改扩建等基础设施建设解决当前日益增长的需求，全面提高山东省高速公路网的运输效率。因此，本书结合上述的研究，提出以下建议为高速公路管理部门提供参考：

（1）从路网规划的角度着手。高速公路网结构的合理性直接影响路网的功能，结合实际的征地条件、地理条件、修建难易程度以及地区经济条件等改善高速公路网结构，以扩大交通量、分散交通流为出发点，对高速公路网结构进行优化，尽量避免路网中介数较高的节点和路段出现。目前，虽然山东省高速公路已覆盖全省 17 地市，但网络拓扑结构依然稀疏，未能有效发挥规模作用，造成路网的抗风险性较差。根据高速公路节点度、介数、概率介数及网络效率指标的分析，可知 2012 年的山东省高速公路中发挥重要连通作用的节点和路段多集中在山东省中东部地区，这些节点一旦失效将会对路网整体连通能力产生重要影响，因此应该加强西部地区的路网规划、加强相关平行线路的建设，增强路网自身的连通度和抗堵塞能力，提升山东省西部地区的高速公路服务设施供给水平，保证高速公路的高速和畅通。

（2）从路网设计的角度着手。科学有效的提高高流量路段的道路通行能力，并实时掌握整个路网的交通运行状态，以便于对风险节点和路段进行有效的疏导和管理。综合第 3 章节点流量度、流量介数和第 4 章路网脆弱性等相关指标分析山东省高速公路的风险节点和路段主要集中在在济南—青岛的 G20 青银高速、G3 京台高速的大通道上，应当进一步提高这些路线的服务供给能力。

（3）从路网疏导控制的角度。降低非正常交通状态下经过风险节点和路段的交通出行需求，通过采取车辆限速、路径诱导、差异化收费等措施，重点对高速公路流量介数较高、失效后对路网整体运营效能影响较大的节点和路段进行控制与管理，减少路网中主要运输通道的交通压力，建立健全的风险节点和路段紧急事件的疏散控制策略，力求能在最短时间内恢复路段的通行能力。

# 第 8 章　结论与展望

## 8.1　主要研究结论

本书的主要研究工作如下：

（1）基于复杂网络的高速公路网络特性研究。基于复杂网络理论，在物理拓扑网络基础上，考虑路网中各组成要素的服务供给能力的差异、不同车型驾驶员路径选择行为和交通需求分布，依次构建服务供给网络和运输需求网络，进而提出面向网络运营风险评估和识别的网络特性指标及其计算方法。其中，不同于传统基于最短路径的物理拓扑网络介数计算方法，本书考虑路网组成要素服务供给能力的差异性及驾驶员路径选择的多样性，构建概率介数计算模型，将是否通过最短路径的 0、1 取值扩展为各 OD 对间有效路径的[0,1]区间的概率值；在考虑路网服务供给与驾驶员运输需求的匹配关系基础上，构建基于加载流量的高速公路运输需求网络的流量介数计算模型，以反映节点和路段在路网中的重要性。

（2）面向网络特性的高速公路网流量分析。交通量分布是获取高速公路网络特性中相关参数的关键，本书考虑客货混合交通流下路径选择行为的偏好差异，构建不同车型的广义费用函数，进而进行随机交通流分配。首先，采用 SP 调查法采集不同车型驾驶员的高速公路路径选择行为数据，通过对调查数据的分析，初步确定影响客车和货车驾驶员高速公路路径选择的因素；其次，在 MNL 模型基础上分析不同车型驾驶员的出行偏好，构建客车和货车的高速公路路径选择模型；最后，对高速公路网交通量进行分配。

（3）高速公路网络运营风险评估研究。为科学评估高速公路网络运营风险，考虑路网不均衡性和路网脆弱性两个方面，构建高速公路网络运营风险评估指标体系，其中，结合第 3 章高速公路网络特性，基于基尼系数构建路网不均衡性模型，路网越不均衡，导致路网异质性越高，自适应性越弱，路网抗风险能力越差；构建路网脆弱性评估模型，以反映路网中节点和路段失效对路网整体运营效能的影响，脆弱性越高，路网运营风险越高。同时，建立基于投影寻踪动态聚类的高速公路网运营风险评估模型以分析风险时序变化规律，并设计了求解算法。

（4）风险节点及风险路段的识别方法研究。针对高速公路网络运营风险较高的时段，结合两种传统方法的各自优势（即自身属性和删除法），考虑节点和路段在网络中的重要程度及其失效后对路网运营效能的影响，结合第 3 章的网络特性和第 4 章的路网脆弱性，构建风险节点和风险路段的识别模型，采用组合权重法确定各指标权重，构造基于灰色综合评估模型以量化节点与路段的风险排序及风险等级。同时，结合路网脆弱性分析，获取路网容忍失效的节点阈值和路段阈值，并最终确定需要发布预警信息的风险节点和风险路段的集合。

（5）实例分析。本书以 2012 年山东省高速公路网为例，研究发现高速公路高峰时段路网风险要高于非高峰时段的路网风险，基本呈现“马鞍形”分布特点，与人们认知的水平基本吻合；识别出的高风险时段路网风险节点和风险路段基本对应于实际中常发性拥堵路段。该方法丰富了高速公路网络风险评估理论，为提高整个路网的风险管控能力与安全提供了理论支撑。

## 8.2 主要创新点

本书的创新点包括以下方面：

（1）提出了高速公路网络特性指标及其计算方法。在物理拓扑路网基础上，考虑路网中各组成要素服务供给能力、驾驶员路径选择行为的多样性和交通出行需求分布，依次构建高速公路服务供给网络和运输需求网络，提出面向网络运营风险评估和风险点识别的网络特性指标及其计算方法。其中，不同于传统基于最短路径的物理拓扑网络介数计算方法，本书考虑路网各路段服务供给能力的差异性，构建概率介数计算模型，将是否通过最短路径的 0、1 取值扩展为各 OD 对间有效路径的[0,1]区间的概率值，以反映路网中节点和路段的重要度差异；考虑路网服务供给与驾驶员运输需求的匹配关系，构建基于加载流量的高速公路运输需求网络的流量介数计算模型，以反映运输需求对路网风险程度的影响。

（2）构建了高速公路网络运营风险评估模型。从路网不均衡性和路网脆弱性两个角度构建高速公路网络运营风险评估指标体系，其中：提出基于基尼系数构建路网不均衡性模型，以反映路网中节点和路段属性在路网中分布的不均匀程度与路网抗风险能力的关系；构建路网脆弱性评估模型，以反映路网中节点和路段失效对路网整体运营效能的影响。同时，建立基于投影寻踪动态聚类的高速公路网运营风险评估模型以分析风险时序变化规律，并设计了求解算法。

（3）构建了风险节点和风险路段的识别模型。针对高速公路网络运营风险较高的时段，结合两种传统方法的各自优势（即自身属性和删除法），考虑节点和路段在路网中的重要程度及其失效后对路网运营效能的影响两个方面，构建风险节点和风险路段的识别模型，采用组合权重法确定指标权重，基于灰色综合评估模型以量化节点与路段的风险排序及风险等级。同时，结合路网脆弱性分析，获取路网容忍失效的节点和路段阈值，并最终确定需要发布预警信息的风险节点和风险路段集合。

## 8.3 研究展望

本研究虽然对高速公路网络运营风险评估和风险点识别的理论方法进行了有益的尝试，丰富了高速公路风险评估理论，然而受个人时间和精力的限制，本书研究还存在着以下几个问题，值得进一步研究和深化：

（1）未考虑天气、特大桥隧分布、服务区分布等其他影响因素对高速公路驾驶员路径选择的影响，同时以小时为粒度进行交通量加载的精准度还有待提高。因此在后续的研究中，将结合 SP 调查增加相关影响因素的分析，考虑采用动态交通分配方法对高速公路网进行流量分析，以提高动态交通量分布的计算精度，进而评估高速公路网风险。

（2）本书应用基尼系数理论量化高速公路网流量分布的不均衡性，下一步将结合高速公路网流量分布的不均衡性，找出路网中节点或路段流量分布不均衡的时段，研究高峰时段动态差异化收费方法以使流量分配更加均衡，进而提高路网的整体运行效能。

（3）由于受数据源的限制，仅采用高速公路收费数据进行分析，下一步将结合高速公路线圈检测数据及视频监控数据等，利用多源数据融合技术，对高速公路网络运营风险进行深入研究。

# 参考文献


[1] 2015年交通运输行业发展统计公报．交通运输部．(2015-05-06)[EB/OL]．http://www.zgjtb.com/2016-05/05/content_82603.htm.

[2] 郑育彬，韩先科．我国高速公路发展的总体判断和“十三五”时期发展重点[J]．综合运输，2015，(05): 13-17.

[3] 山东省交通运输厅．山东省公路水路交通运输“十三五”发展规划．(2016-05-31)[EB/OL]．http://www.moc.gov.cn/st2010/shandong/sd_tongzhigg/tzgg_guihuatj/ 201612/t20161230_2147335.html.

[4] 2008年我国南方出现罕见雨雪冰冻灾害．中国气象局公共气象服务中心．(2010-12-31)．[EB/OL]．http://www.weather.com.cn/zt/kpzt/229278.shtml.

[5] 北京“721”特大暴雨等．中国气象局公共气象服务中心．(2012-07-21)[EB/OL]．http://www.weather.com.cn/zt/kpzt/696656.shtml.

[6] 关于交通运输部等部门重大节假日免收小型客车通行费实施方案的通知．国务院 (202-07-24) [EB/OL]．http://www.gov.cn/zwgk/2012-08/02/content_2197093.htm.

[7] https://www.baidu.com/link?url=4XHnBNWb6ndmkkpsprx3qA80PzlHf OQ nRgaDWA6t Sdey VX_zfCUWmcD TlhFiy2VQOz2GbVaevz_QMqyuK4cmJK &wd=&eqid=c2726a 930 00c6c15 00000004579c8478.

[8] 付鑫，王建伟，等．基于高速公路收费数据库的断面交通量计算方法[J]．交通标准化，2006.

[9] 钟足峰，刘伟铭．基于联网收费数据预测交通流量的实现[J]．中国管理信息化，2009.

[10] 盛鹏，戴元，等．基于联网收费数据的四川省高速公路交通流量研究[J]．中国交通信息化，2013.

[11] 闫晟煜，肖润谋．基于收费数据的高速公路事故影响区域判定[J]．公路交通科技，2013

[12] 赵建东，王浩，等．基于收费数据的高速公路站间旅行时间预测[J]．同济大学学报（自然科学版），2013.

[13] 李长城，文涛，荣建．基于高速公路收费数据的行程时间可靠性模型研究[J]．公路交通科技，2014.

[14] 张丹红．基于收费数据的高速公路网交通事件延误判别方法及应用研究[D]．西安：长安大学，2015.
[15] 石绍刚．基于收费数据的高速公路收费站运行效率评价及通行能力分析[D]．西安：长安大学，2016.
[16] 胡继启．基于收费数据的高速公路交通拥堵判别与定位方法研究[D]．长沙：长沙理工大学，2016.
[17] 王强．基于高速公路收费数据的货物运输量统计分析研究[D]．西安：长安大学，2017.
[18] 王志宇，方淑芬．风险概念研究[J]．燕山大学学报（哲学社会科学版），2007，8(2): 108-110.
[19] 张晨琛．高速公路网风险评估理论——基于网络的综合方法[D]．北京：北京交通大学，2014.
[20] Abdel A M, Pande A, Lee C, Gayah V,et al. Linking Crash Patterns to ITS-Related Archived Data: Phase II, Volume I: Realtime Crash Risk Assessment Models BD-550-5. Tallahassee, FL: Florida Department of Transportation, 2007.
[21] Christoforou Z, Cohen S, Karlaftis M G. Identifying Crash Type Propensity Using Real-Time Traffic Data on Freeways [J]. Journal of Safety Research, 2011, 42(1): 43-50.
[22] Golob T F, Recker W W. A Method for Relating Type of Crash to Traffic Flow Characteristics on Urban Freeways [J]. Transportation Research Part A: Policy and Practice, 2004, 38(1): 53-80.
[23] Xu C, Liu P,Wang W, et al. Exploration and Identification of Hazardous Traffic Flow States before Crash Occurrences on Freeways[C]. Transportation Research Board 90th Annual Meeting, 2011.
[24] Soyoung J, Xiao Q, David A.et al. Rainfall Effect on Single-vehicle Crash Severities Using Polychotomous Response Models [J]. Accident Analysis and Prevention, 2010, 42 (1): 213-224.
[25] Pang M B, Zheng S S, Cai Z H. Simulation of Three Lanes One-Way Freeway In Low Visibility Weather by Possible Traffic Accidents [J]. Physica A: Statistical Mechanics and its Applications, 2015, 433: 161-170.
[26] Pande A., Abdel A M. Comprehensive Analysis of Relationship Between Real-time Traffic Surveillance Data and Rear End Crashes on Freeways [J]. Transportation Research Record, 2006, 1953: 31-40.

[27] Caliendo C, Guida M, Parisi A. A Crash-Prediction Model for Multilane Roads [J]. Accident Analysis and Prevention, 2007, 39: 657-670.
[28] 刘涛，李晔．区域道路交通安全水平综合评价和预测方法[J]．同济大学学报（自然科学版），2005(3): 311-315.
[29] 赵学刚．区域路网交通安全风险动态预警关键技术研究[D]．西安：长安大学，2010.
[30] 马社强．区域道路交通安全评价的理论与方法[D]．北京：北京交通大学，2012.
[31] 赵新勇．基于多源异构数据的高速公路交通安全评估方法[D]．哈尔滨：哈尔滨工业大学，2013.
[32] 王琰．静态公路运营安全管理系统核心技术研究[D]．上海：同济大学，2008.
[33] 阎莹，盛彦婷，袁华智，等．高速公路出入口区域行车风险评价及车速控制[J]．交通运输工程学报．2011(02): 90-96.
[34] 王晓飞，符锌砂，葛婷．高速公路立交入口区域行车风险评价模型[J]．交通运输工程学报，2011(05): 88-92.
[35] 孟祥海，徐汉清，史永义．高速公路施工作业区追尾风险及其突出影响因素识别[J]．公路交通科技，2012(12): 133-138.
[36] 吴彪，许洪国，戴彤焱，等．高速公路施工区提前警告区域限速方案风险评价[J]．合肥工业大学学报（自然科学版），2013(11): 1295-1299.
[37] 李梅．高速公路安全服务水平分级方法研究[D]．哈尔滨：哈尔滨工业大学，2011.
[38] 陈晓冬．基于交通流理论的高速公路安全预警系统关键技术研究[D]．长春：吉林大学，2011.
[39] 徐铖铖，刘攀，王炜，等．基于判别分析的高速公路交通安全实时评价指标[J]．东南大学学报（自然科学版），2012，42(03): 555-559.
[40] 陆斯文，张兰芳，方守恩．高速公路追尾机理概率分析及风险评价[J]．同济大学学报（自然科学版），2011(08): 1150-1154.
[41] 吴焱，钱振邦，王建军，等．高速公路交通安全风险评价与敏感性分析[J]．长安大学学报（自然科学版），2014，34(4): 134-141.
[42] Albert R, Jeong H, Barabasi A L. Diameter of the World Wide Web [J]. Nature, 1999, 401: 130-131.
[43] 谭跃进，吴俊．网络结构熵及其在非标度网络中的应用[J]．系统工程理论与实践，2004，24(6):1-3.

[44] Ou R Q, Yang J.M. On Structural Properties of Scale-Free Networks With Finite Size [J]. Physica A, 2012, 391(3): 887-894.

[45] Wu J, Tan Y J, Deng H Z , et al. Normalized Entropy of Rank Distribution: A Novel Measure of Heterogeneity of Complex Networks [J]. Chinese Physics, 2007, 16(6):1576.

[46] 周漩，张凤鸣，惠晓滨，等．基于熵的复杂有向网络异质性度量方法[J]．系统工程，2011(08):123-126.

[47] Shen B, Gao Z Y. Dynamical Properties of Transportation on Complex Networks [J]. Physica A, 2008, 387(5-6): 1352-1360.

[48] 肖雪梅．城市轨道交通网络化运营风险与安全评估[D]．北京：北京交通大学，2014.

[49] 王国明，李夏苗，杨波，等．城市群城镇交通网络特性研究[J]．计算机工程与科学，2012，34(12): 174-182.

[50] 汪玲．基于边权的交通网络异质性及拥塞分析[D]．武汉：华中科技大学系统工程，2013.

[51] 李振福，史砚磊，徐梦俏，等．世界海运网络异质性研究[J]．中国科技论文，2016，11(07): 793-797.

[52] 王林，戴冠中．复杂网络的 Scale-free 性、Scale-free 现象及其控制[M]．北京：科学出版社，2009.

[53] Berdica K. An Introduction to Road Vulnerability: What has been done, is Done and should be done [J]. Transport Policy, 2002(9):117-127.

[54] Taylor M A, Sekhar S V, D’Este G M. Application of Accessibility Based Methods for Vulnerability Analysis of Strategic Road Networks [J]. Networks Spatial Economics, 2006, 267-291.

[55] Taylor M A P, D’Este G M. Transport Network Vulnerability: A Method for Diagnosis of Critical Locations in Transport Infrastructure Systems [M]. Critical infrastructure: Reliability and vulnerability, New York: Springer, 2007: 9-30.

[56] Husdal J. Reliability and Vulnerability Versus Cost and Benefits [C]. The 2nd International Symposium on Transportation Network Reliability, Queenstown and Christchurch, New Zealand, 2004: 180-186.

[57] Chen A., Yang C., Kongsomsaksakul S., Lee M. Network-based Accessibility Measures for Vulnerability Analysis of Degradable Transportation Networks[J]. Networks and Spatial Economics. 2007, 7(3):241-256.

[58] Jenelius E, Mattsson L G. Road Network Vulnerability Analysis: Conceptualization, Implementation and Application [J]. Computers, Environment and Urban Systems, 2015(49): 136-147.
[59] Cats O, Jenelius E. Dynamic Vulnerability Analysis of Public Transport Networks: Mitigation Effects of Real-time Information [J]. Networks Spatial Economics, 2014, 14, 435-463.
[60] 尹洪英，徐丽群．道路交通网络脆弱性评估研究现状与展望[J]．交通运输系统工程与信息，2010(03): 7-13.
[61] 赖君毅．道路交通网络脆弱性评估验证及其可视化方法研究[D]．武汉：华中科技大学，2013.
[62] 吴俊，谭跃进．复杂网络抗毁性测度研究[J]．系统工程学报，2005，20(2):128-131.
[63] Latora V, Marchiori M. Efficient Behavior of Small-World Networks [J]. Physical Review Letters. 2001, 87 (19): 198701.
[64] Abdul Quium A. S. M, Aminul Hoque S. A. M. The completeness and vulnerability of road network in Bangladesh [J/OL]. Engineering Concerns of Flood. http://salekseraj.com/Page59-Abdul-Quium.pdf, 2002-10-28/2009-09-08.
[65] Demšar U, Špatenkov O, Virrantaus K. Identifying Critical Locations in a Spatial Network with Graph Theory [J]. Transport GIS, 2008, 12 (1): 61–82.
[66] Berche B, Von Ferber, C., Holovatch T, et al, Resilience of Public Transport Networks against Attacks [J]. The European Physical Journal B, 2009(71): 125-137.
[67] 王志强，徐瑞华．基于复杂网络的轨道交通路网可靠性仿真分析[J]．系统仿真学报，2009(20): 6670-6674.
[68] 张建华．地铁复杂网络的连通脆弱性研究[D]．武汉：华中科技大学，2012.
[69] 汪涛，吴琳丽．基于复杂网络的城市公交网络抗毁性分析[J]．计算机应用研究，2010，27(11): 4084-4086.
[70] 叶青．基于复杂网络理论的轨道交通网络脆弱性分析[J]．中国安全科学学报，2012(02): 122-126.
[71] 刘庆法，陈红，周继彪，等．基于复杂网络理论的高速公路网抗毁性研究[J]．公路，2014(06): 214-219.
[72] Murray T P, Mahmassani H S. Methodology for Determining Vulnerable Links in a Transportation Network [J].Transportation Research Record, 2004, 1882(11): 88-96.

[73] Jenelius E, Petersen T, Mattsson L. Importance and Exposure in Road Network Vulnerability Analysis [J]. Transportation Research Part A: Policy and Practice, 2006, 40(7): 537-560.

[74] Scott D M, Novak D C, Aultman-Hall L, et al. Network Robustness Index: A New Method for Identifying Critical Links and Evaluating the Performance of Transportation Networks [J]. Jounal of Transport. Geogrophy, 2006(14): 215-227.

[75] Nagurney A, Qiang Q. Robustness of Transportation Networks Subject to Degradable Links [J]. The Euro Physics. Letters, 2007(80):68001.

[76] Berdica K, Mattsson Lars-Göran. Vulnerability: A Model-Based Case Study of the Road Network in Stockholm [M]. In Critical infrastructure: Reliability and vulnerability. New York: Springer, 2007.

[77] Criado R. Vulnerabilities: A Unified Approach to Network Robustness [J]. Chaos, 2009, 19(1): 19-29.

[78] Rawia A E, Susan M G. An Assessment Method for Highway Network Vulnerability [J]. Journal of Transport Geography, 2014, 34: 34-43

[79] 高鹏，胡剑波，魏高乐．变权重的城市轨道交通复杂网络鲁棒性分析[J]．计算机仿真，2013(09): 153-156.

[80] 董洁霜，井玮罡，路庆昌．考虑拥堵传播效应的道路网络脆弱性评价[J]．重庆理工大学学报（自然科学版），2015，29(8): 55-60.

[81] 何珊珊，郭彦，朱文海．道路交通网络需求脆弱性指标的敏感性分析[J]．辽宁工程技术大学学报（自然科学版），2014(11): 1577-1580.

[82] 赵新勇，安实，丛浩哲．基于路网抗毁可靠度的交通突发事件态势分析[J]．交通运输系统工程与信息，2013，13(5): 79-85.

[83] 尹洪英，徐丽群．基于贝叶斯网络的路网脆弱路段识别模型[J]．系统管理学报，2010(06): 656-661.

[84] 尹洪英．道路交通运输网络脆弱性评估模型研究[D]．上海：上海交通大学，2011.

[85] 张涛．基于多源数据的高速公路网络脆弱性分析[D]．哈尔滨：哈尔滨工业大学，2015.

[86] 王伟．城市道路交通网络关键节点和路段辨识方法研究[D]．长春：吉林大学，2015.

[87] Freeman L C. A Set of Measures of Centrality Based Upon Betweenness [J]. Sociometry, 1977, 40(1): 35-41.

[88] Callaway D S, Newman E J, Strogatz S H. et a1. Network Robustness and Fragility: Percolation on Random Graphs [J]. Physical Review letters, 2000, 85(25): 5468-5471.

[89] Sen P, Dasgupta S, Chatterjee A, et al. Small-world Properties of the Indian Railway Network[J]. Physical Review E, 2003, 67(3): 36106.

[90] Angeloudis P, Fisk D. Large Subway Systems as Complex Networks [J]. Physica A: Statistical Mechanics and its Applications, 2006, 367: 553-558.

[91] Sienkiewicz J, Holyst J A. Statistical Analysis of 22 Public Transport Networks in Poland [J]. Physical Review E, 2005, 72(4): 46127.

[92] Bagler G. Analysis of the Airport Network of India as a Complex Weighted Network [J]. Physica A: Statistical Mechanics and its Applications, 2008, 387(12): 2972-80.

[93] Soh H, Lim S, Zhang T Y, et al. Weighted Complex Network Analysis of Travel Routes on the Singapore Public Transportation System [J]. Physica A: Statistical Mechanics and its Applications, 2010, 389(24): 5852-5863.

[94] Jia T, Jiang B. Building and Analyzing the US Airport Network based on En-route Location Information [J]. Physica A: Statistical Mechanics and its Applications, 2012, 391(15): 4031-4042.

[95] Ghosh S, Baneijee A, Sharma N, et al. Statistical Analysis of the Indian Railway Network: A Complex Network Approach [J]. Acta Physica Polonica B, Proceedings Supplement, 2011, 4(2):123-137.

[96] 胡一竑．基于复杂网络的交通网络复杂性研究[D]．上海：复旦大学，2008.

[97] 吴俊荻，朱顺应，王红，等. 基于改进 GN 算法的路网脆弱性诊断模型[J]. 武汉理工大学学报（交通科学与工程版），2012(04): 740-743.

[98] 邓亚娟，杨云峰，马荣国．基于复杂网络理论的公路网结构特征[J]．中国公路学报，2010(01): 98-104.

[99] 沈鸿飞. 面向风险评估与应急管理的公路网结构性质评价与分析方法[D]. 北京：北京交通大学，2012.

[100] 王力，于欣宇，李颖宏，等．基于 FCM 聚类的复杂交通网络节点重要性评估[J]．交通运输系统工程与信息，2010，10(6): 169-173.

[101] 高梦起，李德华，张军，等．基于可靠度的区域公路网瓶颈路段识别研究[J]．交通运输工程与信息学报，2011(03) :53-58.

[102] 李杰，廖雅倩，邹志云，等．城市路网脆弱性预警[J]．武汉理工大学学报（交通科学与工程版），2014(1): 12-15.

[103] 高洁．交通运输网络节点重要度评价体系研究[J]．聊城大学学报（自然科学版），2010，23(3): 92-95.
[104] 钟茹．路网中关键节点和重要路段的分析研究[D]．北京：北京邮电大学，2013.
[105] 曹娟，张颖淳．考虑级联效应的交通网络关键站点评估及其安全优化[J]．微电子学与计算机，2014(06): 171-175.
[106] 董洁霜，吴雨薇，路庆昌．降雨条件下城市道路网络拓扑结构脆弱性分析[J]．交通运输系统工程与信息，2015(05): 109-113.
[107] Nicholson A J, Du Z P. Improving Network Reliability: A Framework[C]. In Proceedings of 17th Australian road research board conference. 1994(3):1-17.
[108] D'Este G M, Taylor M A P. Modelling Network Vulnerability at the Level of the National Strategic Transport Network [J]. Journal of the Eastern Asia Society for transportation studies, 2001, 4(2): 1-14.
[109] Sohn J. Evaluating the Significance of Highway Network Links under the Flood Damage: An Accessibility Approach [J]. Transportation Research Part A: Policy and Practice, 2006, 40(6): 491-506.
[110] Scott D M, Novak D C, Aultman-Hall L, et al. Network Robustness Index: A New Method for Identifying Critical Links and Evaluating the Performance of Transportation Networks [J]. Journal of Transport Geography, 2006, 14(3):215-227.
[111] Sullivan J L, Novak D C, Aultman H L. et al. Identifying Critical Road Segments and Measuring System-Wide Robustness in Transportation Networks with Isolating Links: A Link-based Capacity-Reduction Approach[J]. Transportation Research Part A: Policy and Practice, 2010, 44(5):323-336.
[112] Sofer T, Polus A, Bekhor S. A Congestion-dependent, Dynamic Flexibility Model of Freeway Networks [J]. Transportation Research Part C: Emerging Technologies, 2013, 35:104-114.
[113] Rodriguez N E, Garcia P J C. Measuring the Vulnerability of Public Transport Networks [J]. Transportation Geography. 2014(35): 50–63.
[114] 李先．城市路网可靠性评价的实证研究——以北京为例[D]．北京：北京工业大学，2005.
[115] 王正武，况爱武，王贺杰，等．考虑级联失效的交通网络节点重要度测算[J]．公路交通科技，2012，29(5): 96-101.

[116] 张纪升，贾利民，牛树云，等．基于 $K$一短路径的路网关键路段集合的辨识与分析[J]．长安大学学报（自然科学版），2015(03): 122-129.
[117] 余孝军，黄海军．交通网络效率的度量和元件重要性的计算方法[J]．系统工程理论与实践，2012(07): 1546-1552.
[118] 屠宁雯. 城市道路交通网络脆弱性辨识方法研究[D]. 苏州：苏州大学，2013.
[119] 张勇，屠宁雯，姚林泉．城市道路交通网络脆弱性辨识方法[J]．中国公路学报，2013，26 (4): 154-161.
[120] 邵春福．交通规划原理[M]．北京：中国铁道出版社，2004.
[121] Luce,D.Individual choice behavior[M].New York:John Wiley and Sons,1959.
[122] McFadden, D.Conditional logit analysis of qualitative choice behavior[M]. Zarembkaed,Fronties in Econometrica,New York:Academic Press,1974.
[123] Cascetta E, Nuzzolo A,Russo F,et al.A modified logit route choice model overcoming path overlapping problems:Specification and some calibration results for interurban networks[C]// Proceedings of the 13th International Symposium on Transportation and Traffic Theory.Lyon, France, Elsevier Science, 1996:697-711.
[124] Cascetta E, Papola A, Russo F, et al.Implicit availability/perception logit models for route choice in transportation network [C]//World Transport Research: Selecting Proceedings of the 8th World Conference on Transport Research.1999(Volume 3).
[125] Ben-Akiva M, Bierlaire M.Discrete choice methods and their applications to short term travel decisions[M]//Handbook of transportation science. Springer US, 1999:5-33.
[126] 曾明华，杨晓光，王吟松．多种 Logit 路径选择模型对多层次交通网络的性能影响[J]．公路交通科技，2014，31(7)：129-134.
[127] Broach J,Dill J,Gliebe J.Where do cyclists ride? A route choice model developed with revealed preference GPS data[J].Transportation Research Part A:Policy and Practice,2012.
[128] Hood J, Sall E, Charlton B.A GPS-based bicycle route choice model for San Francisco, California [J].Transportation Letters: The International Journal of Transportation Research, 2011,3(1):63-75.
[129] Mandir E, Pillat J, Friedrich M,et al.Choice set generation and model identification for route choice using GPS data from smart phones[C]//

Proceedings of the Conference on Innovations in Travel Modeling of the Transportation Research Board, Tempe, Arizona.2010.
[130] Chu C. A paired combinatorial logit model for travel demand analysis[C]// Transport Policy, Management & Technology Towards 2001: Selected proceedings of the 5th World conference on Transport Research. 1989,4.
[131] Vovsha P.The cross-nested logit model: application to mode choice in the Tel-Aviv metropolitan area[M]. Transportation Research Board,1997.
[132] Wen C.H., Koppelman F.S.The generalized nested logit model [J].Transportation Research Part B: Methodological, 2001,35(7):627-641.
[133] 王普．基于出行行为的择路演化相关问题研究[D]．北京：北京交通大学，2010.
[134] 左婷．多模式交通条件下城市道路动态网络均衡研究[D]．北京：北京交通大学，2013.
[135] McFadden D，Train K．Mixed MNL models for discrete response[J]．Journal of Applied Econometrics，2000，15(5)：447-470．
[136] 张天然，杨东援，赵娅丽，等. RP/SP 融合数据的 Mixed Logit 和 Nested Logit 模型估计对比[J]．同济大学学报（自然科学版），2008，36(8)：1073-1078.
[137] 任英伟．高速公路可变收费对货车出行选择影响研究[D]．南京：东南大学，2006.
[138] 杨柳．出行行为及特征的实证研究[D]．西安：长安大学，2010.
[139] 宋玲玲. 高速公路出行者路径选择行为分析[D]. 青岛：山东科技大学，2009.
[140] 雷晓娟. 基于路网海量起讫信息的高速公路断面交通流参数估计[D]. 西安：长安大学，2014.
[141] 山东省交通运输厅．山东高速公路建设实录[M]．北京：人民交通出版社，2018.
[142] 李岩．基于高速公路收费数据的挖掘预测分析与应用研究[D]．北京：北京交通大学，2017.
[143] 张腾月．基于收费数据的高速公路交通流状态识别研究[D]．北京：北京交通大学，2014.
[144] 曾智慧．考虑数据异常的高速公路交通运行状态评价方法与实现[D]．重庆：重庆交通大学，2016.
[145] 山东省交通运输厅．2012 年山东省公路交通量调查报告[R]．济南．2012.
[146] Bagler G. Analysis of the Airport Network of India as a Complex Weighted

Network [J]. Physica A: Statistical Mechanics and its Applications, 2008, 387(12): 2972-80.

[147] Soh H, Lim S, Zhang T Y, et al. Weighted Complex Network Analysis of Travel Routes on the Singapore Public Transportation System [J]. Physica A: Statistical Mechanics and its Applications, 2010, 389(24): 5852-5863.

[148] 党亚茹，周莹莹，王莉亚，等．基于复杂网络的国际航空客运网络结构分析[J]．中国民航大学学报，2009，27(6): 41-44.

[149] Sen P, Dasgupta S, Chatterjee A, et al. Small-world Properties of the Indian Railway Network[J]. Physical Review E, 2003, 67(3): 36106.

[150] Kalapala V, Sanwalani V, Clauset A, et al. Scale invariance in road networks [J]. Physical Review, 2006, 73(2): 026130.

[151] Soh H, Lim S, Zhang T Y, et al. Weighted Complex Network Analysis of Travel Routes on the Singapore Public Transportation System [J]. Physica A: Statistical Mechanics and its Applications, 2010, 389(24): 5852-5863.

[152] Derrible S, Kennedy C. The Complexity and Robustness of Metro Networks [J]. Physica A: Statistical Mechanics and its Applications, 2010, 389(17): 3678-3691.

[153] 刘锐，严宝杰，黄志鹏．城市公共交通网络的复杂性分析[J]．交通运输系统工程与信息，2009，9(3): 17-22.

[154] 肖平．广东省高速公路网结构复杂性分析[D]．广州：华南理工大学，2013.

[155] 刘文文．高速路网拓扑结构分析与实例验证[D]．北京：北京交通大学，2016.

[156] 中华人民共和国交通运输部．公路工程技术标准：JTG B01-2014[S]．北京：人民交通出版社，2014.

[157] 代洪娜，姚恩建，刘莎莎，等．基于基尼系数的高速公路网流量不均衡性研究[J]．交通运输系统工程与信息，2017(02): 205-211.

[158] Freeman L C. A Set of Measures of Centrality Based on Betweenness [J]. Sociometry, 1977, 40(1):35-41.

[159] 鲁楠．高速公路收费费率对车辆路径选择行为的影响研究[D]．北京：北京交通大学，2016.

[160] 关宏志．非集计模型：交通行为分析的工具[M]．北京：人民交通出版社，2004.

[161] Dhrymes,P.J.,Econometrics,Statistical Foundations and Applications,Happer and Row Publishers Chapter 3,1970.

[162] Rao,C.R.,Linear Statistical Inference and Its Applications,Wiley,Chapter 5 and 6,1973.

[163] Yao E J, Song Y Y. Study on Eco-Route Planning Algorithm and Environmental Impact Assessment [J]. Journal of Intelligent Transportation Systems, 2013, 17(1):42-53.

[164] 张建勇，李成江，黄汝存，等. 联网高速公路有效路径伸展系数的标定[J]. 公路交通科技，2008(01): 116-119.

[165] 王保华．综合运输体系下快捷货物运输网络资源配置优化研究[D]．北京：北京交通大学，2010.

[166] 洪兴建．基尼系数理论研究[M]．北京：经济科学出版社，2008.

[167] 李志斌，王炜，李晓伟，等. 高速公路车辆排队尾部交通事故时空分布特征[J]．交通运输工程学报，2014 (14): 76-81.

[168] Sun H J, Wu J J, Ma D, et al. Spatial Distribution Complexities of Traffic Congestion and Bottlenecks in Different Network Topologies [J]. Applied Mathematical Modeling, 2014(38): 496-505.

[169] 于晓桦，王刚，李成江. 基于时空关系对高速公路车辆出行规律的研究[J]. 交通运输工程与信息学报，2009(01): 116-121.

[170] 邓毅萍. 高速公路路段运行状况评价与分析研究[D]. 南京：东南大学，2005.

[171] 何祎豪，范炳全，董洁霜，等．基于基尼系数的公路网分布均衡性评价研究[J]．交通运输系统工程与信息，2010，10(06): 163-168.

[172] 林炜，刘蛟，董洁霜．基于基尼系数的区域干线公路网评价研究[J]．交通与运输（学术版），2014(02): 66-69.

[173] 房晋源．基于基尼系数的公交线网评价均衡性研究[J]．交通运输系统工程与信息，2012(04): 178-183.

[174] 于江霞．中国公路交通与经济发展空间差异及相关性分析[J]．交通运输系统工程与信息，2015(01): 11-16.

[175] 胡祖光. 基尼系数理论最佳值及其简易计算公式研究[J]. 经济研究，2004(09): 60-69.

[176] 何帮强，洪兴建．基尼系数计算与分解方法研究综述[J]．统计与决策，2016(14): 13-17.

[177] Friedman J H, Tukey J W. A Projection Pursuit Algorithm for Exploratory Data Analysis[C]. IEEE.Trans. Compute, 1974, 23:881-889.

[178] Friedman J H, Stuetzle W. Projection Pursuit Regression [J]. Journal of the American Statistical Association, 1981, (76): 817-823.

[179] 景丽婷．基于投影寻踪法的电能质量综合评估的研究[D]．天津：河北工业大学，2012.

[180] Jone M C, Sibson R. What is projection pursuit? (with discussion) J. Roy. Statist. 1987, 150: 29-30.

[181] Hall P. On polynomial-based projection indices for exploratory projection pursuit. Ann. Statist. 1989, 17(2): 589-605.

[182] Cook D, Buja A, Cabrera J. Projection pursuit indices based on expansions with orthonormal functions. Journal of Computational and Graphical Statistics, 1993, 2(3): 225-250.

[183] Posse C. Projection pursuit discriminant analysis for two groups[C]. Communications in statistics, 1992, 21(1): 1-19.

[184] 廖力．洪灾多级模糊综合评估方法研究及实现[D]．武汉：华中科技大学，2013.

[185] 廖力，邹强，何耀耀，等．基于模糊投影寻踪聚类的洪灾评估模型[J]．系统工程理论与实践，2015(09): 2422-2432.

[186] 段沛霞．基于投影寻踪动态聚类模型尾矿库溃坝风险的研究[J]．环境科学导刊，2016(01): 82-85.

[187] 关维娟．煤矿工作面作业环境及煤与瓦斯突出危险综合评价研究[D]．淮南：安徽理工大学，2015.

[188] 管小俊．煤炭物流运输网络风险评价及均衡保持关键问题研究[D]．北京：北京交通大学，2010.

[189] 杨树果，王新利．基于实数编码加速遗传投影寻踪方法在物流供应商选择中的应用[J]．哈尔滨工业大学学报（社会科学版），2010(02): 89-94.

[190] 姜秋香，付强，王子龙．基于粒子群优化投影寻踪模型的区域土地资源承载力综合评价[J]．农业工程学报，2011(11): 319-324.

[191] 邴其春．城市快速路交通状态评估与预测关键技术研究[D]．长春：吉林大学，2016.

[192] 宋冬梅，刘春晓，沈晨，等．基于主客观赋权法的多目标多属性决策方法[J]．山东大学学报（工学版），2015(4):1-9.

[193] 代洪娜，姚恩建，李月光，等．考虑专家可信度的农村公路路政管理灰色综合评价方法[J]．长安大学学报（自然科学版），2015(S1): 188-192.

[194] 赵永，李为民，刘彬，等．基于改进灰色关联法的高超声速目标威胁评估模型[J]．探测与控制学报，2014(05): 80-85.
[195] 梁广东，卢广山，张安．基于组合赋权法的机场毁伤效果的模糊综合评判[J]．火力与指挥控制，2013，38(12): 75-87.
[196] 刘承平，谢季坚．模糊数学方法及其应用[M]．武汉：华中科技大学出版社，2006.
[197] 吴建军．城市交通网络拓扑结构复杂性研究[D]．北京：北京交通大学，2008.
[198] 郭世泽，陆哲明．复杂网络基础理论[M]．北京：科学出版社，2006.

# 附　录

## 附录A　小客车公路出行路径选择调查表

尊敬的先生、女士：

您好！为提高山东省高速公路服务水平，现征询您的宝贵意见，问卷仅作统计研究使用，采用匿名形式，对您的支持和配合，我们表示衷心的感谢！

**（一）本次出行信息**

1. 您本次出行是否是驾驶员：□是　□否
2. 您本次出行的费用是否由私人承担：□是　□否
3. 您本次出行的目的：□出差　□旅游　□探亲访友　□其他
4. 您本次出行起点是__________________；终点是_______________（详细至市区（县）便可）
5. 本次出行，您选择的是：□高速公路　□国省道；其原因是（可多选）：
   □更快速省时　□更安全舒适　□更经济省钱　□更熟悉路线
   □因短途无需高速
6. 您选择该路线出行的频率：□每次都选择　□经常　□偶尔　□第一次

**（二）意愿调查（费用均含燃油费和路桥费，且假定费用由自己支付）**

7. 非节假日，正常天气，驾驶小客车**短途**出行，有三条路径。如您**出差**，您会选择（　　）；如您**旅游**，您会选择（　　）。

   A. 走高速①，路程**最长**（344 公里），用时**最短**（3.3 小时），费用**最高**（388 元）

   B. 走高速②，路程**居中**（337 公里），用时**居中**（3.7 小时），费用**居中**（365 元）

   C. 走国省道，路程**最短**（237 公里），用时**最长**（5.2 小时），费用**最低**（200 元）

8. 非节假日，**浓雾或雨雪天气**（不封路），驾驶小汽车**短途**出行，有三条路径。如您**出差**，您会选择（　　）；如您**旅游**，您会选择（　　）。

   A. 走高速①，路程**最长**（344 公里），用时**最短**（4.9 小时），费用**最高**（340 元）

B．走高速②，路程**居中**（337 公里），用时**居中**（5.1 小时），费用**居中**（335 元）

C．走国省道，路程**最短**（237 公里），用时**最长**（5.9 小时），费用**最低**（188 元）

9．非节假日，正常天气，驾驶小汽车**长途**出行，有三条路径。如您出差，您会选择（　　）；如您旅游，您会选择（　　）。

A．走高速②，路程**最长**（628 公里），用时**最短**（7.2 小时），费用**最高**（655 元）

B．走高速①，路程**最短**（619 公里），用时**居中**（7.4 小时），费用**居中**（645 元）

C．走国省道，路程**居中**（624 公里），用时**最长**（10.4 小时），费用**最低**（394 元）

**（三）个人信息**

10．性别：□男　□女

11．年龄：□22 岁以下　□23－35 岁　□36－45 岁　□46－60 岁　□60 岁以上

12．驾龄：□1 年以下（含 1）　□1－3 年（含 3 年）　□3－6 年（含 6 年）　□6 年以上

13．职业：□政府职员及事业单位人员　□外企单位人员　□国企单位人员　□学生　□服务业　□私企单位人员及个体劳动者　□离退休人员　□其他

14．个人月收入：□3000 元以下　□3001－5000 元　□5001－7000 元　□7000 元以上

感谢您的支持与参与！

# 附录B 货车公路出行路径选择调查表

尊敬的先生、女士：

您好！为提高山东省高速公路服务水平，现征询您的宝贵意见，问卷仅作统计研究使用，采用匿名形式，对您的支持和配合表示衷心的感谢！提示：紧急货物包括鲜活农产品、冷冻食品、危险物品、应急物资及其他合同规定的必须在有限时间内紧急送达的物品；一般货物为其他物品。

**（一）本次出行信息**

1．您是否是驾驶员：□是　□否；

若是，您驾驶的货车的载重为

□≤5吨　□>5吨；

所载货物属于：□紧急货物　□一般货物

2．您本次出行的费用是否由私人承担：□是　□否

3．您本次出行起点是__________；终点是___________（详细至市区（县））

4．本次出行，您选择的是：□高速公路　□国省道；其原因是（可多选）：

□更快速省时　□更安全舒适　□更经济省钱　□更熟悉路线

□因短途无需高速

5．您选择该路线出行的频率：□每次都选择　□经常　□偶尔　□第一次

**（二）意愿调查（费用均含油费和路桥费，且假设费用由自己支付）**

6．非节假日，浓雾或雨雪天气（不封路），货车**短途**出行，有三条路径。如您运输**紧急货物**，您会选择（　）；如您运输**一般货物**，您会选择（　）。

A．走高速①，路程**最长**（344 公里），用时**最短**（4.9 小时），费用**最高**（340 元）

B．走高速②，路程**居中**（337 公里），用时**居中**（5.1 小时），费用**居中**（335 元）

C．走国省道，路程**最短**（237 公里），用时**最长**（5.9 小时），费用**最低**（188 元）

7．非节假日，正常天气，货车**短途**出行，有三条路径。

（1）如您驾驶载重为**2—5 吨**的小货车运输**紧急货物**时，您会选择（　）；运输**一般货物**时，您会选择（　）。

A．走高速①，路程**最长**（344 公里），用时**最短**（3.3 小时），费用**最高**（560 元）

B. 走高速②，路程**居中**（337 公里），用时**居中**（3.7 小时），费用**居中**（515 元）

C. 走国省道，路程**最短**（237 公里），用时**最长**（5.2 小时），费用**最低**（212 元）

（2）如您驾驶载重为 **10－15 吨**的大货车运输**紧急货物**时，您会选择（　），运输**一般货物**时，您会选择（　）。

A. 走高速①，路程**最短**（344 公里），用时**最短**（3.3 小时），费用**最短**（823 元）

B. 走高速②，路程**最长**（337 公里），用时**居中**（3.7 小时），费用**居中**（751 元）

C. 走国省道，路程**居中**（237 公里），用时**最长**（5.2 小时），费用**最低**（267 元）

8. 非节假日，正常天气，货车**长途**出行，有三条路径。

（1）如您驾驶载重为 **2－5 吨**的小货车运输**紧急货物**时，您会选择（　）；运输**一般货物**时，您会选择（　）；

A. 走高速②，路程**最长**（628 公里），用时**最短**（7.2 小时），费用**最高**（910 元）

B. 走高速①，路程**最短**（619 公里），用时**居中**（7.4 小时），费用**居中**（894 元）

C. 走国省道，路程**居中**（624 公里），用时**最长**（10.4 小时），费用**最低**（397 元）

（2）如您驾驶载重为 **10－15 吨**的大货车运输**紧急货物**时，您会选择（　），运输**一般货物**时，您会选择（　）。

A. 走高速②，路程**最长**（628 公里），用时**最短**（7.2 小时），费用**最高**（1306 元）

B. 走高速①，路程**最短**（619 公里），用时**居中**（7.4 小时），费用**居中**（1284 元）

C. 走国省道，路程**居中**（624 公里），用时**最长**（10.4 小时），费用**最低**（477 元）

**（三）个人信息**

9. 性别：□男　□女

10. 年龄：□22 岁以下　□23－35 岁　□36－45 岁　□46－60 岁　□60 岁以上

11．驾龄：□1年以下（含1年）　□1—3年（含3年）
□3—6年（含6年）　□6年以上

12．职业：□政府职员及事业单位人员　□外企单位人员　□国企单位人员
□学生　□服务业　□私企单位人员及个体劳动者
□离退休人员　□其他

13．个人月收入：□3000元以下　□3001—5000元　□5001—7000元
□7000元以上

# 附录 C　山东省高速公路路线及收费站设置信息属性表

| 序号 | 路线编号 | 路线名称 | 收费站点名称 | 运营管理单位 |
|---|---|---|---|---|
| 1 | G2 | 北京一上海高速公路 | 港沟、蟠龙、彩石、曹范、埠村、雪野、莱芜北、莱芜高新 | 山东高速股份有限公司 |
| 2 |  | 北京一上海高速公路 | 鲁冀省界、乐陵北、乐陵西、乐陵南、临邑、济阳北、济阳西 | 中铁建山东京沪高速公路济乐有限公司 |
|  |  | 北京一上海高速公路 | 莱芜东、钢城、新泰东、蒙阴、孟良崮、青驼、临沂北、临沂、临沂南、兰陵、郯城、红花埠、鲁苏省界 | 齐鲁交通发展集团有限公司 |
| 3 | G3 | 北京一台北高速公路 | 京台鲁冀、德州、德州南、平原、平原南、禹城、齐河、崮山、万德、泰安西、泰肥、满庄、磁窑、曲阜北、曲阜、邹城、峄山、滕州、滕州南、枣庄、峄城、京台鲁苏 | 山东高速股份有限公司 |
| 4 | G15 | 沈阳一海口高速公路 | 福山、中桥、臧家庄、栖霞北、栖霞、栖霞南、莱阳、河头店 | 齐鲁交通发展集团有限公司 |
| 5 |  | 沈阳一海口高速公路 | 牛溪埠、院上、仁兆、南村、沈海胶州、九龙、王台、铁山、泊里、大场 | 青岛市交通运输委员会 |
| 6 |  | 沈阳一海口高速公路 | 日照北、日照南、岚山、沈海鲁苏 | 齐鲁交通发展集团有限公司 |
| 7 | G18 | 荣成一乌海高速公路 | 双岛、北海、酒馆、牟平东、养马岛 | 山东马龙高速公路有限公司 |
| 8 |  | 荣成一乌海高速公路 | 荣成、荣成西、文登南、南海新港、莱山、杜家疃、崇义、东厅、古现、烟台机场、蓬莱、蓬莱西、黄城、龙口、招远北、招远、朱桥、莱州东、莱州、沙河、灰埠、新河、下营、昌邑、潍坊北、寿光东、寿光北、寿光西 | 齐鲁交通发展集团有限公司 |
| 9 |  | 荣成一乌海高速公路 | 李庄、东营、东营北、垦利 | 山东东青公路有限公司 |

续表

| 序号 | 路线编号 | 路线名称 | 收费站点名称 | 运营管理单位 |
|---|---|---|---|---|
| 10 | G18 | 荣成—乌海高速公路 | 垦利北 | 东营黄河大桥有限公司 |
| 11 | | 荣成—乌海高速公路 | 陈庄、利津、沾化东、沾化西、滨州港、无棣、鲁北 | 齐鲁交通发展集团有限公司 |
| 12 | G20 | 青岛—银川高速公路 | 青岛东、李村、夏庄、机场 | 青岛市交通运输委 |
| 13 | | 青岛—银川高速公路 | 青岛、即墨、蓝村、胶州、高密、潍坊东、潍坊、潍坊西、昌乐、寿光、青州东、青州西、临淄、淄博、周村、邹平、章丘 | 山东高速股份有限公司 |
| 14 | | 青岛—银川高速公路 | 禹城南、高唐东、高唐、夏津、青银鲁冀 | 山东高速股份有限公司 |
| 15 | G22 | 青岛—兰州高速公路 | 青岛西、高新区、河套、胶州、崖逄、黄岛 | 青岛市交通运输委 |
| 16 | | 青岛—兰州高速公路 | 黄山、里岔、辛兴、诸城东、诸城、诸城西、孟疃、青莱杨庄、诸葛、张家坡、沂源东、沂源、鲁村、辛庄 | 齐鲁交通发展集团有限公司 |
| 17 | G25 | 长春—深圳高速公路 | 古城、大高、滨州北、滨城、滨州、滨州南 | 齐鲁交通发展集团有限公司 |
| 18 | | 长春—深圳高速公路 | 广饶、大王、阳河 | 山东东青公路有限公司 |
| | | 长春—深圳高速公路 | 青州北、青州、青州南、林朐、临朐南、沂山、沂水北、沂水、沂水南、沂南北、沂南东、河东、临沂东、临沭北、临沭、长深鲁苏收费站 | 齐鲁交通发展集团有限公司 |
| 19 | G35 | 济南—广州高速公路 | 济南、华山、济南北、天桥 | 山东高速股份有限公司 |
| 20 | | 济南—广州高速公路 | 长清、孝里、平阴、平阴南、东平、梁山、嘉祥 | 齐鲁高速公路股份有限公司 |
| 21 | | 济南—广州高速公路 | 菏泽新北、菏泽新东、定陶、古营集、曹县、济广鲁豫 | 中铁菏泽德商高速公路建设发展有限公司 |
| 22 | G1511 | 日照—兰考高速公路 | 日照、西湖、龙山、莒县东、莒县、沂南、高里、费县、平邑东、平邑、泉林、泗水、曲阜南、兖州、济宁、济宁北、济宁西、嘉祥、郓城南、郓城 | 齐鲁交通发展集团有限公司 |

续表

| 序号 | 路线编号 | 路线名称 | 收费站点名称 | 运营管理单位 |
|---|---|---|---|---|
| 23 | G1511 | 日照—兰考高速公路 | 菏泽新区、菏泽南、牡丹、曹县西、日兰鲁豫 | 山东高速集团有限公司 |
| 24 | G2001 | 济南市绕城高速公路 | 济南南、济南东、郭店、机场 | 齐鲁交通发展集团有限公司 |
| 25 | G2011 | 青岛—新河高速公路<br>青岛—新河高速公路 | 城阳南、城阳北、即墨西、普东、移风、郭庄、平度南、张舍 | 青岛市交通运输委员会 |
| 26 | S1 | 济南—聊城高速公路 | 齐河南、晏城、齐河西、茌平、茌平西、聊城开发区、聊城东、聊城、冠县东、冠县、冠县西 | 齐鲁交通发展集团有限公司 |
| 27 | S11 | 烟台莱山—海阳高速公路 | 烟台、烟台南、牟平南、乳山北、诸往、海阳北、海阳东、轸格庄 | 山东高速集团有限公司 |
| 28 | S12 | 德州—滨州高速公路 | 滨德鲁冀、德州西、德州北、德州东、宁津、乐陵、庆云、阳信、无棣东 | 齐鲁交通发展集团有限公司 |
| 29 | S14 | 高唐—邢台高速公路 | 高唐、金郝庄、临清、高邢鲁冀 | 齐鲁交通发展集团有限公司 |
| 30 | S16 | 荣成—潍坊高速公路 | 周格庄、莱西、武备、云山、平度东、田庄、明村、石埠、朱里、坊子 | 山东高速集团有限公司 |
| 31 | S24 | 威海—青岛高速公路 | 威海、文登北、文登、威海南、南黄、乳山东 | 山东高速集团有限公司 |
| 32 | S24 | 威海—青岛高速公路 | 乳山、乳山西、留格庄、海阳、海阳西、辛安、行村、羊郡、穴坊、店集、华山、灵山、长直 | 齐鲁交通发展集团有限公司 |
| 33 | S26 | 莱芜—泰安高速公路 | 莱芜南、莱芜西、泰莱杨庄、范镇、泰安 | 齐鲁交通发展集团有限公司 |
| 34 | S29 | 滨州—莱芜高速公路 | 高青北、高青、桓台、淄博新区、淄川、博山、和庄、苗山 | 齐鲁交通发展集团有限公司 |
| 35 | S31 | 泰安—新泰高速公路 | | 山东高速集团有限公司 |
| 36 | S31 | 泰安—新泰高速公路 | 泰安南、泰安东、化马湾、新泰西、新泰南 | 齐鲁交通发展集团有限公司 |
| 37 | S32 | 菏泽—东明高速公路 | 菏泽东、菏泽、菏泽西、东明 | 齐鲁交通发展集团有限公司 |

续表

| 序号 | 路线编号 | 路线名称 | 收费站点名称 | 运营管理单位 |
|---|---|---|---|---|
| 38 | S38 | 岚山一曹县高速公路 | 枣庄新城、峄城西、峄城南、峄城北东、兰陵西、兰陵北 | 齐鲁交通发展集团有限公司 |
| 39 | S83 | 枣庄连接线高速公路 | 枣庄东城、山亭南、木石 | 齐鲁交通发展集团有限公司 |
| 40 |  | 济南——广州高速公路 | 滕州南 | 山东高速集团有限公司 |
|  |  | 枣庄连接线高速公路 |  |  |
| 41 | S7201 | 东营疏港高速公路 | 集贤、马场、孤岛、仙河、东营港 | 齐鲁交通发展集团有限公司 |
| 42 | S7401 | 烟台港莱州港区疏港高速公路 | 莱州港 | 齐鲁交通发展集团有限公司 |
| 43 | S7402 | 烟台西港区疏港高速 | 八角、烟台西港 | 齐鲁交通发展集团有限公司 |
| 44 | S7601 | 青岛前湾港区1号疏港高速公路 | 管家楼 | 青岛市交通运输委 |
| 45 | S7602 | 青岛前湾港区2号疏港高速公路 | 灵珠山东、灵珠山、隐珠山 | 青岛市交通运输委 |